« RÉPONSES »
Collection créée par Joëlle de Gravelaine,
dirigée par Sylvie Angel et Abel Gerschenfeld

MIHALY CSIKSZENTMIHALYI

VIVRE

La psychologie du bonheur

Traduction de l'américain, adaptation et mise à jour
par Léandre Bouffard

Préface de David Servan-Schreiber

ROBERT LAFFONT

Titre original : FLOW : THE PSYCHOLOGY OF OPTIMAL EXPERIENCE
© Mihaly Csikszentmihalyi, 1990
Traduction française : Éditions Robert Laffont, S.A., Paris, 2004

ISBN 2-221-10038-7
(édition originale : ISBN 0-06-092043-2 HarperPerennial/HarperCollins
Publishers, New York)

Préface

David Servan-Schreiber

Heureux qui n'a pas encore lu *Vivre*. Il a devant lui des moments de plaisir intense.

À l'époque où je lisais *Flow* (le titre original du livre en anglais) pour la première fois, j'avais l'impression de passer mes soirées en compagnie d'un ami cher dont la conversation était extraordinaire. Avec lui, nous évoquions toutes ces questions qui m'interpellent depuis toujours : « Pourquoi la fidélité conjugale est-elle préférable à la tromperie ? Pourquoi tel travail nous rend-il heureux alors que tel autre n'est qu'une obligation fastidieuse ? Qu'est-ce qui fait qu'un enfant s'épanouit à l'école ou non ? Comment éviter que les adolescents s'éloignent de leurs parents après avoir été profondément attachés à eux ? » Et des questions plus profondes encore : « Quelles sociétés et systèmes de croyance rendent-ils les gens plus heureux ? En quoi consistent le bien-être, le bonheur ? Comment aborder la mort sans avoir l'impression d'avoir manqué sa vie ? Quel est le dénominateur commun de tout ce qui donne un sens à l'existence ? »

Mon ami imaginaire Mihaly (j'évitais généralement de l'appeler par son nom de famille…) pétillait d'intelligence. Je me surprenais souvent à sourire en découvrant ses réponses lumineuses. « Il est trop fort », pensais-je, appréciant sa manière de dissiper les mystères comme un grand joueur de football traverse un barrage de défenseurs pour marquer un but inespéré.

La nouveauté et la force de Mihaly, c'est d'avoir éclairé toutes ces questions grâce à une approche scientifique expérimentale : la « méthode d'échantillonnage des expériences subjectives ». En utilisant des petits appareils qui sonnaient au hasard, il a étudié pendant près de vingt ans à quoi pensaient et ce que ressentaient les êtres humains dans les différentes activités de leur existence. C'est ainsi qu'il a pu établir que nous passons une partie considérable de notre temps libre devant la télévision, alors qu'objectivement cela nous apporte très peu de satisfaction. Et que, en revanche, ce sont les activités les moins « technologiques » qui nous procurent les plaisirs les plus intenses (la lecture, le dessin, la musique, la conversation avec des amis ; le bateau à voile plutôt que le bateau à moteur). Et il a aussi établi, avec une précision de scientifique, en quoi les loisirs que nous nous choisissons nous donnent l'impression de « vivre » et non d'être déjà un peu mort…

Après vingt ans de recherches, Mihaly est parvenu à la même grande conclusion que les traditions orientales du bouddhisme et du taoïsme : le bonheur vient de la poursuite du chemin en soi, pas de la destination. Mais la poursuite du chemin est un art, dont Mihaly nous montre la nature. L'enjeu est ni plus ni moins la maîtrise de sa propre conscience, la prise en main de cette fantastique source d'énergie psychique qu'est notre attention. Elle investit tout ce qu'elle touche ; elle est la clé de notre développement intérieur et de notre plaisir. Jamais nous ne contrôlerons le monde qui nous entoure et ses événements. Mais, comme le montre l'expérience des survivants des camps étudiés par Mihaly, même dans des circonstances extrêmes on peut toujours jouer de son attention et de sa conscience pour apporter plus d'harmonie à notre expérience.

Dans son analyse de l'histoire des idées, Mihaly montre aussi qu'il existe un dénominateur commun aux grandes philosophies de notre civilisation.

Aristote, Ignace de Loyola, Marx et Freud, tous nous encouragent à reprendre le contrôle de notre expérience consciente. Ils nous demandent avec urgence de ne pas nous soumettre aux aléas de l'existence, ni à ce que la nature ou la société des hommes cherchent à nous imposer : qu'il s'agisse des instincts animaux issus de nos gènes (le « ça » de Freud), des règles de la culture dans laquelle nous vivons (le « surmoi »), ou de l'asservissement à la volonté des plus puissants (comme dans les abus du capitalisme dénoncés par Marx).

En cela, *Vivre* est un livre profondément subversif. En apprenant à contrôler nos expériences subjectives, nous nous libérons de la soumission automatique aux modèles tout faits, et surtout de la soumission aux comportements de consommation irréfléchis qu'on cherche constamment à nous imposer. C'est peut-être pour cette raison que *Vivre* a eu une telle influence sur la pensée contemporaine aux États-Unis et au Canada. Dans une large mesure, il définit le champ dans lequel sera livrée la bataille essentielle de ce début du XXIe siècle : celle de la conscience de chacun.

Alors que je profitais d'un voyage en train pour relire *Vivre*, en vue de cette préface, j'ai failli manquer mon arrêt. Mon voisin, heureusement, m'a signalé que nous étions arrivés. À cet instant précis, je me suis rendu compte que je venais de vivre ce que Mihaly décrit si bien : une expérience tellement absorbante qu'on peut la qualifier « d'optimale ». Et je me suis souvenu de la raison pour laquelle, il y a dix ans, en refermant le livre pour la première fois, je m'étais précipité chez mon libraire pour commander vingt exemplaires que j'avais offerts à tous mes amis. Un peu embarrassé, j'ai réalisé, aussi, à quel point j'ai emprunté mes idées, ces dernières années, à celles de mon « ami » Mihaly. Je n'en suis que plus heureux, en écrivant cette préface, de pouvoir lui rendre ainsi hommage.

Saintes, octobre 2003

Avant-propos

Ce livre présente à un public cultivé quelques décennies de recherches sur les aspects positifs de l'expérience humaine : la joie, la créativité et le processus d'engagement total face à la vie que j'appelle *expérience optimale*. L'entreprise est un peu hasardeuse, car, en abandonnant le langage académique, il est facile de tomber dans la légèreté ou l'enthousiasme exagéré. *La Psychologie de l'expérience optimale* n'est pas un livre de psychologie populaire qui donne des recettes pour être heureux, ce qui serait impossible, de toute façon, parce qu'une vie agréable est un « travail intérieur » (*inside job*), pour reprendre l'expression de Powell (1989). Le présent livre présente plutôt des *principes* généraux et des exemples de personnes qui les ont appliqués et ont ainsi transformé une existence ennuyeuse et sans signification en une vie pleine d'enchantement. Le lecteur intéressé trouvera assez d'informations dans ces pages pour faire lui-même le passage de la théorie à la pratique.

Dans le but de faciliter la lecture, j'ai évité les notes de bas de page, les références, et réduit au minimum tableaux et graphiques. J'ai voulu offrir simplement les résultats de la recherche en psychologie et les idées qui en découlent de façon qu'un lecteur non spécialiste puisse les évaluer et les appliquer à sa vie. Les plus curieux trouveront, en fin d'ouvrage, les notes et les références. Dans la même optique d'allégement, le livre a été écrit au masculin ; le genre non marqué ne se veut aucunement discriminatoire.

Il n'est pas possible d'offrir ma reconnaissance à toutes celles et à tous ceux qui ont contribué à ce livre. Néanmoins, je veux remercier d'abord mon épouse, Isabella, qui partage ma vie depuis plus de vingt-cinq ans et dont les conseils éditoriaux ont été précieux. Mark et Christopher, nos fils, de qui j'ai appris autant qu'ils ont appris de moi. Jacob Getzels, mon mentor de toujours. Parmi les amis et collègues, je veux remercier pour leur encouragement Donald Campbell, Howard Gardner, Jean Hamilton, Philip Hefner, Hiroaki Imamura, David Kipper, Doug Kleber, George Klein, Fausto Massimini, Elizabeth Noelle-Neumann, Jerome Singer, James Stigler et Brian Sutton-Smith. Je veux remercier également mes anciens étudiants et collaborateurs pour leurs recherches qui servent de base aux idées développées dans ces pages : Ronald Graef, Robert Kubey, Reed Larson, Jean Nakamura, Kevin Rathunde, Rick Robinson, Ibuya Sato, Sam Whalem et Maria Wong. John Rockman et Richard P. Kot ont apporté leur soutien intelligent du début à la fin. La collecte et l'analyse des données, au cours de la dernière décennie, ont été rendues possibles grâce à la générosité de la Spencer Foundation dont je salue l'ancien président, H. Thomas James, le président actuel, Lawrence A. Cremins ainsi que son vice-président, Marion Faldet. Évidemment, les personnes mentionnées ne sont pas responsables des faiblesses ou incohérences qui auront pu se glisser dans le livre.

MIHALY CSIKSZENTMIHALYI
Chicago, mars 1990

Note du traducteur

Le présent livre se situe dans la mouvance de la *psychologie positive*, elle-même issue de la psychologie humaniste des Rogers, Maslow et autres. L'ouvrage a connu un immense succès aux États-Unis et a été traduit en seize langues. Il a été qualifié d'« inspirant », d'« éclairant », de « provocant », parce qu'il précise les conditions du bonheur dans la vie quotidienne. Il convenait de le mettre à la disposition des lecteurs francophones.

Un important travail d'adaptation est à la base de la présente traduction : un effort de synthèse, d'abord, en vue de réduire quelque peu la longueur des chapitres ainsi qu'une mise à jour relative aux thèmes principaux, le bonheur, entre autres, parce que de nombreuses publications sont parues depuis la date de l'édition originale (1990). Dans ce contexte, certaines affirmations ont été nuancées et des compléments ainsi que des exemples ont été ajoutés à partir des œuvres plus récentes de l'auteur lui-même. Enfin, un effort a été fait pour apporter des références récentes en anglais et en *français*, ces dernières n'existant évidemment pas dans l'ouvrage original. Tout au long de ce travail, le traducteur s'est grandement efforcé de respecter la pensée originale de l'auteur.

LÉANDRE BOUFFARD
Sherbrooke, Québec

1

La qualité de l'expérience vécue

Bonheur et expérience vécue

Il y a deux mille trois cents ans, Aristote déclarait que, par-dessus tout, les femmes et les hommes cherchent le bonheur[1]*. Tandis que le bonheur est convoité pour lui-même, tout autre but – santé, beauté, richesse ou puissance – est désiré tant qu'il est censé nous rendre heureux. Bien des choses ont changé depuis Aristote et notre compréhension du monde s'est considérablement élargie ; les dieux des Grecs semblent bien impuissants face aux pouvoirs que détient l'humanité actuelle. Pourtant, pour ce qui a trait au bonheur, peu de changements sont apparus au cours des siècles ; notre compréhension en la matière a peu progressé et nous n'avons rien appris concernant les façons d'accéder à cette bienheureuse condition.

De nos jours, nous sommes en meilleure santé, nous pouvons espérer vivre plus longtemps, nous sommes entourés d'objets de luxe et de commodités inexistantes autrefois (il n'y avait pas de W.-C. dans le palais du Roi-Soleil, les chaises étaient rares dans les châteaux médiévaux et l'empereur romain ne pouvait regarder la télé), nous disposons de connaissances scientifiques stupéfiantes, mais, si la majorité[2] des gens se dit heureuse, bon nombre

---

* Les notes sont regroupées par chapitre en fin d'ouvrage.

d'individus considèrent que leur vie se passe dans l'anxiété ou l'ennui.

Est-ce que le sort de l'humanité est de demeurer insatisfaite, chacun désirant plus qu'il ne peut avoir ? Est-ce que le malaise qui gâte souvent de précieux moments provient du fait que l'individu cherche le bonheur au mauvais endroit ? Le présent livre se fonde sur les connaissances de la psychologie moderne et a pour objectif d'explorer cette question ancienne : *Quand les gens se sentent-ils le plus heureux ?*

Il y a vingt-cinq ans, j'ai fait une « découverte » à propos du bonheur. Elle est maintenant assez connue mais demeure inexpliquée. Aussi ai-je passé ce quart de siècle à examiner ce phénomène insaisissable. Cette découverte est fort simple : le bonheur n'est pas quelque chose qui arrive à l'improviste ; il n'est pas le résultat de la chance ; il ne s'achète pas et ne se commande pas ; il ne dépend pas des conditions externes, mais plutôt de la *façon dont elles sont interprétées.* Le bonheur est une condition qui doit être préparée, cultivée et protégée par chacun. Les gens qui apprennent à maîtriser leur expérience intérieure deviendront capables de déterminer la qualité de leur vie et de s'approcher aussi près que possible de ce qu'on appelle être heureux.

Nous ne pouvons pas atteindre le bonheur en le cherchant consciemment. Comme le disait le grand philosophe anglais J. S. Mill (1806-1873) : « Demandez-vous si vous êtes heureux et vous cessez de l'être. » C'est par le plein engagement dans chaque détail de sa vie qu'il est possible de trouver le bonheur et non par une recherche directe. Le psychologue autrichien Victor Frankl[3] le formule joliment :

> « Ne visez pas le succès – plus vous le cherchez, plus vous courez le risque de le rater. On ne peut pas pourchasser le succès, pas plus que le bonheur ; il doit s'ensuivre ou survenir... comme l'effet non recherché d'un engagement personnel dans un projet plus grand que soi. »

Alors, comment parvenir à ce but insaisissable qui ne peut être atteint par une route directe ? Mes vingt-cinq années de recherche m'ont convaincu qu'il existe un moyen : c'est un chemin circulaire qui commence par le *contrôle du contenu de sa conscience.*

Les perceptions qui arrivent au cerveau sont le produit de plusieurs forces qui façonnent l'expérience vécue ; elles influencent l'humeur de l'individu. La plupart des forces en question sont hors du contrôle de la personne. Peut-on changer son tempérament ? Peut-on influencer sa taille ou son intelligence ? Peut-on choisir ses parents ou son lieu de naissance ? Les instructions contenues dans les gènes, la loi de la gravité et la qualité de l'air font également partie des innombrables choses qui influencent ce que nous voyons, la façon dont nous nous sentons et ce que nous faisons. Il n'est donc pas surprenant qu'autant de gens croient que notre sort est déterminé par des agents externes. Pourtant, il nous est arrivé à tous, à certains moments, de nous sentir non pas assaillis par des forces anonymes, mais dans le plein contrôle de nos actions, dans la parfaite maîtrise de notre vie. Dans ces rares occasions, nous éprouvons un enchantement profond longtemps vénéré qui devient une référence, un modèle indiquant ce que notre vie devrait être.

Voilà ce que nous entendons par *expérience optimale*[4] : c'est ce que ressent le navigateur quand le vent fouette son visage et que le bateau fend la mer – les voiles, la coque, le vent et la mer créent une harmonie qui vibre dans ses veines ; c'est ce qu'éprouve l'artiste peintre quand les couleurs s'organisent sur le canevas et qu'une nouvelle œuvre (une création) prend forme sous la main de son créateur ébahi ; c'est le sentiment d'un père (ou d'une mère) face au premier sourire de son enfant. Pareilles expériences intenses ne surviennent pas seulement lorsque les conditions externes sont favorables. Des survivants des camps de concentration qui ont connu des conditions terribles et frôlé la mort se rappellent souvent qu'au milieu de leurs épreuves ils ont vécu de riches et intenses expériences intérieures en réaction à des événements aussi simples que le chant d'un oiseau, la réussite d'une tâche difficile, la création d'une poésie ou le partage d'un croûton de pain.

Contrairement à ce que croient bien des gens, des expériences comme celles-là, les meilleurs moments de la vie, n'arrivent pas lorsque la personne est passive ou au repos (même si le repos peut être fort agréable après l'effort). Ces grands moments surviennent quand le corps ou l'esprit sont utilisés jusqu'à leurs limites dans un effort volontaire en vue de réaliser quelque chose de difficile et d'important. L'expérience optimale est donc quelque chose que l'on peut provoquer, l'enfant qui place avec des doigts tremblants le dernier bloc sur la haute tour qu'il a construite, le nageur qui fait ses longueurs en essayant de battre son propre record, le violoniste qui maîtrise un passage difficile, par exemple. Pour chacun, il y a des milliers de possibilités ou de défis susceptibles de favoriser le développement de soi (par l'expérience optimale).

De telles expériences intenses ne sont pas nécessairement plaisantes au moment où elles se produisent. Le nageur peut avoir les muscles endoloris, les poumons brûlants et être lui-même écrasé de fatigue ; pourtant, ces moments peuvent compter parmi les meilleurs de son existence. Le contrôle de sa vie n'est jamais facile et peut même être douloureux ; mais l'expérience optimale que produisent ces instants donne un sentiment de maîtrise qui s'approche d'aussi près que l'on puisse l'imaginer de ce qu'on appelle le bonheur.

Au cours de mes recherches, j'ai essayé de comprendre le mieux possible *comment* les gens se sentent quand ils sont au maximum de l'enchantement et *pourquoi* ils le sont. Au cours des premières études, nous avons interrogé des centaines d'« experts » – artistes, athlètes, musiciens, joueurs d'échecs et chirurgiens – qui consacraient la majeure partie de leur temps à leurs activités de prédilection. Dans le but de rendre compte de leur expérience intime, j'ai développé la théorie de l'expérience optimale[5] qui correspond à l'état dans lequel se trouvent ceux qui sont fortement engagés dans une activité pour elle-même ; ce qu'ils éprouvent alors est si agréable et si intense qu'ils veulent le revivre à tout prix et pour le simple plaisir que produit l'activité elle-même et rien d'autre.

Le modèle théorique a été mis à l'épreuve auprès de milliers de personnes interrogées par les membres de mon équipe (de l'université de Chicago) et, ensuite, par des collègues à travers le monde. Les résultats ont démontré que l'expérience optimale était décrite de la même façon par les femmes et les hommes, les jeunes et les moins jeunes, les gens de différentes conditions sociales et de différentes cultures. L'expérience optimale n'est pas un privilège propre aux élites des sociétés riches et industrialisées ; elle est rapportée essentiellement dans les mêmes termes par des femmes âgées de la Corée, des adultes de l'Inde et de la Thaïlande, des adolescents de Tokyo, des bergers navajos, des fermiers des Alpes italiennes et des ouvriers assignés aux lignes d'assemblage à Chicago.

La méthode. Au début de mes recherches, les données provenaient d'interviews et de questionnaires. Dans le but d'acquérir une plus grande précision et d'être le plus objectif possible à propos de phénomènes subjectifs sans compromettre le sens personnel de l'expérience vécue, nous avons développé la méthode de l'échantillonnage de l'expérience vécue (*Experience Sampling Method*, ESM[6]). Cette méthode permet d'obtenir des données sur les pensées, les émotions et les activités de l'individu alors qu'il est dans son milieu naturel. Le participant note les informations demandées lorsqu'un télé-avertisseur se fait entendre à différents moments de la journée (de cinq à huit fois), moments déterminés par le hasard. Selon les besoins de la recherche et la collaboration des sujets, cette procédure peut durer quelques jours ou quelques semaines. Il est donc possible de voir fluctuer l'humeur du participant au fil des heures et des jours et surtout de mettre en relation ses émotions, ses pensées et les événements de sa vie.

Les possibilités de l'ESM seront mieux comprises avec l'exemple de Sarah. À 9 h 10, un samedi matin, Sarah est assise seule dans sa cuisine ; elle prend son petit déjeuner et lit son journal. Quand le signal se fait entendre, elle évalue à 5 son bonheur (1 étant très triste, 7 étant très heureux). Au signal suivant, il est 11 h 30, elle est encore seule, fume une cigarette et est attristée par la pensée que son fils va déménager dans une ville éloignée. Son bonheur est descendu à 3. À 13 heures, elle est seule et passe l'aspirateur ; le bonheur est à 1. À 14 h 30, elle est dans la cour et s'amuse avec ses petits-enfants dans la piscine ; le bonheur est parfait : 7. Une heure plus tard, elle prend le soleil et veut lire en paix alors que ses petits-enfants l'arrosent ; le bonheur descend à 2 : « Ma belle-fille pourrait bien s'occuper un peu plus de ses marmots », écrit-elle sur sa feuille de rapport. C'est ainsi que l'ESM permet de suivre les pensées, les événements et les humeurs de quelqu'un au fil des heures et des jours. Les exposés qui se trouvent dans les différents chapitres de ce livre sont fondés sur les résultats provenant de la participation de milliers de personnes à travers le monde (Canada, Allemagne, Italie, Japon et Australie, entre autres, étant entendu que les deux foyers de recherche les plus actifs ont été celui de l'université de Chicago et celui de l'université de Milan).

La théorie de l'expérience optimale intéresse les psychologues qui étudient le bonheur, la satisfaction devant la vie et la motivation intrinsèque, les sociologues qui la considèrent comme l'opposé de l'anomie et de l'aliénation et les anthropologues qui font porter leurs recherches sur l'effervescence collective et les rituels. Certains chercheurs utilisent cette théorie en vue de mieux comprendre l'évolution de l'humanité, d'autres pour explorer l'expérience religieuse. Cependant, la notion d'expérience optimale n'est pas seulement un thème académique ; elle est appliquée à plusieurs domaines : amélioration de la qualité de la vie, création de nouveaux programmes scolaires, formation d'hommes d'affaires, programmation d'activités de loisirs, réhabilitation de jeunes délinquants, organisation d'activités dans des résidences pour personnes âgées, ergothérapie pour personnes handicapées et psychothérapie.

Aperçu du livre

Même si plusieurs articles et ouvrages scientifiques ont déjà été publiés à l'intention des spécialistes, c'est la première fois que sont présentés aux lecteurs non spécialisés les résultats des recherches sur l'expérience optimale et ses applications pour la vie quotidienne. Cependant, il ne s'agit pas d'un livre de recettes expliquant au lecteur comment devenir riche, puissant, aimé ou mince, ni d'un ensemble de conseils permettant l'atteinte d'un but précis. Même si de tels avis permettaient de devenir mince, aimé et millionnaire, l'individu se retrouverait ensuite à la case départ avec une nouvelle liste de désirs et serait aussi insatisfait qu'au début. La véritable satisfaction devant la vie ne provient pas du fait de devenir riche ou mince, mais du sentiment profond de se sentir bien avec soi-même. Dans la quête du bonheur, les solutions partielles et les recettes ne fonctionnent pas.

Puisque l'expérience optimale dépend de l'habileté à contrôler constamment ce qui se passe dans la conscience, chacun doit le faire sur la base de ses efforts et de sa créativité. Ainsi, l'objectif du présent livre consiste à présenter des exemples illustrant comment la vie peut être heureuse et agréable ; ces exemples sont ordonnés et éclairés par une théorie. Il revient ensuite au lecteur de réfléchir, de tirer ses conclusions et d'y trouver son profit. Cet ouvrage n'offre donc pas une liste de choses à faire et à éviter, mais il ressemble plutôt à un voyage dans le royaume de l'esprit sous la conduite de la science. Comme toute aventure qui en vaut la peine, cette démarche ne sera pas nécessairement facile. Pour en tirer avantage, il faudra un effort intellectuel et un engagement dans la réflexion relative à *votre* propre expérience intérieure.

La Psychologie de l'expérience optimale porte sur le processus de la recherche du bonheur par la maîtrise de sa vie intérieure. Nous commencerons donc par examiner *comment fonctionne la conscience et comment la contrôler* (chapitre 2). Pour mieux maîtriser sa conscience, il importe de comprendre comment se façonnent les expériences intérieures. En effet, toutes nos expériences internes – joie ou tristesse, intérêt ou ennui – se présentent à l'esprit comme une information. Le contrôle de cette information permettra de décider à quoi ressemblera notre vie. L'expérience optimale comporte un certain nombre de composantes dont la présence crée l'ordre dans la conscience et produit ces moments de vie intense que l'individu veut retrouver par la suite. C'est à l'explicitation de ces *caractéristiques de l'expérience optimale* qu'est consacré le chapitre 3. Par la suite, nous allons examiner un certain nombre d'activités susceptibles de provoquer l'expérience optimale ; il s'agit d'activités recherchées pour elles-mêmes, d'*activités autotéliques* (chapitre 4). Au chapitre 5, nous verrons, à l'aide d'exemples concrets, la diversité des expériences intérieures face aux mêmes activités (le jeu d'échecs qui emballe l'un et ennuie l'autre ; tel travail est trouvé assommant par l'un mais soulève l'enthousiasme de l'autre). Cela nous amènera à considérer les facteurs personnels et à aborder la capacité de l'individu à structurer sa conscience de façon à rendre possible l'expérience optimale ; ce sera la description de la *personnalité autotélique*. Après la description de l'expérience optimale, des activités susceptibles de la provoquer et de la personnalité la plus apte à l'éprouver, il convient de proposer toute une gamme de possibilités de bonheur. Ainsi, grâce à une bonne exploitation des capacités sensorielles et physiques, il devient possible de susciter l'*expérience optimale par le corps* (chapitre 6). Le développement des capacités symboliques (comme la poésie, la philosophie et les mathématiques) favorise, lui, l'*expérience optimale par l'esprit* (chapitre 7). Les gens passent une partie importante de leur vie au travail et y trouvent, dans bon nombre de cas, une source de développement personnel et de satisfaction. Pourtant, tous (ou presque) préfèrent le temps de loisirs malgré le fait que plusieurs rapportent s'y ennuyer souvent. C'est ce *paradoxe travail-loisirs* qui est examiné au chapitre 8. Si la gestion adéquate de sa solitude permet de vivre des expériences intérieures intenses, il en est de même si chacun apprend à rendre ses relations avec autrui plus authentiques. *La solitude et les relations avec autrui* seront donc les thèmes explorés au chapitre 9. La vie de chacun risque d'être ponctuée par des accidents ou perturbée par des traumatismes. Même les plus chanceux connaissent le stress. Pourtant, les difficultés ne rendent pas nécessairement malheureux. C'est la manière de les interpréter qui fait la différence. Le chapitre 10 rapporte les façons selon lesquelles des gens ont connu l'expérience optimale malgré des conditions difficiles ; ces gens ont remporté la *victoire sur le chaos*. Enfin, la dernière étape consiste à relier toutes les expériences en un ensemble significatif, en un projet qui donne *sens à la vie* (chapitre 11). Ainsi, toute la vie peut devenir une expérience optimale constante.

Dans cet ouvrage, nous nous posons les questions suivantes : comment maîtriser la conscience ? Comment l'ordonner de façon à rendre l'expérience vécue riche et agréable ? Comment réaliser la complexité (l'actualisation de soi en lien avec autrui) ? Et, enfin, comment créer le sens de sa vie ? La façon d'atteindre ces buts est relativement claire en théorie mais plutôt difficile en pratique. Les règles sont également claires et à la portée de chacun, mais des obstacles – internes et externes – surgissent sur la route. La réalisation de ces buts ressemble au désir de perdre du poids : chacun sait ce qu'il faut faire et veut le faire, mais a de grandes difficultés à le faire. Ici, les enjeux sont plus élevés : ce n'est pas seulement une question de poids, c'est une question de vie, de qualité de la vie et de sens de la vie.

Avant d'expliquer comment atteindre l'expérience optimale, il convient de la mettre en perspective et d'apporter quelques réflexions sur l'expérience humaine et la culture. Nous allons commencer par l'identification des *obstacles* inhérents à la condition humaine. Dans les contes, le héros doit affronter de terribles dragons et d'affreuses sorcières avant de goûter au bonheur. Cette métaphore s'applique à l'exploration de la psyché. La première difficulté rencontrée dans la recherche du bonheur provient du fait que, contrairement aux mythes que l'humanité a inventés pour se rassurer, l'univers n'a pas été créé pour satisfaire nos besoins ; la frustration est profondément incrustée dans la trame de toute vie. S'il arrive que ses besoins soient temporairement comblés, immédiatement, l'individu désire autre chose ; l'insatisfaction chronique fait donc également partie du lot de chacun (d'où la section qui suit sur les *racines de l'insatisfaction*). Dans le but de composer avec ces obstacles, chaque culture se donne des dispositifs de protection (religion, philosophie, art, confort) qui la défendent contre le chaos. Ces derniers font croire que chacun a le contrôle sur ce qui lui arrive et fournissent des raisons d'être satisfait de son sort. Cependant, ces boucliers sont efficaces pour un certain temps seulement ; après quelques décennies ou quelques générations, les croyances s'envolent et n'apportent plus le soutien spirituel souhaité (section sur les *boucliers de la culture*).

Lorsque l'on tente d'atteindre le bonheur par soi-même, sans l'aide de la foi en une croyance, on essaie de maximiser les plaisirs pour lesquels la culture nous a conditionnés : la richesse, le pouvoir et la sexualité deviennent alors les objets de notre poursuite. Cependant, la qualité de la vie ne peut être améliorée de cette façon ; seule la capacité de tirer constamment de l'enchantement à partir de ce que nous faisons peut vaincre les obstacles au bonheur (sections sur l'*expérience vécue retrouvée* et les *voies de la libération*).

Les racines de l'insatisfaction

L'univers ne facilite pas la vie et le confort des humains ; il est immense, hostile, vide et froid. Même la terre hospitalière – dont le champ de gravité n'écrase pas ses habitants – est entourée de gaz létaux et ne s'est pas laissé conquérir facilement par les humains, qui ont lutté des millions d'années contre la glace, le feu, les inondations, les animaux sauvages et les micro-organismes invisibles mais dévastateurs. Il semble que chaque fois qu'un danger est évité un autre, pire, se pointe à l'horizon ; lorsqu'une maladie est contrôlée, une autre plus mortelle apparaît ; lorsqu'une nouvelle substance est inventée, elle empoisonne l'atmosphère ; lorsqu'un dispositif utile est forgé (comme les armes), il se retourne contre ses créateurs. Les quatre cavaliers menaçants de l'Apocalypse ne sont jamais très loin.

L'univers ne fonctionne pas au hasard, mais les lois qui le régissent ne tiennent pas compte des besoins humains. Un météorite qui s'abattrait sur New York, Montréal ou Paris obéirait simplement aux lois du cosmos, mais quelle catastrophe ce serait ! Le virus qui attaque les cellules d'un Mozart ou d'une population entière fait seulement ce qui lui est naturel… « L'univers n'est ni hostile ni amical ; il est simplement indifférent », affirme J. H. Holmes[7]. L'idée de *chaos*[8] est très vieille dans les mythes et les religions. En science physique, la « théorie du chaos » sert à décrire les régularités dans ce qui semble complètement le fruit du hasard. Cependant, la notion de chaos a un sens différent en sciences humaines et en psychologie : si l'on prend les besoins et les désirs humains comme point de départ, il y a un désordre irréconciliable dans l'univers. Il n'est pas possible d'en changer les lois ; il est même fort difficile d'influencer les forces qui affectent notre bien-être. Il est important et nécessaire de prévenir une guerre nucléaire, d'abolir les inégalités sociales, de lutter contre la faim et la maladie, mais il faut être assez sage pour savoir que l'amélioration des conditions de vie n'améliorera pas nécessairement la qualité de la vie. Comme l'a écrit J. S. Mill : « Pour que de petites améliorations se produisent dans l'humanité, il faut qu'un grand changement survienne dans ses modes de pensée. »

Les sentiments que chacun éprouve à propos de lui-même et la joie que chacun tire de la vie dépendent en fin de compte des filtres de l'esprit, des interprétations que chacun fait de ce qui lui arrive quotidiennement. Le bonheur de l'individu repose sur son harmonie intérieure, non sur l'influence qu'il est possible d'exercer sur les forces de l'univers. La maîtrise de l'environnement est un impératif parce que notre survie physique peut en dépendre. Cependant, cette maîtrise n'ajoutera pas un iota à l'estime que se porte l'individu et ne réduira en rien son chaos intérieur. Pour cela, les humains doivent apprendre à maîtriser leur conscience elle-même.

Si l'univers peut être source de frustration, les désirs exagérés peuvent engendrer l'insatisfaction. Considérons ce dernier point. Chacun se fait une image, même vague, de ce qu'il voudrait faire dans la vie. Le progrès vers ce but devient la mesure de la qualité de sa vie : s'il demeure loin de l'objectif, l'individu devient amer ou résigné ; s'il l'atteint au moins partiellement, il éprouve bonheur et satisfaction. Pour la majorité des gens sur terre, le but fondamental de la vie est de survivre, de laisser des enfants qui survivront et, si possible, de le faire avec un certain confort et un minimum de dignité. Lorsque les problèmes de survie sont résolus, les gens ne se contentent plus de ce niveau de vie[9] ; de nouveaux besoins et de nouveaux désirs surgissent. Avec l'abondance et le pouvoir, l'escalade des attentes conduit à de nouvelles exigences, plus de confort et plus de richesse, de sorte que le niveau de bien-être désiré demeure éloigné. Cyrus, l'empereur de Perse (VIe siècle avant J.-C.), avait besoin de dix mille cuisiniers pour sa table (alors que la population crevait de faim). De nos jours, ceux qui vivent dans les pays industrialisés ont accès aux mets les plus variés et les plus raffinés – comme les empereurs du passé. Sont-ils plus heureux ?

Ce paradoxe de l'escalade des désirs pourrait faire croire que l'amélioration de la qualité de la vie est une tâche insurmontable. De fait, cette escalade incessante des désirs, des buts ou des ambitions n'est pas problématique aussi longtemps que l'individu trouve plaisir et joie dans la bataille ou la *démarche* vers cet objectif. Le problème surgit lorsque cet individu est si obsédé par la cible qu'il cesse de trouver plaisir dans le présent ; il perd ainsi la chance de connaître l'enchantement, l'expérience optimale. On dira, alors, que l'individu est aspiré par la *spirale hédonique infernale*[10]. Bien des gens ont trouvé moyen d'éviter ce désastre. Ce sont ceux qui, indépendamment de leurs conditions matérielles, sont capables d'améliorer la qualité de leur vie, sont satisfaits et rendent les autres un peu plus heureux. Ces personnes mènent une vie énergique, sont ouvertes à toutes sortes d'expériences, continuent d'apprendre sans cesse, ont des relations solides et intimes avec les autres et s'adaptent à leur environnement. De plus, ils trouvent de la joie dans leurs activités, qu'elles soient fastidieuses ou difficiles, ne s'ennuient presque jamais et gardent le cap malgré tout ce qui se présente. Cependant, leur plus grande force provient de la *maîtrise de leur vie*[11].

Nous verrons plus loin comment atteindre cet état (comment vivre l'expérience optimale), mais, pour le moment, il nous faut recenser quelques mécanismes de protection inventés par la culture en vue de se prémunir contre le chaos et expliquer pourquoi pareilles défenses externes sont inadéquates.

Les boucliers de la culture

Au cours de l'évolution humaine, chaque population devient graduellement consciente de son grand isolement dans le cosmos et de la précarité de sa prise sur la survie. Les humains ont donc développé des mythes et des croyances en vue de transformer les forces écrasantes de l'univers en réalités maniables ou tout au moins compréhensibles. Voilà une des fonctions majeures de la culture[12] : protéger ses membres du chaos, les convaincre de leur importance et de leur succès ultime. L'Inuit, le chasseur de l'Amazone, le Chinois, le Navajo, l'aborigène australien, le Parisien et le New-Yorkais considèrent qu'ils vivent au centre du monde[13] et qu'ils jouissent d'un privilège spécial qui les place en bonne direction vers le futur. Sans la confiance en ces privilèges « exclusifs », il serait difficile d'affronter les tracas de l'existence.

Tout cela est fort bien tant que résistent les boucliers, comme au temps où les Romains dominaient la Méditerranée, où les Chinois se sentaient supérieurs (avant l'invasion des Mongols), etc. Cependant, une trop grande confiance, une trop grande sécurité peuvent entraîner une aussi grande désillusion, un réveil brutal. Quand les gens croient que le progrès est assuré, que la vie est facile, ils peuvent rapidement perdre courage devant les premiers signes d'adversité ; ils abandonnent la foi en ce qu'ils ont appris et, sans le soutien des valeurs culturelles, ils sombrent dans l'anxiété ou l'ennui.

Les symptômes de la désillusion sont faciles à observer dans les différentes sociétés dites avancées. Les plus évidents se rapportent à la nonchalance ou à l'apathie qui affecte la vie de tant de nos concitoyens. Même si les enquêtes révèlent que la majorité des gens se dit plutôt heureuse, un grand nombre n'aiment pas ce qu'ils font, s'ennuient pendant leur temps de loisirs, n'acceptent pas leur sort, regrettent leur passé et n'ont pas confiance en l'avenir. Le malaise n'est pas causé directement par des facteurs externes puisque, contrairement aux pays du tiers-monde, nos sociétés ne sont pas aux prises avec un environnement inhospitalier, une pauvreté extrême ou l'occupation d'une armée étrangère. Les racines de l'insatisfaction sont internes, de sorte que chacun doit se débrouiller personnellement avec ses propres capacités. Les boucliers qui ont servi dans le passé – religion, patriotisme, traditions ethniques, habitudes sociales – ne sont plus efficaces pour un nombre croissant d'individus qui se sentent ballottés par les vents du chaos.

L'absence d'ordre intérieur se manifeste subjectivement à travers ce qu'on appelle anxiété ontologique[14], ou angoisse existentielle, une peur d'être, un sentiment que la vie n'a pas de sens et que l'existence n'en vaut pas la peine. Il y a quelques décennies, la menace d'une guerre nucléaire avait asséné un dur coup à nos espoirs. Maintenant, on dirait qu'il n'y a rien qui transporte l'humanité, que tout tombe dans le vide. Avec les années, le chaos de l'univers physique se répercute dans l'esprit de la multitude. « Est-ce cela la vie[15] ? » semblent se demander bien des gens après avoir quitté les années d'innocence de la jeunesse. Ils espèrent que les choses iront mieux plus tard, mais inévitablement le miroir révèle des rides ; des douleurs mystérieuses parcourent le corps, la vue baisse, puis le dernier message se fait entendre : « C'est la fin. » Beaucoup disent alors : « Je commençais à peine... », « Je n'ai pas eu le temps de vivre ». Dans ce contexte surgit l'impression d'avoir été trompé. Ayant grandi dans un pays riche et protégé par une charte des droits, ayant été conditionné à croire à un destin favorable et vivant à une époque scientifiquement et technologiquement avancée, l'individu, qui avait conçu les plus grandes attentes (encouragé par les prédicateurs et les annonces commerciales), tombe de haut, se retrouve seul et découvre que toutes ces richesses, tous ces *gadgets* n'apportent pas le bonheur. Le *rêve américain*[16] est durement ébranlé.

Les réactions à cette prise de conscience, à cette désillusion sont nombreuses. Les uns s'efforcent de l'ignorer et augmentent les efforts pour acquérir encore plus d'objets censés rendre la vie meilleure : plus grosse voiture, plus grande maison, plus de pouvoir ou un style de vie plus glamour. Parfois, la solution est efficace parce que ces gens sont si fortement engagés dans la course qu'ils n'ont pas le temps de réaliser que le but (une vie de qualité qui ait du sens) est toujours aussi loin. Dans la plupart des cas, la désillusion ne tarde pas à faire retour. D'autres réagissent en s'attaquant directement aux symptômes menaçants : diète, club de santé, Nautilus ou chirurgie esthétique. S'ils découvrent que personne ne semble s'intéresser à eux, ils achètent des livres qui donnent des conseils pour se faire des amis ou s'affirmer, font partie de clubs variés, etc., pour se rendre compte, eux aussi, que ces solutions partielles ne fonctionnent pas. D'autres encore, devant la futilité des exigences proposées par la culture ambiante, suivent le conseil de Candide[17] et se retirent élégamment : ils cultivent leur jardin ou accumulent des collections d'objets. Ils peuvent aussi sombrer dans l'alcool ou l'abus des drogues et oublier temporairement la question : « Est-ce cela la vie ? »

Puisque, traditionnellement, le problème de l'existence est abordé dans le contexte de la religion, d'autres personnes, enfin, y retournent et cherchent réponse soit dans les credo standards, soit dans des croyances plus ésotériques. Les religions ont apporté des réponses au questionnement sur le sens de la vie, mais elles se révèlent temporaires parce qu'enracinées dans des périodes particulières ; ces réponses ne sont pas nécessairement pertinentes de nos jours. Par exemple, du IVe au VIIIe siècle de notre ère, le christianisme s'est répandu en Europe, l'islam au Moyen-Orient et le bouddhisme en Asie. Pendant des centaines d'années, ces grandes religions ont fourni des raisons de vivre[18] à des millions de personnes, mais il est plus difficile aujourd'hui d'accepter leurs visions du monde. Leurs croyances, perpétuées à travers les mythes, les révélations et les textes sacrés, suscitent peu l'adhésion dans un siècle de rationalité scientifique.

Aucune des solutions recherchées n'a porté des fruits. Aussi la société actuelle – malgré ses prouesses technologiques et sa splendeur matérielle – est-elle frappée de maux étranges. On peut se demander si, dans un proche avenir, nos sociétés ne seront pas sous l'emprise d'une oligarchie de vendeurs de drogue milliardaires ou régis par des multinationales toutes-puissantes qui s'inspireraient des règles du capitalisme sauvage. Bien des tendances et des statistiques provoquent également désarroi et inquiétude. Si l'on constate que le revenu *per capita* augmente graduellement, la pauvreté fait, néanmoins, de grands progrès dans des pays aussi avancés que le Canada, la France et les États-Unis. Les résultats des enquêtes, transmis régulièrement par les médias, indiquent que le nombre de crimes violents et de divorces augmente sans cesse, que les maladies transmises sexuellement ont triplé en vingt ans et que le sida est devenu une épidémie plus qu'inquiétante. Les pathologies sociales et les maladies mentales ont été multipliées par trois ces dernières années tandis que les budgets des États en matière de santé et d'éducation se sont resserrés (le budget de la défense des États-Unis, de son côté, a quadruplé en dix ans).

Le malaise des jeunes est encore plus inquiétant et prend des formes virulentes. La proportion d'adolescents qui ne vivent pas avec leurs deux parents est élevée. La violence, la consommation de drogues, les grossesses précoces sont monnaie courante et le taux de suicide (particulièrement au Québec) est dramatique (surtout chez les jeunes garçons). De plus, le niveau de connaissance diminue et le taux de décrochage scolaire augmente (davantage, ici encore, chez les garçons).

Bref, dans nos sociétés, les progrès matériels et technologiques ont été faramineux, mais les gens semblent plus démunis[19] devant la vie que nos ancêtres moins « privilégiés ». Nous n'avons pas progressé en termes d'expérience vécue, de qualité de vie et de bonheur.

L'expérience vécue retrouvée

La seule façon de sortir de la situation décrite plus haut consiste à se prendre en main. Lorsque les valeurs et les institutions ne fournissent plus le soutien que l'on pourrait en attendre, chaque personne se doit d'utiliser toutes les ressources disponibles en vue de se donner une vie agréable et pleine de sens. La psychologie offre plusieurs instruments fort utiles pour cette démarche. Cette science a apporté une contribution importante en expliquant l'influence des événements passés sur le comportement actuel ; elle peut également répondre à la question : étant donné ce que nous sommes, que pouvons-nous faire pour *améliorer notre avenir* ?

La maîtrise de l'anxiété et de la dépression provoquées par la vie contemporaine exige une plus grande autonomie de chacun par rapport à l'environnement social. C'est dire que les réactions des individus ne doivent pas dépendre de récompenses et de punitions distribuées par la société. À cette fin, chacun devra apprendre à se récompenser lui-même, à développer son aptitude à se donner des buts et à trouver la joie indépendamment des conditions externes. Ce défi est à la fois très facile et très difficile : facile en ce sens que l'acquisition de cette aptitude est entre les mains de chacun, difficile parce qu'il faut discipline et persévérance, qualités rares de nos jours. Avant toute chose, l'acquisition de la maîtrise de son expérience intérieure exige un changement d'attitude drastique en regard de ce qui est important et de ce qui ne l'est pas.

L'individu est éduqué avec l'idée que le plus important dans la vie arrivera toujours dans l'avenir : les enfants apprennent que les bonnes habitudes acquises aujourd'hui feront d'eux de bons citoyens et que les devoirs et les leçons aideront à trouver un bon emploi ; on dit au jeune employé que le travail acharné lui procurera quelques promotions plus tard. Comme le raconte une histoire pour enfants : le pain et les confitures sont toujours pour plus tard.

> « Nous ne vivons jamais, mais nous espérons de vivre ; et nous disposant à être heureux, il est inévitable que nous ne le soyons jamais » (Pascal, 1623-1662).

Le report de la gratification est inévitable et nécessaire [20]. Freud et plusieurs autres ont expliqué que la civilisation reposait sur la répression des désirs et des pulsions individuels ; sinon, aucun ordre social ne tiendrait. La socialisation – la transformation d'un organisme humain en une personne capable de fonctionner harmonieusement dans un système social particulier – ne peut être évitée. Elle a pour but de rendre l'individu dépendant des contrôles sociaux, de le faire réagir conformément aux récompenses et aux punitions ; elle y réussit parfaitement lorsque l'individu ne songe même pas à briser les règles.

Dans ce travail de socialisation (et de contrôle)[21], la société compte sur de puissants alliés : les besoins physiologiques et le bagage génétique. Parce que les contrôles sociaux sont efficaces et qu'ils peuvent créer une menace pour la survie, ils font obéir la multitude (les oppresseurs le savent bien). Les systèmes sociaux recourent aussi au plaisir en vue d'encourager l'acceptation des normes : le travail constant et la soumission aux lois entraîneront une « bonne vie ». Presque tous les plaisirs désirés par les humains – de la sexualité à la violence, de la sécurité à la richesse – ont été exploités par les politiciens, les hommes d'affaires, les hommes d'Église et les capitalistes. Au XVIe siècle, les sultans recrutaient des soldats en leur promettant, comme récompense, le viol des femmes des territoires conquis ; de nos jours, les affiches des forces armées promettent de « voir le monde ». Il est important de prendre conscience que la recherche du plaisir est une pulsion inscrite dans nos gènes pour la préservation de l'espèce, non pour notre profit personnel. Le plaisir associé à la nourriture assure la survie du corps ; le plaisir associé à l'activité sexuelle assure la continuité de l'espèce[22]. Lorsqu'un homme est attiré physiquement par une femme, il pense que ce désir est le résultat de ses intentions, de ses intérêts ou de son choix. Son désir est plutôt la manifestation du code génétique invisible qui poursuit son plan. Il n'y a rien de mal à suivre l'inclination de la nature et à jouir du plaisir qu'elle procure tant que la personne le reconnaît et qu'elle garde un certain contrôle en vue de tendre à d'autres buts – ses priorités personnelles.

Au cours des dernières décennies, il est devenu à la mode de suivre la voix de la nature, de suivre son instinct. Si une activité est naturelle et spontanée, si « je me sens bien » en la faisant, ce doit être correct. Cependant, en suivant les impératifs de la génétique et de la culture sans questionnement, la personne cède la maîtrise de sa conscience et devient le jouet de forces extérieures. Celui qui ne peut résister à la nourriture, à l'alcool ou à la sexualité n'est pas libre de diriger son énergie psychique. Cette approche soi-disant « libérée » qui accepte les diktats de la nature (ou de l'instinct) comporte des conséquences réactionnaires : certains ne se déchargent-ils pas de toute responsabilité pour avoir suivi leur nature ou leur instinct ? Nous ne pouvons dénier les faits de la nature (humaine), mais ne convient-il pas d'essayer de les contrôler ? L'individu qui se laisse guider par des récompenses administrées par d'autres est fragile et perdant à tous égards. Il rate une foule de possibilités d'expériences profitables et gratifiantes et fait ce que d'autres ont choisi à sa place. Il est pris dans l'immense machinerie des contrôles sociaux qui, par ailleurs, lui envoie des messages contradictoires : les institutions officielles l'incitent à travailler et à économiser, les vendeurs de toute sorte l'exhortent à dépenser et, finalement, le système parallèle (*underground*) l'invite aux plaisirs défendus (pourvu qu'il paie très cher). Les messages sont différents, voire contradictoires, mais, essentiellement, ils rendent l'individu dépendant d'un système social qui exploite son énergie à ses fins.

Il est évident que la survie d'une société complexe exige un travail orienté vers des buts externes et le report des gratifications, mais il n'est pas nécessaire de devenir une marionnette manipulée par les contrôles sociaux. La solution réside dans la conquête graduelle de sa liberté à l'égard des récompenses sociales et dans l'apprentissage de la substitution de ces dernières par des récompenses choisies par soi-même. Pareil objectif ne signifie pas le rejet de tout but proposé par la culture, mais il implique soit le remplacement des buts que certains veulent imposer à leur profit, soit l'addition de projets développés par l'individu lui-même. L'émancipation à l'égard des contrôles sociaux exige, répétons-le, l'aptitude à trouver plaisir et enchantement (récompense) dans les événements de la vie quotidienne. Si l'individu peut trouver joie et sens dans le courant continuel de l'expérience interne, il sera délivré du poids du contrôle social. Le pouvoir est entre les mains de la personne qui n'attend pas que les récompenses viennent d'autrui. Dès lors, il n'est plus nécessaire de tendre à des buts qui semblent reculer constamment dans le futur ni de terminer chaque journée ennuyeuse avec l'espoir de lendemains meilleurs ; il s'agit simplement de cueillir l'authentique plaisir de vivre. De plus, il n'est pas indiqué de s'abandonner à ses pulsions (pour être libre des contraintes sociales) ; il s'agit plutôt de devenir indépendant des impératifs du corps (des gènes) et de maîtriser ce qui se passe dans son esprit, sa conscience.

Contrôlé par les normes sociales ou les instructions génétiques, l'individu ne peut déterminer le contenu de sa conscience. Et, pourtant, c'est l'expérience vécue consciemment qui *est* la réalité pour chacun. Il est donc possible de transformer la réalité dans la mesure où l'individu influence ce qui se passe dans sa conscience. « Les hommes ne sont pas effrayés par les choses, mais par la façon dont ils les voient » (Épictète, qui a vécu au Ier siècle après J.-C.).

Les voies de la libération[23]

Cette vérité simple – la maîtrise de la conscience détermine la qualité de la vie – est connue depuis longtemps : la devise inscrite au fronton du temple de Delphes : « Connais-toi toi-même » l'implique ; Aristote parlait d'une « vigoureuse activité de l'âme » ; les façons de canaliser la pensée mises au point par la tradition monastique chrétienne et les *Exercices spirituels* d'Ignace de Loyola (1491-1556) vont dans le même sens. La psychanalyse apparaît comme une autre tentative de libération de la conscience. Freud[24] a identifié deux tyrans qui cherchent le contrôle de l'esprit : le premier est au service des gènes et du corps (le Ça), le second est le laquais de la société (le Surmoi). Opposé à eux, le Moi défend les besoins authentiques d'un soi relié à un environnement concret. Les techniques orientales visant le contrôle de la conscience ont proliféré et ont atteint un haut niveau de complexité. Que ce soit le yoga en Inde, l'approche taoïste en Chine ou le zen inspiré du bouddhisme au Japon, toutes ces disciplines ont pour objectif de libérer la conscience de l'influence des forces intérieures ou extérieures (qu'elles soient de nature biologique ou sociale), d'affranchir la vie intérieure du chaos.

Si l'on connaît depuis des siècles ce qui permet d'être libre et de contrôler sa vie, pourquoi avons-nous fait si peu de progrès en la matière ? Pourquoi sommes-nous aussi impuissants que nos ancêtres dans l'affrontement des obstacles au bonheur ? Il peut y avoir deux raisons. La première se rapporte au type de connaissance. La sagesse nécessaire à l'émancipation de la conscience n'est pas cumulative, ne se condense pas en une formule, ne peut être mémorisée ni transmise directement et ne s'applique pas automatiquement. Comme d'autres formes d'expertise, le jugement politique ou le sens esthétique, la sagesse de chaque personne et de chaque génération s'acquiert par essais et erreurs. De plus, le contrôle de la conscience requiert non seulement l'intelligence, mais l'engagement émotif et la volonté. Il ne suffit pas de savoir *comment* faire, il faut le *faire*, comme les musiciens et les athlètes qui doivent pratiquer constamment, ce qui est long et exigeant. La seconde raison tient au fait que les façons de contrôler la conscience doivent être adaptées chaque fois que le contexte culturel change. La sagesse des mystiques soufis, des grands yogis et des maîtres zen pouvait être excellente en son temps ; est-elle encore pertinente transplantée en Californie, au Québec ou en France de nos jours ? Certains éléments sont spécifiques au contexte original et, s'ils ne sont pas séparés de l'essentiel (ce qui n'est pas facile), il s'ensuivra une espèce de salade de techniques qui ne répond pas nécessairement à l'objectif de la libération de l'esprit.

La maîtrise de la conscience[25] ne peut être institutionnalisée. Dans la mesure où elle se formalise[26] en un ensemble de règles et de normes, elle cesse de répondre aux attentes visées à l'origine. Freud était encore vivant pour voir son approche (émancipation du Moi) devenir une idéologie (avec ses chapelles) et une profession rigide ; Marx, encore moins fortuné, a vu ses efforts pour libérer la conscience (de la tyrannie de l'exploitation économique) transformés en un puissant système de répression. Selon Dostoïevski (1821-1881), si le Christ était revenu prêcher son message, il aurait été de nouveau crucifié par les dirigeants de sa propre Église.

À chaque époque, à chaque génération, ou plutôt à chaque changement historique, il devient nécessaire de repenser et de reformuler les conditions et les exigences de l'autonomie de la conscience. Au début, le christianisme a aidé les masses à se libérer d'un système impérial figé et d'une idéologie qui donnait sens à la vie de ceux qui étaient riches et puissants. La Réforme protestante (au XVIe siècle) a libéré les gens de l'exploitation politique et idéologique de l'Église de Rome. La philosophie des Lumières (XVIIIe siècle) a inspiré les hommes d'État qui ont rédigé la Constitution américaine de façon à résister aux contrôles imposés par des rois, des papes et l'aristocratie. Marx et Freud – comme nous venons de le signaler – ont fait œuvre de libération ; de même, Martin Luther King et bien d'autres en Occident ont travaillé (et parfois payé de leur vie) pour le combat de la liberté et l'accroissement du bonheur des autres. Beaucoup de ces tentatives semblent encore valides, même si elles ont été perverties dans leur application.

Si nous revenons à la question fondamentale : comment réaliser la maîtrise de sa vie, où en est l'état des connaissances actuelles ? Peut-on aider quelqu'un à se débarrasser de son anxiété, à se libérer des contrôles de la société et à choisir ses buts et ses récompenses ? Cela se fait par la maîtrise de la conscience qui, à son tour, contrôle la qualité de l'expérience vécue, la qualité de la vie. Le moindre gain dans cette direction rendra la vie plus riche, plus agréable et plus pleine de sens. Avant d'explorer les façons d'améliorer la qualité de l'expérience vécue, il faut expliquer *comment fonctionne la conscience*. C'est sur cette base que nous pourrons, ensuite, examiner les voies de la libération individuelle et les moyens de connaître l'expérience optimale.

2

Le fonctionnement de la conscience

Introduction

Dans les cultures anciennes, on était convaincu qu'une personne devait maîtriser ses pensées et ses sentiments. Dans la Chine de Confucius, dans la Sparte antique, dans la Rome républicaine, chez les Pèlerins fondateurs de la Nouvelle-Angleterre, de même que chez les aristocrates britanniques de l'ère victorienne, les gens avaient la responsabilité de contrôler étroitement leurs émotions. Se plaindre de son sort ou se laisser guider par ses instincts faisaient perdre à quelqu'un le droit de fréquenter la communauté. À notre époque, la prééminence de la raison et le contrôle de soi ne sont pas tenus en haute estime ; ce n'est *pas cool*, cela fait « collet monté », pour ne pas dire ridicule. Mais, quels que soient les diktats de la mode, il semble bien que ceux qui se donnent la peine d'acquérir la maîtrise de ce qui se déroule dans leur conscience[1] vivent plus heureux.

L'acquisition d'une telle maîtrise suppose la compréhension du fonctionnement de la conscience ; tel est l'objet du présent chapitre. Dans le but d'enlever toute ambiguïté à propos de la conscience, il convient de dire tout de suite qu'il n'est pas question d'une chose mystérieuse et de reconnaître que, comme bien d'autres dimensions de la psychologie humaine, elle est le résultat de processus biologiques. Elle existe grâce à la complexité incroyable de l'architecture du système nerveux, lui-même construit sur la base

36

des informations contenues dans le patrimoine génétique. En revanche, il faut ajouter que le fonctionnement de la conscience n'est pas entièrement contrôlé par l'instance biologique et que, sous plusieurs aspects importants dont il sera question dans les pages qui suivent, il est autodirigé. Autrement dit, la conscience peut outrepasser les instructions génétiques et régler son propre cours.

La conscience a pour fonction de représenter l'information concernant ce qui arrive à l'extérieur et à l'intérieur de l'organisme, de façon à permettre l'évaluation et l'action. Face à toutes les sensations, perceptions, émotions et idées, elle agit comme un centre de décision qui établit les priorités. Sans la conscience, il serait possible de « connaître » ce qui se passe, mais la réaction se ferait de façon automatique ; avec elle, il est possible d'évaluer l'information sensorielle et de réagir en conséquence. Il est même possible d'inventer de l'information par le biais de la rêverie diurne, du mensonge, de la poésie et de la création de théories scientifiques.

Au cours des millénaires, le cerveau humain est devenu si complexe qu'il est maintenant capable de jouer sur son propre état, ce qui lui permet jusqu'à un certain point d'être fonctionnellement indépendant de son bagage génétique et de son environnement : une personne peut se rendre heureuse ou malheureuse, sans égard à ce qui se passe « à l'extérieur », seulement en changeant le contenu[2] de sa conscience. Nous connaissons tous des personnes pouvant transformer une situation désespérée en défi uniquement par leur façon d'interpréter les choses et par la force de leur personnalité. Nous admirons les individus persévérant dans cette démarche malgré les obstacles, et c'est justifié, puisqu'il s'agit probablement de la qualité la plus importante pour réussir dans la vie et en profiter pleinement.

L'acquisition de cette capacité exige de maîtriser sa conscience en vue de contrôler les émotions et les pensées. Et il n'y a pas de truc pour cela. Les possibilités de maîtrise de la conscience entraînent certaines personnes vers le mysticisme, de sorte qu'elles s'attendent à des réalisations extraordinaires ou à des miracles... Les performances remarquables des fakirs indiens sont souvent citées comme exemples des pouvoirs « illimités » de l'esprit. On oublie que leur habileté a été acquise par un entraînement long et intense, comme c'est le cas pour les autres virtuoses : violonistes, athlètes, etc. Peut-être, dans un lointain avenir, le cerveau humain sera-t-il capable de prouesses extraordinaires ; pour le moment, il y a des tâches plus modestes mais non moins urgentes à accomplir en vue d'utiliser plus efficacement notre conscience avec toutes ses limites. Même si nous ne pouvons pas réaliser ce que certains souhaiteraient, l'esprit humain possède un potentiel énorme qu'il faut patiemment découvrir et développer.

Le modèle adopté

Puisqu'il n'y a pas de science spécialisée faisant de la conscience son unique objet, mais que plusieurs s'y intéressent (neurosciences, sciences cognitives, intelligence artificielle, psychanalyse, phénoménologie), la description de son fonctionnement est loin de faire l'unanimité et l'ensemble des résultats est fort difficile à synthétiser. Aussi avons-nous adopté un modèle fondé sur des faits et assez simple pour être utile à nos fins. Dans le langage académique, on l'appelle un « modèle phénoménologique de la conscience fondé sur la théorie de l'information ». Cette représentation de la conscience est *phénoménologique*[3] en ce qu'elle s'occupe directement des événements – phénomènes – tels que nous les ressentons et les interprétons plutôt que de s'intéresser aux structures anatomiques, aux processus chimiques ou aux pulsions inconscientes qui rendent ces événements possibles. Il est reconnu d'emblée que tout ce qui arrive dans l'esprit est le résultat de changements électrochimiques qui se produisent dans le système nerveux central tel qu'il s'est constitué au cours des millions d'années de son évolution biologique. Cependant, la phénoménologie pense qu'un événement mental peut être mieux compris s'il est considéré en lui-même, tel qu'il est vécu ou ressenti. Contrairement à la pure phénoménologie, qui exclut toute autre théorie dans son approche, le modèle proposé adopte les principes de la *théorie de l'information* en vue de mieux comprendre ce qui se passe dans la conscience. Cette psychologie cognitive[4] porte sur le traitement et la conservation des données, bref, sur la dynamique de l'attention et de la mémoire.

Avec ce cadre de référence en tête, nous essayons de répondre à la question : que signifie être conscient ? Cela signifie simplement que des *événements conscients* se produisent (sensations, émotions, pensées, intentions) et que nous pouvons en diriger le cours. En revanche, nous ne sommes pas conscients lorsque nous rêvons parce que nous ne pouvons, alors, contrôler ces mêmes événements ; dans les rêves, nous sommes enfermés dans un seul scénario que nous ne pouvons changer. Les événements qui constituent la conscience – les « choses » que nous voyons, ressentons ou désirons – sont des informations que nous pouvons manipuler et utiliser. On peut définir la conscience comme une *information intentionnellement ordonnée*. Cette définition un peu sèche ne suggère pas toute l'importance qu'elle comporte. En effet, les événements n'existent pour nous que si nous en sommes conscients. N'entre dans la conscience qu'une petite partie de ce qui existe. La conscience n'est pas passive ; si elle reflète ce que nos sens nous disent à propos de ce qui se passe à l'extérieur comme à l'intérieur du corps, elle le fait d'une façon sélective ; elle donne forme aux événements, bref, elle leur impose une réalité. Ce que la conscience représente ou reflète constitue ce que nous appelons *notre* vie : la somme des choses vues, entendues, senties, espérées de la naissance à la mort. Il est entendu que plusieurs choses peuvent être présentes à la conscience en même temps (penser à la famine en Afrique, aux indices du Dow Jones, à la lettre que je dois poster), mais ce n'est pas un fouillis puisqu'elle met de l'ordre dans les informations nombreuses qui lui arrivent sans cesse.

Ce sont les *intentions* qui maintiennent cet ordre. Elles surgissent dans la conscience quand l'individu devient conscient qu'il désire quelque chose ou qu'il veut accomplir quelque chose. Les intentions sont elles-mêmes des informations élaborées à partir des besoins biologiques ou des buts sociaux intériorisés[5]. Elles agissent à la manière de champs magnétiques en attirant l'attention sur certains objets plutôt que sur certains autres, en orientant l'esprit vers certains stimuli plutôt que vers certains autres. La manifestation de cette intentionnalité prend plusieurs noms : instinct, besoin, pulsion ou désir ; ces termes se veulent explicatifs en ce qu'ils disent *pourquoi* les gens se comportent d'une certaine façon. L'intention, elle, est un terme neutre et descriptif ; elle ne dit pas pourquoi une personne veut faire quelque chose, mais indique seulement *ce qu'*elle veut faire.

Prenons un exemple. Lorsque le niveau de sucre dans le sang descend au-dessous d'un certain seuil, l'individu commence à se sentir mal à l'aise, irritable, en sueur et à avoir des crampes à l'estomac. Génétiquement programmé pour restaurer l'homéostasie, l'individu commence à penser à la nourriture, la cherche, mange et calme sa faim. Dans ce contexte, on peut dire que la pulsion de faim a organisé le contenu de la conscience, dirigeant son attention vers la nourriture. Cette interprétation des faits est chimiquement correcte, mais phénoménologiquement non pertinente. En effet, l'individu n'est pas au courant du niveau de sucre dans son sang ; il reçoit seulement dans sa conscience une information qu'il a appris à identifier comme la faim. Une fois informé, il peut fort bien former l'intention de manger. Si c'est le cas, son comportement est le même que s'il obéissait simplement au besoin ou à la pulsion. Mais il peut aussi ignorer complètement les affres de la faim et se donner des intentions tout à fait opposées : perdre du poids, économiser ou jeûner. Certains refusent fermement de manger pour des raisons idéologiques, politiques ou religieuses, contrecarrant ainsi la programmation génétique et s'exposant à la mort.

Les intentions – héritées ou acquises – sont organisées en une hiérarchie qui spécifie un ordre de préséance. Pour le militant, la réalisation d'une réforme peut être plus importante que n'importe quoi, y compris sa vie. Cependant, la plupart des gens adoptent des buts (ou intentions) fondés sur les besoins du corps – vivre en bonne santé, se nourrir, avoir des relations sexuelles, jouir du confort – ou sur des impératifs sociaux – être honnête, travailler, consommer beaucoup et vivre en fonction des attentes des autres. Mais de nombreuses exceptions dans toutes les cultures se donnent des buts plus flexibles qui s'éloignent des normes : les héros, les saints, les sages, les artistes, les poètes de même que les criminels. L'existence de tels personnages démontre que la conscience peut être ordonnée selon différents buts ou intentions ; chacun a la liberté de contrôler sa réalité subjective.

Les limites de la connaissance

S'il était possible d'élargir indéfiniment les capacités de la conscience, un des plus grands rêves de l'humanité serait réalisé ; ce serait comme être immortel, tout-puissant, divin. L'humain serait capable de sentir toute chose, de penser toute chose, de faire toute chose et de saisir une masse d'informations en une fraction de seconde. Cependant, le système nerveux est limité dans sa capacité à traiter l'information à un moment précis ; il n'est pas possible de penser à une foule de choses en même temps.

Les connaissances scientifiques permettent d'estimer assez précisément la quantité d'informations que le système nerveux central peut traiter[6]. Il peut gérer sept fragments d'information – des sons, des stimuli visuels, des nuances d'émotions, des pensées – en même temps. Il a besoin de 1/18 de seconde pour distinguer un fragment d'information d'un autre. Sur cette base, il ressort qu'il pourrait traiter 126 unités d'information à la seconde, presque 500 000 à l'heure et 185 milliards au cours d'une vie. C'est de cet ensemble de pensées, de sentiments, de souvenirs, d'intentions, de sensations qu'est faite notre vie ; cela semble énorme, mais, en réalité, c'est plus modeste ; les limites de la conscience sont là. Par exemple, pour comprendre le discours d'une autre personne, il faut traiter 40 unités d'information à la seconde. Si l'on se réfère à la capacité de traiter 126 unités d'information à la seconde, il s'ensuit qu'un individu pourrait, théoriquement, écouter trois personnes en même temps s'il était capable de tenir toute autre sensation ou pensée hors de la conscience, ce qui est impossible. Il n'est même pas possible d'être conscient, en même temps que parle un orateur, de ses expressions faciales et corporelles, de son habillement et des motifs qui l'animent.

Certains surestiment, d'autres sous-estiment les capacités de l'esprit humain. Les optimistes expliquent qu'au cours de son évolution le système nerveux a appris à traiter l'information par « tronçons » et qu'ainsi sa capacité s'améliore constamment, qu'il peut automatiser certaines opérations, laissant l'esprit libre de faire autre chose, et, enfin, qu'il est capable de comprimer l'information grâce aux symboles – langage, mathématiques, concepts abstraits, etc. Chaque fable, chaque parabole biblique, par exemple, est un encodage d'expériences chèrement apprises par un grand nombre d'individus au cours d'une longue période. La conscience, déclarent les optimistes, est un « système ouvert » qui peut se développer indéfiniment.

En réalité, les exigences de la vie requièrent environ 8 % du temps de veille pour manger et autant pour les soins du corps ; environ 15 % de la conscience est donc ainsi occupée[7]. Durant le temps libre – environ le tiers d'une journée –, la plupart des gens utilisent assez peu leurs capacités mentales. Les enquêtes révèlent que presque la moitié des Américains passent la plus grande partie de leurs loisirs devant la télé, ce qui exige assez peu des processus mentaux. Il en est de même pour les autres activités de loisirs – lire le journal, bavarder, flâner ; elles n'exigent pas une grande concentration et apportent peu d'informations à traiter. Ainsi, les 185 milliards d'événements mentaux dont il a été question peuvent être une surestimation ou une sous-estimation : si nous considérons les possibilités théoriques du cerveau humain, c'est trop peu ; si nous observons comment les gens utilisent leur esprit, c'est beaucoup trop. L'information que nous laissons entrer dans la conscience est extrêmement importante ; elle détermine le contenu et la qualité de notre vie.

Le rôle de l'attention

L'information peut pénétrer dans la conscience parce qu'elle y est autorisée – je décide d'y porter attention – ou parce qu'elle suit le cours des habitudes d'attention acquises sous l'influence génétique ou sociale. Par exemple, lorsque quelqu'un voyage sur l'autoroute, il ne remarque pas les centaines de voitures qui y passent ; leur forme et leur couleur peuvent être enregistrées pour une fraction de seconde et sont immédiatement oubliées. Occasionnellement, un véhicule particulier peut être noté à cause de son apparence particulière, parce qu'il va trop vite, trop lentement ou parce qu'il fait du slalom. Devenu conscient de ce dernier cas (« il fait du slalom »), l'individu tente de relier cette information à celle relative à un sujet déjà emmagasiné dans sa mémoire en vue de classer cet événement dans une catégorie préexistante : est-ce un conducteur inexpérimenté, un conducteur ivre, un conducteur compétent mais distrait ? Ensuite, l'information est évaluée : dois-je m'en préoccuper ? Si oui, il faut décider quelle sera l'action appropriée : ralentir, accélérer, arrêter ou avertir les policiers. Toutes ces opérations mentales se déroulent en un temps très court ; elles ne surviennent pas automatiquement et elles sont rendues possibles grâce à un processus appelé *attention*. C'est l'attention qui sélectionne l'information pertinente à travers les millions de stimuli existants. Il faut également de l'attention pour recouvrer les souvenirs appropriés, évaluer l'événement et choisir l'action adéquate. Malgré ses capacités considérables, l'attention ne peut aller au-delà des limites indiquées ; elle ne peut maintenir en mémoire vive plus d'information que celle pouvant être traitée. Notre conducteur qui a noté l'auto suspecte devra cesser de parler au téléphone s'il veut éviter un accident.

Certaines personnes utilisent cette précieuse ressource efficacement, alors que d'autres la gaspillent. Le contrôle de la conscience suppose justement la capacité de concentrer l'attention à volonté, d'éviter les distractions et de soutenir l'effort assez longtemps pour atteindre le but poursuivi. La personne possédant cette capacité trouve satisfaction dans le cours normal de la vie quotidienne. Donnons deux exemples.

Le premier cas, Eva, est une Européenne bien connue dans son pays. Cette scientifique de réputation internationale a monté une grande entreprise qui emploie des centaines de personnes. Eva voyage constamment en vue de participer à des rencontres politiques, professionnelles ou pour raison d'affaires et réside dans l'une de ses nombreuses propriétés à travers le monde. Durant son temps libre, elle assiste aux concerts et visite galeries et musées. Elle ne perd pas une minute : elle écrit, règle des problèmes, lit dossiers, journaux et livres quotidiennement ou planifie les tâches à venir. Très peu de temps est perdu en routines journalières ou accordé au bavardage social, qu'elle accepte gentiment lorsque c'est nécessaire, mais qu'elle évite poliment lorsque c'est possible. Chaque jour, elle se garde quelque temps pour se reposer, récupérer et faire le plein : un petit somme, un peu de soleil à la plage ou une marche en montagne avec ses chiens. La vie d'Eva n'a pas toujours été facile : sa famille est devenue pauvre après la Première Guerre mondiale, elle-même a tout perdu – y compris sa liberté – au cours de la Seconde Guerre et a été atteinte d'une maladie chronique censée être fatale. Elle a tout recouvré – argent et santé – grâce à sa discipline mentale : contrôle de l'attention, rejet des pensées nuisibles et des ruminations. C'est une femme radieuse, pleine d'énergie et qui, malgré un cruel passé et un présent intense, goûte profondément chaque minute de la vie.

Le second cas, Ray, est fort différent d'Eva en ce qu'il est effacé, mais lui ressemble par son attention aiguë. Ray est timide, modeste au point qu'on l'oublie facilement à la suite d'une brève rencontre. Il est connu de peu de gens, mais sa réputation auprès d'eux est très grande. Il est spécialiste d'un domaine étroit et obscur de la science et, en même temps, est l'auteur de vers exquis traduits dans plusieurs langues. Lorsqu'on le rencontre vraiment, l'image d'une source pleine d'énergie vient à l'esprit. Lorsqu'il parle, ses yeux s'illuminent ; lorsqu'il écoute, il analyse les phrases sous plusieurs angles avant même que son interlocuteur ait terminé. Les choses que la plupart des gens considèrent comme allant de soi l'intriguent et le stimulent ; il ne les laisse pas tant qu'il ne les a pas comprises et expliquées d'une façon tout à fait appropriée et originale. Malgré ce constant effort d'une intelligence concentrée, Ray donne une impression de calme et de sérénité. Il est constamment conscient des plus petites variations de son environnement ; il observe les choses non pas pour les changer ou les juger, mais simplement pour enregistrer la réalité, l'apprécier et parfois exprimer sa compréhension. Ray n'a pas l'impact d'Eva sur la société, mais sa conscience est aussi ordonnée et complexe et son attention est adéquatement concentrée. Comme Eva, il profite intensément de la vie.

Chaque individu dispose d'une attention limitée qu'il peut orienter intentionnellement comme un rayon d'énergie (comme Eva et Ray) ou qu'il peut disperser dans des activités décousues et aléatoires. En fait, la vie d'un individu ressemble à la façon dont il utilise son attention. À la même soirée, l'extraverti recherche les interactions avec les gens, l'homme d'affaires se propose de préparer le terrain en vue de contrats importants tandis que le paranoïaque est à l'affût du moindre signe de danger. L'attention peut être investie d'innombrables façons qui rendront la vie merveilleuse ou misérable.

La flexibilité de l'attention devient encore plus évidente grâce à la comparaison entre les cultures. Les Inuits, par exemple, sont capables de distinguer plusieurs sortes de neige et sont très sensibles aux variations des vents. Les marins mélanésiens peuvent facilement se situer en pleine mer. La versatilité de l'attention apparaît également lorsqu'on considère les occupations : le musicien détecte les nuances des sons, le spécialiste de la Bourse découvre les moindres changements du marché et le bon médecin reconnaît vite les symptômes pertinents. Ces gens ont patiemment entraîné leur attention ; ils peuvent ainsi reconnaître des signaux qui passent inaperçus aux yeux des autres.

Puisque l'attention détermine ce qui apparaît ou non dans la conscience et parce qu'elle est requise pour effectuer les autres activités mentales (penser, se souvenir, prendre une décision ou éprouver une émotion), il est convenu de la considérer comme une *énergie psychique*[8]. Sans cette énergie, aucun travail ne se fait. Il est donc exact d'affirmer que nous nous créons nous-mêmes en investissant cette énergie. Il importe donc d'apprendre à l'utiliser adéquatement ; la qualité de notre expérience en dépend.

Soi et conscience

Que signifie le pronom « Je » ? Où se trouve ce Je qui décide quoi faire de l'énergie psychique ? Où est le capitaine du bateau, le maître de l'âme ? Ces questions font comprendre que le Je, le *soi*[9], est également un des contenus de la conscience ; il ne s'écarte jamais bien loin du centre de l'attention. De toute évidence, mon propre soi existe seulement dans ma propre conscience ; dans celle des autres, il en existe bien des versions, mais probablement fort différentes de l'« original ».

Le soi n'est pas un morceau d'information ordinaire ; il contient tout ce qui est passé dans la conscience : les souvenirs, les actions, les désirs, les plaisirs, les peines et – par-dessus tout – la hiérarchie des buts qui s'est construite petit à petit au cours des années. Par exemple, le soi du militant politique se confond avec son idéologie, celui du banquier correspond à ses investissements. Habituellement, nous ne pensons pas à nous-mêmes (à notre soi) de cette façon ; nous ne sommes conscients, à chaque instant, que d'une petite partie de notre soi ; notre apparence, par exemple. De plus, nous associons notre soi à notre corps, nous étendons ses frontières de façon à l'identifier à une automobile, à une maison ou à une famille. Cependant, quelle que soit la manière dont nous en sommes conscients, le soi est, certes, l'élément le plus important parce qu'il représente symboliquement tous les autres contenus de la conscience de même que leurs interrelations.

Le lecteur aura sans doute détecté des traces de circularité. Si, d'une part, l'attention, ou l'énergie psychique, est dirigée par le soi, ce dernier étant constitué de la somme des contenus de la conscience (dont la structure des buts) et si, d'autre part, les contenus de la conscience résultent de la façon d'investir l'attention, il y a là un système qui tourne en rond – sans cause ni effet clairs. Le soi dirige l'attention et l'attention détermine le soi. De fait, les deux énoncés sont vrais : la conscience n'est pas un système linéaire, mais un système de causalité circulaire – l'attention façonne le soi et celui-ci façonne celle-là.

Un bel exemple de circularité est fourni par l'expérience de Sam, un adolescent qui a été suivi au cours d'une étude longitudinale de notre équipe. À l'âge de quinze ans, il se rend aux Bermudes avec son père pour les vacances de Noël. À cet âge, il n'a aucune idée de ce qu'il veut faire de sa vie ; son soi est plutôt informe, sans identité propre. Sam n'a pas de buts précis ; il veut ce que les garçons de son âge sont censés vouloir, conformément à leur programmation génétique et aux instructions de l'environnement social : il pense vaguement terminer ses études secondaires, aller au collège et à l'université ; trouver un emploi bien rémunéré, se marier et habiter la banlieue... Aux Bermudes, son père l'amène en excursion au cours de laquelle il fait de la plongée sous-marine et explore la barrière de corail. Sam n'en croit pas ses yeux. Il trouve cette expérience si merveilleuse qu'il décide d'en savoir plus à ce propos. Il prend quelques cours de biologie de niveau secondaire et s'inscrit, ensuite, à l'université en vue de devenir un spécialiste de la biologie marine.

Dans le cas de Sam, un événement fortuit s'est imposé à sa

conscience et a changé sa vie. Il n'avait pas planifié cette expérience, mais il a résonné à la beauté de l'océan, il a *aimé* cela et a élaboré toute une structure de buts. Au début, l'attention portée à la beauté sous-marine a façonné son soi ; ensuite, il a intentionnellement cherché à en savoir plus en biologie marine ; alors, c'est le soi qui a façonné son attention. Il n'y a rien d'exceptionnel dans le cas de Sam ; les choses se passent ainsi pour la plupart des gens.

Nous avons abordé, dans les pages qui précèdent, les éléments nécessaires à la compréhension du contrôle de la conscience. Nous avons vu que l'expérience vécue dépendait de la façon dont l'énergie psychique était investie – de la structure de l'attention de même que de celle des buts et intentions. Ces processus sont reliés par le soi, qui est la représentation mentale dynamique du système de buts. Telles sont les pièces qu'il faut manipuler en vue d'apporter changement et amélioration. Il est évident que des événements extérieurs peuvent améliorer l'existence : gagner à la loterie, faire un heureux mariage, changer un système social injuste. Mais, pour affecter la qualité de la vie, ces événements merveilleux doivent trouver place dans la conscience et être reliés au soi d'une façon positive. Les éléments que nous avons abordés se rapportent à la structure de la conscience ; ils offrent un portrait plutôt statique ; il faut maintenant considérer les *processus* : qu'est-ce qui se passe quand survient une nouvelle bribe d'information dans la conscience ? La compréhension des processus permettra de contrôler l'expérience consciente et de l'améliorer.

Le désordre dans la conscience (entropie psychologique)

Une des principales causes qui nuit au bon fonctionnement de la conscience est le désordre psychique, c'est-à-dire une information qui entre en conflit avec les intentions existantes ou qui en empêche la réalisation. Cette condition prend différentes appellations selon le ressenti impliqué : peur, rage, anxiété ou jalousie[10]. Ces troubles variés dirigent l'attention vers des objets inappropriés, lui laissant peu ou pas de disponibilité pour les priorités choisies. L'énergie psychique devient inadéquate et inefficace, bref, elle est gaspillée.

Les dérangements ou distractions de la conscience surviennent de bien des façons. Prenons le cas de Julio. Julio travaille dans une entreprise d'équipement audiovisuel et a participé à une recherche réalisée au moyen de l'ESM. Son travail consiste à souder les connexions des projecteurs qui passent devant lui sur la ligne de montage. Il est peu intéressé et nonchalant. Habituellement, il effectue ce travail assez rapidement pour pouvoir se relaxer un peu ou faire des plaisanteries avant que n'arrive la prochaine pièce. Mais, aujourd'hui, il est distrait, il peine à suivre le rythme et parfois ralentit toute la chaîne de montage. Quand un camarade le taquine à ce propos, il réagit violemment. Pendant tout son temps de travail la tension est très élevée et envenime ses relations avec les autres travailleurs. Le problème de Julio est simple et trivial, mais il pèse lourdement sur son esprit. Il a remarqué, il y a quelques jours, en revenant du travail, qu'un des pneus de sa voiture était un peu mou ; le lendemain il l'était un peu plus. Julio ne recevra sa paie qu'à la fin de la semaine prochaine et il n'a pas assez d'argent pour faire réparer le pneu. Son usine est à trente kilomètres et il doit s'y rendre pour huit heures. La solution qu'il a entrevue consiste à conduire lentement jusqu'à la station-service la plus proche, à gonfler son pneu et à se rendre au plus vite au travail puis à faire de même pour le retour. Mais, ce matin, il s'est rendu au travail avec difficulté ; le pneu s'est complètement dégonflé, de sorte que la jante touchait la chaussée. Toute la journée il s'est demandé : « Comment me rendrai-je à la maison ce soir ? Comment reviendrai-je demain ? » Ces intrusions affectaient son esprit, dérangeaient sa concentration et expliquaient son humeur.

Le cas de Julio est un exemple simple et fréquent de ce qui vient briser l'ordre interne du soi. Le phénomène est toujours le même : une information surgit dans la conscience et entre en conflit avec la poursuite d'un but personnel. Plus le but est important, plus sévère est la menace et plus l'attention est mobilisée pour l'éliminer, laissant peu d'énergie disponible pour les « vraies » questions. Puisque le travail est un but prioritaire pour Julio, le perdre compromettrait bien d'autres projets, de sorte qu'il ne retrouvera la paix de l'esprit – l'ordre de sa conscience – que lorsque le problème sera résolu. On comprend pourquoi ce problème – somme toute fort insignifiant – absorbe autant de son énergie psychique ou le distrait autant.

Le désordre interne provoqué par une information qui survient dans la conscience et menace la poursuite d'un but s'appelle l'*entropie psychique*, une désorganisation du soi qui réduit son efficacité. Une expérience prolongée de cette sorte peut affaiblir le soi au point de ne laisser aucune attention (énergie) disponible et de contrecarrer complètement la démarche vers un but. Voyons le cas de Jim, qui a vécu une situation plus sérieuse et plus prolongée que celle de Julio.

Jim est un adolescent du niveau du secondaire qui a participé à une de nos études. En ce mercredi après-midi, il est seul à la maison… Il écoute à tue-tête *Grateful Dead*, et cela sans interruption, ou presque, depuis plusieurs jours… Quelques heures plus tard, Jim gît étendu sur son lit. À côté de lui, un flacon vide d'aspirine qui comptait soixante-dix comprimés.

Les parents de Jim se sont séparés l'an passé et sont actuellement en instance de divorce. Pendant la semaine, Jim vit chez sa mère tandis que le vendredi il fait sa valise et s'en va chez son père, qui réside dans son nouveau logement en banlieue. Cette situation lui pose problème parce qu'il ne voit plus ses amis. Au cours de la semaine, avec l'école, il n'a guère le temps ; au cours du week-end, il est en territoire étranger, ne connaît personne et s'ennuie ferme. Il essaie de joindre ses amis au téléphone et écoute ses disques, dont certains font écho à la solitude qu'il éprouve. Mais ce que Jim trouve le plus terrible, c'est la bataille constante que se livrent ses parents en vue d'obtenir sa loyauté : chacun fait des remarques désobligeantes à l'endroit de l'autre, chacun essaie de le faire sentir coupable d'aimer l'autre. Quelques jours avant sa tentative de suicide, il avait écrit dans son journal intime : « *HELP !* Je ne veux pas haïr ma mère. Je ne veux pas haïr mon père. Je voudrais qu'ils cessent de me pressurer ainsi. »

Heureusement, la sœur de Jim est arrivée à temps. Elle a téléphoné à sa mère, qui l'a fait transporter à l'hôpital. Il fut sur pied quelques jours plus tard. Les parents de Jim ont demandé de l'aide pour eux et leur fils, de sorte qu'ils ont rétabli une relation saine avec lui, favorisant ainsi la construction d'un soi plus robuste.

La crevaison qui a fait vivre à Julio une panique temporaire et le divorce qui a failli tuer Jim n'agissent pas directement comme des causes physiques ayant un effet physique – comme une balle de billard qui en frappe une autre. L'événement extérieur apparaît à la conscience en tant que pure information sans qu'y soit associée une valeur positive ou négative. C'est le soi qui interprète ces données brutes dans le contexte de ses intérêts et détermine si c'est dangereux ou non. Par exemple, si Julio s'était fait quelques amis, il aurait pu emprunter le nécessaire ou faire du covoiturage pour quelques jours. Ou encore, s'il avait développé une certaine confiance en lui, il n'aurait pas été aussi troublé. C'est la même chose pour Jim. S'il avait été un peu plus indépendant, le divorce de ses parents ne l'aurait pas affecté autant. On comprend, cependant, qu'à cet âge les buts soient fortement associés à ceux des parents, si bien que la séparation de ces derniers peut produire une cassure dans l'identité d'un jeune. Mais quelques bons copains ou quelques succès dans la poursuite de ses buts auraient contribué à maintenir l'intégrité de Jim.

Chaque bribe d'information est évaluée en regard de son impact sur le soi. Menace-t-elle mes buts, les appuie-t-elle, est-elle neutre ? La nouvelle d'une chute des indices de la Bourse inquiète le banquier mais réjouit le militant politique parce que leur soi respectif n'est pas associé aux même valeurs. Une nouvelle information peut donc créer un grave désordre dans la conscience, comme nous venons de le voir ; elle peut aussi favoriser la réalisation de nos buts, libérant alors une certaine quantité d'énergie psychique et créant de l'ordre dans la conscience. C'est ce que nous abordons maintenant.

L'ordre dans la conscience (expérience optimale)

L'opposé de l'entropie psychique est l'expérience optimale. Lorsque l'information qui entre dans la conscience est congruente avec les buts, l'énergie psychique coule sans effort, les préoccupations à propos de soi sont absentes et le message est positif : « Tout va bien. » Cette rétroaction renforce le soi et libère l'attention pour interagir avec l'environnement interne et externe. Un autre participant qui travaille dans la même usine que Julio s'appelle Rico ; il rapporte éprouver assez souvent cet état positif au travail.

Si la plupart des travailleurs sur la ligne de production s'ennuient et considèrent leur travail comme peu intéressant, ce n'est pas le cas de Rico, qui voit les choses tout autrement. Il considère que son travail requiert de l'habileté. Même s'il fait la même tâche répétitive que tous les autres, il s'est entraîné à la réaliser avec l'économie et l'élégance d'un virtuose. Environ quatre cents fois par jour, une caméra vidéo s'arrête à son poste et il dispose de quarante-trois secondes pour vérifier si le système sonore de l'appareil est conforme aux spécifications. Au cours des années, il a essayé divers outils et divers mouvements de façon à réduire le temps nécessaire à vingt-huit secondes ! Chaque amélioration lui apportait autant de fierté qu'à l'athlète olympique qui bat un record. Rico n'a pas reçu de médaille, il n'a pas amélioré la production (la chaîne garde le même rythme), mais il a le plaisir de se dépasser. « C'est bien mieux que de regarder la télé », dit-il. Puisqu'il ne lui semble plus possible de faire mieux dans ce travail, il prend des cours en vue de se donner de nouvelles possibilités en génie électronique.

Pour Pamela, c'est encore plus facile d'éprouver cet état harmonieux au travail. Comme jeune avocate dans une petite étude, elle a la chance de pouvoir s'impliquer dans des cas complexes fort passionnants. Elle passe des heures à la bibliothèque, cherche des références et met au point des lignes d'action possibles pour les partenaires seniors de la firme. Sa concentration est parfois si intense qu'elle en oublie l'heure du déjeuner, et, lorsqu'elle se rend compte qu'elle a faim, l'après-midi est terminé. Immergée dans son travail, elle cherche les informations qui conviennent exactement ; si elle est temporairement frustrée, elle en connaît la cause et sait que les obstacles seront surmontés.

Ces exemples illustrent bien ce qu'il faut entendre par expérience optimale[11] : une situation dans laquelle l'attention est librement investie en vue de réaliser un but personnel parce qu'il n'y a pas de désordre qui dérange ou menace le soi. On l'appelle aussi « expérience flot » (flow experience), termes qui ont été utilisés par les gens interviewés eux-mêmes. Ceux-ci décrivent leur expérience en disant : « Toutes mes énergies formaient un flot » ou :

«J'étais emporté par le flot.» Cet état est l'exact opposé de l'entropie psychique (aussi l'appelle-t-on *négentropie*). Ceux qui atteignent fréquemment cet état développent un soi plus fort, plein de confiance et efficace parce que leur énergie psychique a été investie avec succès dans la réalisation des objectifs qu'ils avaient l'intention de poursuivre.

Quand une personne est capable d'organiser sa conscience de façon à vivre cette expérience optimale le plus souvent possible, la qualité de sa vie s'améliore inévitablement parce que, comme dans le cas de Rico et de Pamela, même les routines habituelles du travail deviennent intentionnelles et plaisantes. Dans cet état, la personne contrôle son énergie psychique et maintient ou améliore la maîtrise de sa conscience. Un autre sujet interrogé – un alpiniste bien connu – explique avec concision le lien qu'il voit entre une occupation qui procure l'expérience optimale et le reste de sa vie.

> «C'est époustouflant de progresser dans l'autodiscipline. Vous faites fonctionner votre corps et tout fait mal. Vous interrogez alors le soi avec inquiétude et vous considérez tout ce que vous avez fait. C'est l'apothéose ; c'est l'accomplissement de soi, c'est l'extase. Si vous gagnez plusieurs de ces batailles, cette bataille contre soi, ça devient plus facile de gagner la bataille de la vie.»

En fait, il ne s'agit pas d'une bataille contre soi, c'est une bataille *pour* soi ; une bataille contre l'entropie psychique, pour le contrôle de l'attention. Cette expérience d'harmonie et de joie profondes requiert un niveau élevé de concentration.

Complexité et croissance de soi

L'expérience optimale rend le soi plus *complexe*, et c'est alors qu'il se développe. La complexité [12] résulte de deux processus psychiques : la *différenciation*, qui implique un mouvement vers l'unicité en se distinguant d'autrui et l'*intégration*, son opposé, qui implique l'union à d'autres gens, à d'autres idées et à d'autres entités au-delà du soi. Un soi complexe réussit à combiner ces deux tendances opposées. La différenciation s'explique par le succès dans l'affrontement des défis, ce qui rend la personne plus capable, plus efficace, plus habile et unique. L'intégration permet l'harmonieux ajustement des parties, antécédent et conséquence des grandes réalisations. Dans l'expérience optimale, l'individu devient plus complexe, il se sent donc unique et en même temps « plus ensemble » non seulement intérieurement, mais aussi dans ses rapports avec les autres.

Un soi qui est uniquement différencié peut accomplir de grandes réalisations mais risque l'égotisme ; une personne qui est uniquement intégrée peut être reliée aux autres mais risque de manquer d'autonomie. L'investissement d'une égale énergie psychique dans les deux processus évitera l'égoïsme ou la conformité et formera un soi complexe. Paradoxalement, c'est lorsque l'individu agit librement pour le plaisir de l'action elle-même et non pour un autre motif qu'il apprend à devenir *plus* qu'il n'était auparavant.

Lorsque nous choisissons un but et que nous nous investissons dans la mesure de nos capacités et de notre concentration, ce que nous ferons sera agréable. Et, ayant goûté à cette joie, nous essaierons d'y goûter encore. C'est ainsi que le soi se développe ; c'est ainsi que Rico a tiré profit d'un travail ennuyeux, Ray de sa poésie et qu'Eva a dépassé sa maladie pour devenir une scientifique reconnue et une femme d'affaires efficace. L'expérience optimale est importante non seulement parce qu'elle rend l'instant présent plus agréable, mais aussi parce qu'elle favorise la confiance en soi, l'acquisition d'aptitudes et permet des réalisations qui ont un sens pour l'humanité.

Les prochains chapitres traiteront en détail de l'expérience optimale : en quoi elle consiste et quelles en sont les conditions.

3

Les caractéristiques de l'expérience optimale

Introduction

Nous recourons à deux stratégies[1] en vue d'améliorer la qualité de notre vie : nous attaquer aux conditions extérieures pour qu'elles s'harmonisent avec nos buts ou modifier notre expérience intérieure, c'est-à-dire la façon dont nous percevons et interprétons les conditions externes. Par exemple, le sentiment de sécurité est une composante importante du bonheur. Il est possible de l'augmenter par l'achat d'une arme à feu, par l'installation d'une double serrure aux portes, par le recours à une surveillance policière accrue, etc., toute mesure qui fait concorder les conditions de l'environnement avec l'objectif de sécurité. Il est également possible de se sentir plus en sécurité en modifiant ce que nous considérons comme sécurisant : si nous reconnaissons l'existence de certains risques et si nous acceptons l'idée qu'il n'y a pas de sécurité parfaite, la menace d'insécurité aura peu de chances de ternir notre bonheur. En fait, les deux stratégies sont utiles, mais aucune ne sera efficace si elle est utilisée seule. Même sur une île entourée de gardes armés, on ne se sentira pas en sécurité si reviennent les vieilles peurs ou si l'anxiété persiste.

Le mythe du roi Midas illustre bien le fait que les conditions externes n'améliorent pas nécessairement l'existence. Comme bien d'autres, le roi Midas pensait qu'en devenant très riche il assurerait son bonheur. Aussi demanda-t-il aux dieux le pouvoir de changer en or tout ce qu'il toucherait. Il s'imaginait qu'avec un tel pouvoir il pourrait devenir le plus riche, donc le plus heureux au monde. Mais nous savons comment finit l'histoire : Midas regretta vite son pouvoir car la nourriture et le vin se changeaient en or avant même qu'il ne puisse les avaler...

Les échos de cette fable se font encore entendre après des siècles ; les bureaux des psychologues et des psychiatres regorgent de patients riches qui prennent conscience – à quarante ou cinquante ans – que leur belle maison, leur luxueuse automobile et leur poste prestigieux ne leur apportent pas la paix de l'âme. Bien des gens pensent qu'en changeant leurs conditions de vie ils régleront leurs problèmes, oubliant que la poursuite incessante du succès matériel – la spirale hédonique infernale – n'améliorera pas leur vie. La qualité de la vie dépend plutôt de la qualité de l'expérience vécue, de l'ordre de la conscience.

La richesse[2], la gloire et le pouvoir sont devenus dans notre culture de puissants *symboles* de bonheur (le rêve américain). Lorsque nous voyons des gens riches et célèbres, nous supposons que leur vie est exaltante ; pourtant, elle est souvent misérable et certainement pas plus heureuse que celle des gens ordinaires[3]. De fait, l'individu qui devient riche ou célèbre peut se considérer plus satisfait *pour un temps*, mais il s'habitue à son style de vie puis ses attentes ou ses exigences augmentent, de sorte qu'il lui en faudra toujours plus. Ces symboles sont d'autant plus décevants qu'ils distraient les gens de ce qu'ils sont censés représenter. Ce n'est donc pas, répétons-le, ce que nous possédons qui améliore la qualité de la vie, mais ce que nous éprouvons vis-à-vis de nous-mêmes.

Lorsqu'ils envisagent le type d'expériences qui rendent la vie meilleure, bien des gens pensent au *plaisir* : confort, sexe, voyages, gadgets, toutes ces « nourritures terrestres » proposées par la publicité. Le plaisir correspond à la satisfaction, au contentement ressenti lorsque la conscience nous informe que les attentes créées par la programmation génétique ou par le conditionnement social ont été comblées. Ainsi, un bon repas qui calme la faim est plaisant parce qu'il satisfait un besoin physiologique ; une soirée tranquille devant la télé accompagnée d'une bière à la suite d'une journée exténuante est relaxante. Le plaisir peut donc être une composante de la qualité de la vie, mais il n'apporte pas en lui-même le bonheur ; il correspond à une expérience homéostatique (restauration de l'équilibre physiologique), mais ne produit pas d'accroissement psychique et ne contribue pas à la complexité du soi. Le plaisir peut aider à maintenir l'ordre dans la conscience, mais, par lui-même, il ne peut créer un nouvel ordre.

Lorsque les expériences contribuent à une vie meilleure, on parlera de *joie* ou d'enchantement. La joie survient lorsqu'une personne dépasse les attentes ou les besoins programmés et réalise quelque chose de plus, de mieux, d'inattendu. La joie se caractérise par un mouvement en avant, par un sentiment d'accomplissement, de nouveauté : jouer une partie de tennis qui exige toute son habileté, lire un livre qui apporte une nouvelle compréhension d'une question, avoir une conversation qui fait avancer les idées, conclure une entente (ou un contrat) à la suite d'une négociation serrée. Après de telles expériences, nous sommes contents, satisfaits ou enchantés et avons conscience d'avoir changé ; notre soi est devenu plus complexe.

Le plaisir et la joie[4] sont deux expériences différentes, mais elles peuvent être complémentaires. Prendre un repas procure du plaisir à tous, mais seul le gourmet expérimente ce quelque chose de supérieur parce qu'il porte une plus grande attention aux mets et essaie de distinguer les diverses sensations qu'ils procurent ; non seulement il éprouve du plaisir, mais il atteint l'enchantement. Le plaisir peut être éprouvé sans effort (si le centre approprié du cerveau est stimulé par un courant électrique ou un produit chimique), mais la joie et l'enchantement exigent une pleine concentration sur l'activité. Voilà pourquoi le plaisir est si évanescent et ne produit pas l'accroissement ou l'actualisation de soi. Cette dernière requiert l'investissement d'énergie psychique dans des buts[5] nouveaux et relativement exigeants. On comprend, alors, la joie d'apprendre des enfants lorsqu'ils se concentrent sur une tâche qui leur permettra d'acquérir de nouvelles aptitudes. Malheureusement, lorsque l'« apprentissage » devient imposé et réalisé en vue de récompenses extrinsèques, la joie d'apprendre disparaît. Dans ces conditions, le plaisir devient l'unique source d'expérience positive, de sorte que la joie de vivre et la qualité de la vie diminuent. Par contre, certaines personnes conservent une grande joie dans ce qu'ils font ; c'est le cas du *signor* Orsini.

Signor Orsini vit dans un des quartiers pauvres de Naples où il tient une boutique délabrée d'antiquités qui appartient à sa famille depuis des générations. Un jour survient une Américaine d'apparence prospère qui se promène, regarde puis demande le prix d'une paire de *putti*, ces petits chérubins sculptés en bois si chers aux artisans napolitains depuis des siècles. Le *signor* Orsini lui fixe un prix exorbitant. La dame sort immédiatement ses chèques de voyage, prête à payer le prix pour ces artefacts douteux. Le Napolitain devient pourpre et, fort agité, amène la cliente vers la porte : «Non, non, *signora*, je regrette mais je ne peux pas vous vendre ces anges.» À la femme estomaquée, il répète : «Je ne peux pas faire des affaires avec vous. Comprenez-vous ?» Après le départ de cette touriste, il se calme et explique : «Si j'avais été dans la misère, j'aurais pris son argent ; mais puisque ce n'est pas le cas, pourquoi faire cette vente qui ne m'apporte aucun agrément ? J'adore les traits d'esprit, l'éloquence et les ruses qui surviennent dans la négociation. Cette femme n'a même pas bronché ; elle n'a même pas pensé que je tirais profit d'elle. Si j'avais vendu les chérubins à ce prix exorbitant, j'aurais eu l'impression d'être un fraudeur.» Peu de gens en Italie du Sud ou ailleurs ont cette étrange attitude en affaires, mais ils n'adorent pas leur travail et l'art de la négociation comme *signor* Orsini.

Sans cette joie, on peut survivre ; on peut même avoir du plaisir au gré de la chance et des événements. Cependant, pour acquérir la maîtrise de la qualité de l'expérience, il faut appendre à trouver la joie à partir de ce qui arrive quotidiennement. Chacun est l'artisan de son bonheur, de sa qualité de vie à travers le contrôle de son expérience consciente, la possibilité qu'il se donne de vivre des expériences optimales.

Ce chapitre fournit une vue d'ensemble des caractéristiques de l'expérience optimale. Cette description est fondée sur des interviews, des questionnaires recueillis depuis plus de vingt-cinq ans de même que sur les données provenant de l'ESM, cette dernière technique ayant été utilisée auprès de milliers de personnes. Au cours d'une première phase[6], notre équipe a rencontré des personnes qui investissaient beaucoup de temps et d'énergie dans des activités très exigeantes et qui le faisaient sans récompense externe (comme le prestige ou l'argent) ; il s'agissait d'alpinistes, de compositeurs, de joueurs d'échecs et d'athlètes amateurs. Dans les études suivantes, nous nous sommes intéressés aux gens ordinaires menant une existence ordinaire : chirurgiens, enseignants, employés de bureau, travailleurs en usine, jeunes mères, retraités et adolescents ; ils étaient principalement américains, mais se sont ajoutées plusieurs personnes d'autres pays : Corée, Japon, Thaïlande, Australie, pays européens ainsi que des Navajos. C'est sur la base de l'ensemble de ces études que furent découvertes les caractéristiques de l'expérience optimale.

Les caractéristiques de l'expérience optimale

La première surprise révélée par les études fut la similitude existant entre des activités très différentes lorsque tout se déroule particulièrement bien. Selon toute apparence, ce qu'éprouve un nageur qui traverse la Manche est à peu près identique à l'expérience intérieure d'un joueur d'échecs en plein tournoi ou d'un alpiniste qui gravit la montagne. Ces mêmes sentiments sont également partagés, dans une large part, par des musiciens qui composent une pièce et des adolescents qui participent au championnat de basket de leur ligue.

La seconde surprise fut de découvrir que les gens décrivent leur enchantement à peu près de la même façon sans égard à la culture, à la classe sociale, à l'âge et au sexe. *Ce qu'ils* font lorsqu'ils éprouvent l'expérience intense varie considérablement – le vieux Coréen médite, le jeune Japonais fait de la moto avec sa bande, etc. –, mais, lorsqu'ils décrivent *comment* ils se sentent, c'est à peu près dans les mêmes termes. Les raisons pour lesquelles ils éprouvent de l'enchantement se ressemblent également. Bref, l'expérience optimale semble être la même partout dans le monde et pour un grand nombre d'activités.

La phénoménologie de l'expérience optimale élaborée à partir des études mentionnées comporte huit caractéristiques majeures :

1. la tâche entreprise est réalisable mais constitue un défi et exige une aptitude particulière ;
2. l'individu se concentre sur ce qu'il fait ;
3. la cible visée est claire ;

4. l'activité en cours fournit une rétroaction immédiate ;
5. l'engagement de l'individu est profond et fait disparaître toute distraction ;
6. la personne exerce le contrôle sur ses actions ;
7. la préoccupation de soi disparaît, mais, paradoxalement, le sens du soi est renforcé à la suite de l'expérience optimale ;
8. la perception de la durée est altérée.

La combinaison de ces éléments produit un sentiment d'enchantement profond qui est si intense[7] que les gens sont prêts à investir beaucoup d'énergie afin de le ressentir à nouveau. Nous allons considérer chacun des éléments afin de mieux comprendre ce qui rend cette expérience si gratifiante. Cette connaissance devrait nous aider à mieux contrôler notre conscience et à convertir la monotonie de la vie quotidienne en expériences contribuant à l'accroissement du soi.

Défi et habileté

Quelqu'un peut éprouver une grande joie, une extase sans grande raison apparente : elle est déclenchée par une mélodie qui survient, par un beau panorama ou encore provient simplement d'un sentiment de bien-être. Cependant, dans la grande majorité des cas, l'expérience optimale se produit quand une activité est dirigée vers un but et gouvernée par des règles, une activité qui représente une certaine difficulté (un défi), qui exige l'investissement d'énergie psychique et qui ne peut être réalisée sans les aptitudes requises. Tout cela sera expliqué au fur et à mesure que nous avancerons ; pour le moment, il suffit de noter que ces éléments sont constants.

Il convient également de noter tout de suite que l'« activité » et l'« aptitude » dont il est question ne doivent pas être comprises seulement au sens physique. Par exemple, une activité très fréquemment mentionnée est la lecture. Cette dernière requiert de l'attention, elle a un but et exige la connaissance du langage écrit. Elle n'exige pas seulement de savoir lire, mais aussi de traduire les mots en images, d'avoir de l'empathie à l'endroit des personnages fictifs, de reconnaître le contexte historique et culturel, d'anticiper les tournants de l'intrigue, d'évaluer le style de l'auteur, etc. La capacité de manipuler l'information symbolique est une « aptitude » comme l'est celle du mathématicien qui façonne des relations quantitatives ou logiques et celle du musicien qui combine les sons. La relation avec autrui est une autre activité agréable universellement reconnue. À première vue, il peut sembler qu'aucune aptitude ne soit nécessaire pour profiter d'une activité aussi simple que bavarder ou plaisanter avec d'autres personnes. Mais, de toute évidence, il en faut, et les personnes qui, comme les timides, sont préoccupées d'elles-mêmes redoutent les contacts informels et évitent la compagnie des autres.

Toute activité comporte un ensemble de possibilités d'action ou un « défi » qui requièrent des aptitudes appropriées. Pour ceux qui n'ont pas les aptitudes requises, l'activité ne représente pas un défi, elle n'est pas intéressante ou n'a tout simplement pas de sens. L'échiquier qui intéresse tant le joueur d'échecs laisse froid celui qui n'en connaît pas les règles ; les montagnes ne sont que d'immenses masses de roc pour la plupart des gens, mais elles représentent pour l'alpiniste un ensemble complexe de défis physiques et mentaux.

La compétition est une situation qui fournit des défis ; d'où l'intérêt des jeux et des sports qui opposent deux personnes ou deux équipes. « Celui qui lutte contre nous, écrit Edmund Burke[8], renforce nos muscles et aiguise nos aptitudes ; notre adversaire est notre complice. » Les défis de la compétition peuvent donc être très stimulants et très agréables. Cependant, lorsque le désir de bien jouer est remplacé par celui de gagner (et parfois à tout prix), l'agrément tend à disparaître. La compétition est agréable lorsqu'elle sert à perfectionner ses aptitudes ; elle ne procure plus grand plaisir lorsque la victoire devient une fin en elle-même.

Les défis ne se limitent pas aux activités physiques ou compétitives ; ils procurent de l'enchantement même dans des situations où on ne s'y attendait pas. Bien des gens pensent, par exemple, que le plaisir artistique provenant de la vue d'une toile est le simple fruit d'un processus immédiat ou intuitif, mais pour un expert en matière d'art c'est autre chose : « Certaines toiles sont si peu complexes qu'elles ne vous donnent aucune excitation, mais il y en a d'autres qui vous offrent une sorte de défi... ce sont celles-là qui vous restent dans l'esprit, qui sont vraiment intéressantes. » En d'autres termes, même le plaisir que l'on peut tirer d'une œuvre d'art dépend du défi que l'œuvre contient.

Les activités qui procurent plaisir et enchantement ont souvent été inventées à cet effet. Les jeux, les sports, les arts, la lecture n'existent-ils pas depuis des siècles en vue de favoriser justement les expériences plaisantes et enrichissantes ? Cependant, il ne faudrait pas penser que seuls les loisirs et les arts procurent des expériences optimales. Dans un pays normal, dans une culture de santé, même le travail productif et la routine quotidienne peuvent être satisfaisantes. C'est justement un des principaux objectifs de ce livre que d'explorer les façons de transformer les activités de la vie quotidienne en des «jeux» pleins de sens qui donnent lieu à des expériences optimales. Tondre le gazon, attendre chez le dentiste, faire un gâteau peuvent devenir des activités agréables si elles sont restructurées de façon à fournir un but, des règles ainsi que les autres éléments déjà signalés.

Le spécialiste allemand de la physique expérimentale, Heinz Maier-Leibniz (descendant du fameux philosophe et mathématicien du XVIIIe siècle), fournit l'exemple d'une petite activité plutôt amusante inventée en vue d'occuper des moments creux. Avec la pratique, elle est devenue automatisée, de sorte qu'elle laissait assez d'attention pour écouter les propos d'un conférencier, même s'il était ennuyeux. Le professeur Maier-Leibniz commençait par taper du pouce droit, ensuite il faisait de même avec le majeur, l'index, l'annulaire puis le majeur de nouveau et enfin l'auriculaire de la main droite. Ensuite, il faisait la même chose avec la main gauche. Après cette première série, il inversait la séquence de la main droite puis celle de la main gauche. Il trouva des combinaisons suffisantes pour totaliser huit cent quatre-vingt-huit coups ! En introduisant des pauses à intervalles réguliers, il produisait un certain rythme (qu'imaginent facilement les musiciens). Connaissant exactement la durée des huit cent quatre-vingt-huit coups, il s'en servait même pour mesurer la durée d'une pensée ou la longueur d'un exposé ennuyeux.

Peu de gens élaborent des diversions aussi complexes pour agrémenter la vie lors des moments creux, mais chacun de nous a mis au point ses routines en vue de combler ses attentes ou aime se rappeler une expérience positive quand l'anxiété survient ; certains se tournent les pouces compulsivement, mâchonnent le bout de leur stylo, fument, tournent une mèche de cheveux, fredonnent un air tandis que d'autres inventent des rituels plus ou moins ésotériques dans le même but : imposer un certain ordre à la conscience. Ces activités peuvent aider à passer les moments pénibles, à combler les vides, mais apportent assez peu d'agrément parce qu'elles sont peu complexes. Pour augmenter la qualité de la vie, il faut des tâches qui font appel à des aptitudes plus élaborées.

Les témoignages indiquent que l'expérience optimale survient lorsqu'il y a une correspondance adéquate[9] entre les exigences de la tâche et les capacités de l'individu. Par exemple, il n'est pas plaisant de jouer au tennis contre un adversaire trop fort, car on se sent anxieux et dévalorisé, ou un adversaire trop faible, car on s'ennuie. C'est la même chose pour l'audition d'une pièce de musique : si elle est trop complexe pour les capacités de l'individu, il est frustré, si elle est trop simple, il s'ennuie.

L'expérience optimale apparaît entre l'anxiété et l'ennui, quand le défi correspond aux capacités de l'individu. Même mon chien Hussar semble avoir compris cette règle d'or. Comme les enfants, il aime jouer à « fuite et poursuite » (ou au chat et à la souris). Au début, il fait de grands cercles autour de moi et j'essaie de le toucher. Plus je suis fatigué, plus il se rapproche de façon à me faciliter la tâche. Il a bien appris à faire durer son plaisir... et le mien.

La concentration

Imaginez que vous faites du ski. Vous descendez une pente raide et votre attention est concentrée sur les mouvements de votre corps, la position des skis, l'air frais sur votre visage et la neige qui vous entoure. Il n'y a pas de place pour des pensées et des émotions non adaptées. La moindre distraction produirait une chute malencontreuse. Quand toutes les aptitudes pertinentes sont requises pour affronter un défi, l'attention est complètement absorbée par l'activité ; elle est concentrée sur les stimuli qui importent. Toute l'énergie psychique est alors requise, de sorte qu'il n'en reste plus pour traiter d'autres informations. Cette concentration[10] – un trait distinctif universel de l'expérience optimale – rend la personne si absorbée qu'elle semble réaliser l'activité d'une façon spontanée ou quasi automatique ; elle ne se perçoit pas comme séparée de son action. Voici quelques témoignages.

Un danseur décrit comment il se sent quand une performance se déroule bien : « Votre concentration est totale. Votre esprit ne vagabonde pas, vous ne pensez pas à autre chose, vous êtes totalement absorbé par ce que vous faites… Votre énergie coule doucement. Vous vous sentez relaxé, à l'aise et énergique. » Un alpiniste exprime comment il se sent lors de l'escalade : « Vous êtes si absorbé par ce que vous faites que vous ne pensez pas à vous comme séparé de l'activité en cours… Vous ne vous voyez pas séparé de ce que vous faites. » Une mère décrit ses moments délicieux avec sa fille : « Sa lecture l'absorbe totalement. Elle lit pour moi, je lis pour elle et le temps s'écoule sans contact avec tout le reste. Je suis totalement immergée dans cette activité. » Un joueur d'échecs parle de son tournoi : « … la concentration est comme la respiration, vous n'y pensez pas. Le toit pourrait s'écrouler, vous ne vous en apercevriez même pas. » C'est à la suite de témoignages comme ceux-là qu'on a parlé d'« expérience flot » parce que tout semble s'écouler agréablement et sans effort. La citation qui suit provient d'un poète et alpiniste ; elle condense des centaines d'interviews à travers le monde au cours des années.

> « La mystique de l'escalade, c'est l'escalade. Vous arrivez au sommet et vous êtes enchanté, mais vous voudriez que l'ascension dure toujours. La justification de l'escalade, c'est l'escalade, comme la justification de la poésie, c'est l'écriture. Vous ne conquérez rien d'autre que vous-même… L'acte d'écrire justifie la poésie ; pour l'escalade, c'est la même chose. Vous reconnaissez que vous vivez un flot. Le but de l'expérience optimale est de rester dans l'état de flot, sans chercher un sommet ou autre chose mais pour prolonger cet état. Ce n'est pas un mouvement vers quelque chose, mais un mouvement pour créer et garder le flot. Il n'y a pas de raison à l'escalade, si ce n'est l'ascension elle-même ; c'est une communication avec soi-même. »

Même si l'expérience optimale semble se produire sans effort, ce n'est pas le cas. Elle requiert un grand effort physique ou une activité mentale disciplinée. Elle ne se produit pas sans l'exercice d'une aptitude et de la concentration. Toute faute à cet égard la fait disparaître. En effet, c'est lorsque la conscience travaille en continuité que l'action suit l'action sans interruption. Dans la vie courante, notre action est souvent interrompue : « Pourquoi fais-je ceci ? Ne devrais-je pas faire quelque chose d'autre ? » Fréquemment, nous nous interrogeons sur la pertinence de nos actions et évaluons les raisons de faire telle chose. Dans l'expérience optimale, il n'y a pas de place pour ces questions ; l'action nous emporte comme par magie.

Cible claire et rétroaction

L'engagement total dans l'expérience optimale est rendu possible grâce à la présence d'un but clair et d'une rétroaction immédiate. Le joueur de tennis se propose de retourner la balle à son adversaire et voit à chaque coup s'il réussit ; le joueur d'échecs a également un objectif évident – faire échec au roi – et, à chaque coup, il sait s'il progresse ; l'alpiniste veut monter sans tomber et, à chaque seconde, il sait à quoi s'en tenir. Cependant, un but trivial n'apporte pas grand plaisir. Si je me propose de rester en vie pendant que je suis tranquillement assis au salon, je peux y passer des jours sachant que je réalise mon but, mais cela ne me rendra pas particulièrement heureux, contrairement à l'alpiniste qui, lui, sera enchanté de son ascension dangereuse.

Même si certaines activités prennent du temps à se réaliser, les deux composantes – but clair et rétroaction immédiate – demeurent extrêmement importantes. Par exemple, une dame de soixante-deux ans qui vit dans les Alpes italiennes déclare que l'expérience qu'elle trouve la plus satisfaisante, c'est de s'occuper de ses vaches et de surveiller son verger. « J'éprouve une satisfaction particulière à m'occuper de mes plantations ; j'aime voir mûrir les fruits jour après jour ; c'est très beau. » Même s'il faut de la patience pour voir pousser fruits et fleurs, leur croissance fournit une rétroaction intense à la personne qui les cultive dans son jardin ou sur son balcon.

Un autre exemple provient des navigateurs solitaires qui voyagent en mer pendant des semaines. Jim Macbeth, qui a interviewé plusieurs de ces navigateurs, parle de l'excitation qu'ils éprouvent quand, après des jours passés à scruter l'horizon, ils distinguent les contours d'une île recherchée apparaissant comme une étoile au-dessus des flots. L'un d'eux décrit son expérience ainsi : « J'ai éprouvé une grande satisfaction associée à un certain étonnement d'avoir atteint la petite île visée grâce à mes observations d'un soleil si lointain et de l'usage de cartes fort simples. » Un autre raconte : « À chaque fois, j'éprouve le même mélange d'étonne-ment, d'amour et de fierté, comme si cette nouvelle terre avait été créée pour moi et par moi. »

Le but d'une activité n'est pas toujours aussi clair que celui de retourner la balle dans un match de tennis ; la rétroaction est sou-vent plus ambiguë que celle reçue par l'alpiniste : « Je ne suis pas tombé. » Le compositeur, par exemple, se propose d'écrire une chanson ou un concerto pour flûte, mais à part cela ses objectifs sont plutôt vagues. Comment saura-t-il que les notes qui s'alignent sont « correctes » ou « incorrectes » ? C'est la même chose pour le peintre et pour bien d'autres artistes. Ces exceptions confirment la règle : si une personne ne se donne pas de cible et ne peut jauger son activité, elle n'aura pas de plaisir à la réaliser. Voyons com-ment les choses se passent. Dans les tâches où les buts ne sont pas fixés avec précision à l'avance, l'individu doit développer un sens personnel profond de ce qu'il veut vraiment. L'artiste n'a pas une image visuelle de ce que sera la peinture [11] terminée, mais au cours du processus de réalisation il doit savoir ce qu'il veut faire ou ne pas faire. Un peintre qui aime son travail se donne des critères internes de ce qui est « bon » ou « mauvais », de sorte qu'à mesure que la peinture progresse il peut se dire « ça marche » ou « ça ne marche pas ». Sans ces schèmes internes, il n'est pas possible de connaître l'expérience optimale.

Il arrive que les objectifs et les règles gouvernant une activité soient inventés ou négociés sur-le-champ. Par exemple, il arrive couramment que des adolescents s'amusent à des interactions impromptues du style « mettre l'autre en boîte » ou « blaguer » à propos de leurs professeurs. Dans ces cas, les objectifs et les règles émergent sur le tas, sont implicites ou demeurent sous le niveau de la conscience, mais ceux qui y prennent part savent très bien ce qui constitue un bon point ou un échec. D'une certaine façon, c'est le même phénomène qui se produit dans un bon groupe de jazz. Les scientifiques et les politiciens savent aussi ce qu'est un « bon coup », une action réussie et en tirent une grande satisfaction.

Ce qui constitue la rétroaction varie considérablement. Par exemple, les chirurgiens qui aiment vraiment pratiquer des interventions déclarent qu'ils ne voudraient pas faire de la médecine psychiatrique même pour un salaire plus élevé parce que, dans cette spécialité, il est plus difficile de savoir si on a réussi. Lors d'une opération chirurgicale, au contraire, l'état du patient est toujours clair ; telle incision est réussie s'il n'y a pas de sang ; telle intervention est excellente si l'organe malade a été enlevé ; puis la suture finale apporte le sentiment gratifiant du devoir accompli. L'espèce de dédain des chirurgiens à l'endroit de la psychiatrie doit provenir du manque d'information ou du délai imposé au psychiatre avant de voir les fruits de son action. Cependant, le psychiatre qui adore son travail reçoit constamment de l'information : la façon dont le patient se tient, l'expression faciale, les hésitations, le matériel apporté sont autant d'indices importants qui aident le psychiatre à gérer son intervention et à évaluer les progrès du patient. Les deux spécialistes en question ne s'intéressent pas à la même rétroaction : le premier considère, par exemple, le sang comme la seule information valable tandis que le second estime comme pertinents les signes de l'état mental du patient. Le chirurgien trouve la psychiatrie « molle » parce qu'il est intéressé par des rétroactions concrètes et immédiates, le psychiatre voit la chirurgie comme fruste et mécanique.

Le contenu de la rétroaction est en lui-même peu important ; ce peut être l'endroit où j'ai envoyé la balle de tennis, la façon dont le roi est mat aux échecs ou la lumière d'espoir dans les yeux du patient à la fin du rendez-vous thérapeutique. L'information pertinente réside dans le message symbolique : j'ai atteint mon but ! Cette information crée de l'ordre dans la conscience et renforce la structure du soi. En effet, n'importe quelle sorte de rétroaction peut être agréable si elle est logiquement reliée au but pour lequel quelqu'un a investi de l'énergie psychique. Chacun de nous a des prédispositions innées ou a appris au cours des années à valoriser un certain type d'informations et ce qui importe plus que toute autre chose, c'est cette rétroaction que nous désirons recevoir.

Par exemple, les personnes douées d'une sensibilité exceptionnelle pour les sons peuvent reconnaître des combinaisons dans une mélodie, discriminer des tons subtils ; ils apprendront à organiser l'information auditive et considéreront comme importante la rétroaction qui se rapporte à ce domaine. N'est-ce pas ce que développent les musiciens, les chanteurs, les compositeurs, les chefs d'orchestre et les critiques musicaux ? Ceux qui sont dotés d'une grande sensibilité aux autres apprendront, eux, à porter attention aux signaux provenant d'autrui et rechercheront comme rétroaction l'expression des émotions humaines. Par exemple, les gens au soi fragile ayant constamment besoin de prouver leur valeur ne seront intéressés que par l'information relative à leur succès lors de compétitions. D'autres qui investissent beaucoup d'énergie pour être aimés rechercheront sans cesse l'approbation, l'admiration et l'affection.

Une illustration intéressante de l'importance de la rétroaction nous a été donnée par un groupe de religieuses aveugles interrogées par le professeur Massimini [12], de l'université de Milan. Invitées à décrire les expériences les plus significatives et les plus plaisantes de leur vie, ces femmes – pour la plupart aveugles de naissance – ont mentionné que les expériences optimales les plus fréquentes étaient : lire des livres en braille, prier, faire de l'artisanat (par exemple relier des livres) et s'entraider dans le besoin (en cas de maladie, par exemple). Des six cents personnes interviewées par l'équipe italienne, ces femmes aveugles sont celles qui ont insisté le plus sur la rétroaction claire comme condition d'une expérience agréable et intense. Incapables de voir autour d'elles, elles ont besoin de savoir plus que les autres comment se déroule ce qu'elles essaient d'accomplir.

Sans distraction

Une autre dimension de l'expérience optimale fréquemment rapportée est celle qui rend l'individu capable d'oublier les aspects déplaisants de la vie, les frustrations ou les préoccupations. La nature de l'expérience optimale exige une concentration totale de l'attention sur la tâche en cours, de sorte qu'il n'y a plus de place pour l'information non pertinente, plus de place pour la distraction.

Dans la vie quotidienne, les pensées et les préoccupations non désirées envahissent souvent la conscience. La plupart des emplois et des tâches ménagères comportent peu d'exigences, si bien que la concentration n'est pas assez intense pour contrôler les pensées envahissantes et maîtriser l'anxiété. En conséquence, l'état habituel de l'esprit comporte des épisodes fréquents, mais non souhaités, d'entropie qui viennent contrecarrer le cours normal de l'énergie psychique. Si l'expérience optimale augmente la qualité de la vie, c'est que l'activité en cause comporte des exigences qui imposent un ordre à la conscience et exclut les interférences. Un professeur de physique qui est un alpiniste invétéré décrit son état d'esprit lors de l'ascension : « C'est comme si l'entrée de ma mémoire était fermée ; tout ce que je peux me rappeler, ce sont les trente dernières secondes. Et tout ce que je peux anticiper sont les cinq prochaines minutes. » De fait, toute activité qui exige concentration produit un rétrécissement de la fenêtre du temps.

En plus du resserrement des perspectives temporelles, l'information admise dans la conscience devient également très sélective. Dès lors, toutes les pensées troublantes ou non pertinentes qui traversent habituellement l'esprit sont temporairement mises de côté. Un jeune joueur de basket explique : « Le jeu, voilà tout ce qui compte... Souvent, en dehors du jeu, je pense à toutes sortes de problèmes – comme à une dispute avec ma petite amie –, mais ce n'est rien comparé à la partie. Tu peux penser à un problème toute la journée, mais aussitôt que tu es dans la partie, le diable l'emporte. » Un autre : « Les jeunes de mon âge pensent à toutes sortes de choses... mais durant le match c'est seulement cela qui compte, seulement le basket... Tout se raccroche à cela. » Un alpiniste exprime la même chose : « Durant l'escalade, tu ne penses pas aux problèmes de ta vie. Tout est affaire de concentration. Une fois dans la situation, c'est incroyablement réel, tout dépend de toi. Ça devient ton monde, totalement. » Un danseur rapporte une sensation semblable : « J'ai un sentiment que je n'ai pas ailleurs... J'ai confiance en moi plus qu'à n'importe quel autre moment. J'oublie mes problèmes. La danse est comme une thérapie. Si je suis préoccupé par quelque chose, je laisse le problème à la porte du studio. »

Sur une échelle temporelle plus large, les navigateurs solitaires connaissent eux aussi un oubli merveilleux :

« Malgré les nombreux inconforts qu'il peut y avoir en mer, tout cela et toutes les préoccupations s'envolent à la vue de la terre qui apparaît à l'horizon. Une fois en mer, ce n'est plus le temps des soucis ; tu ne peux rien faire à propos de tes problèmes avant l'arrivée au prochain port... La vie courante paraît bien artificielle, les problèmes peu importants en comparaison de la direction du vent, du mouvement de la mer et de la longueur du voyage. »

Edwin Moses, le grand athlète du quatre cents mètres haies, parle, pour sa part, de la concentration nécessaire lors d'une course : « Ton esprit doit être absolument limpide. Les adversaires, le décalage horaire, la nourriture différente, les hôtels, les problèmes personnels, tout doit être effacé de la conscience, comme si cela n'existait pas. » Même si Moses parle de compétition sportive de niveau international, il décrit la sorte de concentration nécessaire pour profiter pleinement de *n'importe quelle* activité. La concentration (l'absence de distraction) avec le but clair et la rétroaction immédiate créent l'ordre dans la conscience, condition indispensable à l'enchantement de la négentropie psychique.

Le contrôle de l'action

Les tâches et les occupations de la vie courante sont pleines de contrariétés et comportent des conséquences (parfois graves). Une grossière erreur au travail peut vous faire perdre beaucoup d'argent ou provoquer votre licenciement. L'expérience optimale, elle, survient dans des activités de loisirs dont les effets sont beaucoup moins drastiques – perdre un match de tennis n'est pas très grave. Néanmoins, cette expérience intense nécessite un certain contrôle. Il s'agit plus précisément d'une absence de préoccupation à propos de la perte de contrôle, préoccupation qui est présente dans plusieurs situations de la vie courante. Voici comment un danseur parle de cette dimension de l'expérience optimale : « Une grande sérénité et une profonde relaxation m'envahissent. Je ne me préoccupe pas des erreurs ou des échecs. Quel sentiment de puissance et de chaleur ! Je me dilate, j'embrasse le monde. Je me sens capable de faire quelque chose plein de grâce et de beauté. » Un joueur d'échecs : « J'éprouve un sentiment global de bien-être ; j'ai un contrôle complet sur mon monde. » Les témoignages des personnes interviewées parlent plus de *possibilité* de contrôle que de contrôle effectif. Le danseur de ballet peut rater un pas ou tomber ; le joueur d'échecs peut perdre ; mais dans le monde de l'expérience optimale la perfection est accessible au moins en principe.

Certaines activités plaisantes qui impliquent le sentiment de contrôle sont des activités qui comportent des risques sérieux [13] potentiellement beaucoup plus dangereux que les affaires courantes de la vie ordinaire. Les gens qui pratiquent le vol plané, le saut en parachute, l'escalade, la course automobile, la plongée sous-marine (et plusieurs autres sports) pour le plaisir se placent volontairement dans des situations où n'existe pas le filet protecteur de la vie civilisée. Cependant, ces personnes témoignent d'expériences optimales comportant un fort sentiment de contrôle.

On explique généralement la motivation de ceux qui se lancent dans des activités dangereuses comme la manifestation de besoins pathologiques : ils essaient d'exorciser leur peur profonde, ils compensent leurs frustrations, ils réactivent compulsivement leur fixation œdipienne, ce sont des « amateurs de sensations fortes ». Il est certain que ces motivations sont occasionnellement présentes. Mais ce qui est frappant chez ces spécialistes du risque, c'est que leur enchantement ne provient pas du danger lui-même, mais de l'aptitude à le minimiser. Au lieu de provenir du frisson pathologique consistant à frôler la catastrophe, l'intense émotion positive est plutôt associée au sentiment parfaitement sain d'être capable de maîtriser des situations potentiellement dangereuses. Il importe de comprendre que les activités qui conduisent l'expérience optimale – même celles qui semblent les plus dangereuses – sont pratiquées de façon à permettre à la personne de développer suffisamment d'aptitudes pour réduire la marge d'erreur à presque zéro.

Les alpinistes, par exemple, reconnaissent deux sortes de dangers : les dangers « objectifs », physiques et imprévisibles (tempête soudaine, avalanche, chute de rochers, etc.) et les dangers « subjectifs » provenant d'un manque de compétence (y compris celle d'estimer correctement les difficultés en fonction de ses capacités). L'essentiel de l'escalade consiste précisément à éviter ou à prévenir les dangers objectifs autant que possible et à éliminer les dangers subjectifs par l'entraînement et la discipline. Voilà pourquoi on peut admettre avec bien des alpinistes qu'il n'est pas plus dangereux de conquérir un mont difficile (comme le Cervin ou le Matterhorn, dans les Alpes) que de traverser la rue à Manhattan, à Mexico ou à Bangkok. Ces exemples illustrent le fait que les gens aiment moins le sentiment d'*être* en état de contrôle que d'*exercer* ce contrôle dans des situations difficiles. Pour cela, il faut consentir à renoncer à la sécurité de nos routines protectrices. En effet, c'est seulement lorsqu'un résultat est incertain qu'il est possible de l'influencer, donc d'exercer un certain contrôle.

Les jeux de hasard[14] constituent une exception notable en ce qu'ils procurent un grand plaisir à certains alors que, par définition, ils ne dépendent ni de l'aptitude ni du contrôle. Cependant, bien des joueurs sont convaincus que leur aptitude joue un rôle important en la matière. À la roulette, par exemple, des joueurs ont élaboré des systèmes compliqués pour prédire le résultat. D'autres joueurs compulsifs pensent qu'ils ont le don de prédire l'avenir, au moins dans le cadre restreint des jeux. Par ailleurs, c'est ainsi que s'expliquent les rituels de divination, si répandus dans toutes les cultures : ils donnent l'impression de contrôle.

L'expérience vécue dans un monde où l'entropie est absente explique en partie pourquoi les activités produisant l'expérience optimale peuvent créer des assuétudes ou engendrer la dépendance. Des romanciers ont écrit sur le thème du jeu d'échecs comme fuite de la réalité. Vladimir Nabokov, dans un roman intitulé *La Défense Loujine*, raconte l'histoire de ce jeune génie si impliqué dans le jeu d'échecs qu'il a gâché tout le reste : son mariage, ses amitiés et son gagne-pain. Loujine essaie de régler ses problèmes en termes de jeux d'échecs : sa femme est la reine, son agent est le fou, etc. En traitant ses conflits personnels de cette façon, il invente la « défense Loujine », un ensemble de stratégies qui le rendent invulnérable face aux attaques extérieures. Au fur et à mesure que ses relations se désintègrent, Loujine a des hallucinations dans lesquelles les personnes importantes de son entourage sont des pièces qui se déplacent sur un énorme échiquier essayant de l'immobiliser. Coincé, il ne lui reste plus qu'une possibilité : il se jette par la fenêtre de son hôtel. Pareille histoire n'est pas si farfelue puisque plusieurs champions d'échecs, comme les deux Américains Paul Murphy et Bobby Fisher (à un siècle de distance) ont été des génies de la logique magnifique des échecs mais ont tourné le dos à la confusion du monde réel.

La passion du joueur est encore plus notoire. Les ethnographes ont décrit, par exemple, comment les Amérindiens des plaines de l'Amérique du Nord étaient si hypnotisés par les jeux de hasard – avec des os de buffle – que les perdants devaient parfois quitter le tipi sans vêtements dans le froid de l'hiver après avoir tout perdu : leurs armes, leurs chevaux et leurs femmes ! La plupart des activités qui procurent un plaisir intense peuvent créer de la dépendance. Au lieu d'être le fruit d'un choix conscient, elles deviennent une nécessité qui contrecarre d'autres activités. Même un chirurgien dit d'une intervention chirurgicale : « C'est comme prendre de l'héroïne. »

Lorsqu'une personne devient si dépendante de l'aptitude à contrôler une expérience gratifiante qu'elle ne peut plus accorder d'attention au reste, elle a alors perdu le contrôle ultime : la liberté de déterminer le contenu de sa conscience. Les activités qui produisent l'expérience optimale peuvent donc avoir un effet secondaire négatif. Même si elles améliorent la qualité de la vie en créant de l'ordre dans la conscience, elles peuvent entraîner une dépendance qui rend le soi captif d'un certain ordre et indifférent aux autres réalités de la vie.

La perte de la conscience de soi

Nous avons vu que l'engagement dans une activité accaparait l'esprit de sorte que l'attention ne pouvait se porter sur le passé, le futur ni sur tout autre stimulus non pertinent. Une des choses qui disparaissent de la conscience nécessite une mention spéciale parce que, dans la vie quotidienne, nous lui consacrons beaucoup de temps : il s'agit de notre propre soi[15]. Voici comment un alpiniste parle de cet aspect de l'expérience optimale :

« C'est un sentiment zen, comme dans la concentration ou la méditation. Tu peux assaillir ton ego en lui présentant toutes sortes de façons de monter, mais ce n'est pas nécessairement éclairant. L'intense sentiment se produit quand les choses deviennent automatiques, comme si la bonne chose se faisait toute seule, sans que tu aies besoin d'y penser, sans l'intervention de l'ego… Et tu deviens encore plus concentré. »

Un fameux navigateur en solitaire : « On s'oublie soi-même, on oublie tout ; on ne voit plus que le balancement du bateau sur la mer, le jeu de la mer autour du bateau, laissant de côté tout ce qui n'est pas essentiel… » La perte du sens d'un soi distinct du monde s'accompagne parfois du sens de l'union avec l'environnement ou les autres. C'est le cas d'alpinistes en cordée, ou de ce jeune moto-cycliste japonais[16] qui fait partie d'une bande de centaines de motocyclistes circulant bruyamment dans les rues de Kyoto :

> « J'expérimente quelque chose de spécial quand nos sensations sont bien synchronisées. Au début de la course, nous ne sommes pas encore en harmonie. Quand la course commence à aller bien, cha-cun de nous se sent avec les autres. Comment dire ?… Quand nos esprits deviennent unis, c'est un vrai plaisir… Quand nous tous devenons un, je vis quelque chose… Soudain, je réalise : "Oh, nous sommes un." Et la vitesse augmente et nous devenons une vraie course… Quand je réalise que nous formons un corps, c'est le max. Quand nous atteignons un vrai *high* à toute vitesse, c'est vraiment super ! »

L'expression « former un corps » décrite d'une façon bien vivante par ce jeune Japonais est une caractéristique réelle de l'ex-périence optimale. Elle fait oublier la faim ou la douleur, elle est vraiment intense, mais, comme nous le verrons plus loin, elle peut présenter quelque danger.

La préoccupation pour le soi consomme beaucoup d'énergie psychique, car, dans la vie quotidienne, nous nous sentons souvent menacés. Lorsqu'il en est ainsi, nous ramenons l'image que nous nous faisons de nous-mêmes à la conscience de façon à pouvoir analyser la menace et à appréhender comment y faire face. Par exemple, en marchant dans la rue, je remarque que les gens se retournent et me regardent avec un sourire narquois. Immédiate-ment, je me demande : « Qu'est-ce qui ne va pas ? Ai-je l'air fou ? Est-ce ma façon de marcher ? Ai-je le visage barbouillé ? » Des dizaines de fois par jour, notre soi se sent vulnérable, et, à chaque fois, il faut une certaine énergie psychique pour restaurer l'ordre de la conscience.

Dans l'expérience optimale, il n'y a pas place pour l'examen du soi. Le soi ne se sent pas menacé parce que l'expérience comporte un objectif précis, des règles claires et un défi qui correspond bien à nos capacités. Quand un alpiniste fait une ascension difficile, il est totalement absorbé par la tâche, il est alpiniste à cent pour cent, sinon, il ne survivra pas. Il n'y a rien ni personne pour remettre en question l'un ou l'autre aspect du soi. Que son visage soit en sueur ou barbouillé ne fait aucune différence. La seule vraie menace vient de la montagne, mais l'alpiniste bien entraîné peut y faire face sans avoir besoin de convoquer le soi.

L'absence du soi de la conscience ne signifie pas que la personne qui vit l'expérience optimale a perdu le contrôle de son énergie psychique ou qu'elle n'est pas consciente de ce qui se passe dans son corps et dans son esprit. De fait, c'est le contraire qui est vrai. Cette absence de conscience du soi peut faire penser à une oblitération passive du soi (du style Californie des années 1960). C'est plutôt à l'*absence de préoccupation à propos du soi* qu'il faut penser parce que l'expérience optimale implique un rôle très actif du soi. Le violoniste est particulièrement au fait des mouvements des doigts et des sons considérés d'une façon analytique (chaque note) et d'une façon holistique (la portée, la phrase, la pièce). Le coureur est conscient des muscles impliqués, du rythme de sa respiration de même que de la performance des adversaires dans la course. Le joueur d'échecs garde à l'esprit les coups joués de même que ceux qui demeurent possibles.

La perte de la conscience de soi n'implique pas une perte du soi ni une perte de la conscience, mais une perte de la conscience *du* soi. Ce qui disparaît sous le niveau de la conscience est le *concept* du soi – l'information que nous avons l'habitude d'utiliser pour nous représenter ou nous définir nous-mêmes. L'absence de préoccupation à propos du soi permet d'élargir le concept de qui nous sommes, d'atteindre une certaine transcendance de soi, bref, de repousser les frontières de notre être. Ce sentiment n'est pas une fantaisie de notre imagination ; il est fondé sur l'expérience concrète d'une interaction intime avec un certain « Autre », interaction qui produit un rare sens de l'unité avec des entités étrangères. Durant ses nuits de veille, le navigateur en solitaire sent que le bateau devient une extension de lui-même se dirigeant au même rythme que lui vers un but précis. Le violoniste, enveloppé par le cours des sons qu'il crée, a l'impression qu'il fait partie de l'«harmonie des sphères célestes». L'alpiniste qui porte attention aux irrégularités du rocher capables de supporter son poids parle d'une espèce de parenté qui se développe entre les doigts et le roc, entre son corps fragile et la pierre, le vent et le ciel. Au cours des heures de concentration passées dans une partie, les joueurs d'échecs déclarent qu'ils se sentent emportés dans un puissant «champ de forces» d'une qualité en quelque sorte non matérielle. Des chirurgiens rapportent que, pendant une intervention difficile, ils ont l'impression que le personnel du bloc opératoire forme un organisme unique mû par le même but; ils le décrivent comme un «ballet» dans lequel chaque individu est subordonné à la performance du groupe, tous partageant un sentiment d'harmonie et de pouvoir.

On peut considérer ces témoignages comme des métaphores poétiques, mais ils renvoient à des expériences aussi réelles que la faim ou la douleur provenant d'une ecchymose. Il n'y a rien de mystérieux ni de mystique à cela. Lorsqu'une personne investit toute son énergie psychique dans une interaction – que ce soit avec une autre personne, un bateau, une montagne ou une pièce de musique –, elle fait partie d'un système d'action qui dépasse les frontières de son soi. Ce système tire son énergie de la concentration de la personne, mais il a ses propres règles; il s'agit d'un véritable système (subjectivement aussi réel qu'une famille, une corporation, une équipe) dont fait partie le soi, si bien qu'il élargit ses frontières et devient plus complexe.

L'accroissement du soi survient seulement si l'interaction est heureuse et appropriée, si elle offre des possibilités d'action et requiert une constante amélioration des aptitudes. Il est possible de se perdre soi-même[17] dans des systèmes qui ne demandent rien d'autre que la foi et l'obéissance. Les religions fondamentalistes, les mouvements de masse et les partis politiques extrémistes offrent des possibilités de transcendance de soi qui attirent des millions de personnes. Ces groupements permettent l'extension des frontières du soi et font vivre le sentiment d'appartenir à quelque chose de grand et de puissant. Le vrai partisan, le vrai croyant font partie d'un vrai système parce que leur énergie psychique est concentrée et façonnée par les objectifs et les règles de leur organisation. Cependant, ces participants n'interagissent pas véritablement avec le système de croyances ; leur énergie psychique est absorbée par lui. Il ne peut rien sortir de nouveau de cette soumission. La conscience est ordonnée, mais c'est un ordre imposé. Au mieux, le soi du vrai partisan ou du vrai croyant ressemble à du cristal : il est dur, beau et symétrique, mais sa croissance est fort lente…

Il y a un paradoxe apparent entre perdre le sens du soi dans l'expérience optimale et trouver ce soi plus fort et plus complexe après coup. Pourquoi ? Parce que, dans l'expérience optimale, la personne est amenée à faire de son mieux et à améliorer constamment ses aptitudes. Cependant, au cours de l'activité, elle n'a pas la possibilité de considérer ce qui se passe au niveau du soi, absorbée qu'elle est par l'intensité de l'expérience. C'est *après coup* que le soi peut revenir sur ce qui s'est passé et constater qu'il n'est plus le même, qu'il s'est enrichi de nouvelles aptitudes et de nouvelles réalisations.

La perception altérée du temps

Dans leur description de l'expérience optimale, les personnes concernées expliquent communément que le temps ne se déroule pas de façon habituelle. La façon de mesurer la durée objective – au moyen de l'horloge ou des repères habituels du jour et de la nuit – devient inadéquate parce que le rythme est dicté par l'activité elle-même. La plupart des gens rapportent que le temps passe plus vite lors d'une expérience intense, mais, parfois, c'est le contraire. Cette ballerine a éprouvé à la fois la rapidité et la lenteur : «Deux choses arrivent. D'un côté, le temps a semblé passer très vite : "Déjà minuit, il y a un moment, il était 20 heures." Mais pendant que je danse, c'est comme si c'était beaucoup plus long qu'en réalité.» La meilleure généralisation consisterait à dire que la durée de l'expérience optimale est peu reliée au passage du temps tel qu'il est mesuré par nos horloges.

Ici aussi, on note des exceptions. Un grand spécialiste en chirurgie cardiaque est connu pour son aptitude remarquable à dire l'heure exacte (à une minute près) au cours d'une intervention. Étant appelé à intervenir pour une partie limitée mais très difficile de l'intervention, il semble qu'une exacte perception du temps soit essentielle pour ce chirurgien. Une aptitude semblable est également requise chez les coureurs de même que chez ceux pour qui le temps est l'élément essentiel de la compétition. Dans de tels cas, la perception du temps fait partie de l'activité elle-même et contribue au plaisir de l'expérience.

Dans d'autres activités (comme le base-ball) qui ont leur propre rythme, leur propre séquence d'événements sans égard à l'égalité des intervalles, il n'est pas facile de savoir si cette caractéristique de l'expérience optimale est un épiphénomène – un sous-produit de l'intense concentration requise – ou si elle contribue à la qualité de l'expérience. Même si la perte d'une perception exacte du temps n'est pas une composante majeure de l'expérience optimale, la liberté à l'égard de la tyrannie du temps augmente l'enchantement éprouvé dans l'état d'engagement total.

Sommaire

L'engagement dans une tâche précise (un défi) qui fournit une rétroaction immédiate, qui exige des aptitudes appropriées, un contrôle sur ses actions et une concentration intense ne laissant aucune place aux distractions ni aux préoccupations à propos de soi et qui s'accompagne (généralement) d'une perception altérée du temps constitue une expérience optimale (une expérience flot). Cette dernière entraîne des conséquences[18] très importantes : meilleure performance, créativité, développement des capacités, estime de soi et réduction du stress. Bref, elle contribue à la croissance personnelle, apporte un grand enchantement et améliore la qualité de la vie.

Terminons ce chapitre par le témoignage touchant d'un lecteur de quatre-vingt-trois ans qui découvrit que cette expérience était à notre portée dans la vie quotidienne. Le vieillard raconte qu'après la Première Guerre mondiale il demeura dans l'artillerie. Les soldats utilisaient des chevaux pour tirer les voitures de munitions, mais, après les manœuvres, ils s'en servaient pour jouer au polo. Durant ces parties, cet homme éprouvait une joie comme il n'en avait jamais ressenti auparavant et qu'il n'aurait jamais par la suite. Il se disait que seul le polo pouvait lui faire vivre un état si agréable. Les soixante ans qui suivirent furent sans histoire. Il découvrit en lisant *Flow* (Csikszentmihalyi, 1990) que le plaisir intense qu'il avait éprouvé plus jeune n'était pas nécessairement limité au jeu de polo. Dans le but d'éprouver la même qualité d'émotion, il entreprit pour la première fois plusieurs activités qu'il trouvait fort agréables comme jardiner, écouter de la musique, etc. Cet octogénaire a découvert (sur le tard) qu'il n'était pas nécessaire d'accepter passivement une vie ennuyeuse et qu'il pouvait vivre toutes sortes d'expériences optimales.

4

Les activités autotéliques

Introduction

Grâce aux témoignages de gens qui ont connu l'expérience optimale, nous avons identifié ses principales caractéristiques : une adéquation entre les aptitudes de l'individu et les exigences du défi rencontré, une action dirigée vers un but et encadrée par des règles, une rétroaction permettant de savoir comment progresse la performance, une concentration intense ne laissant place à aucune distraction, une absence de préoccupation à propos du soi et une perception altérée de la durée. L'expérience optimale est exigeante (et parfois dangereuse), mais elle est recherchée même au prix d'efforts considérables parce qu'elle produit, comme nous l'avons vu, un enchantement intense, une expansion du soi, parce qu'elle est autogratifiante ou « autotélique ».

Le terme « autotélique » vient de deux mots grecs, *autos* (soi) et *telos* (but ou fin). L'expérience optimale est une fin en soi ; elle est recherchée pour elle-même et non pour d'autres raisons que l'intense satisfaction qu'elle procure. Des chirurgiens disent de leur travail : « C'est si satisfaisant que je le ferais même si je n'avais pas à le faire. » Des navigateurs disent : « J'ai dépensé beaucoup d'argent et de temps pour ce bateau, mais cela en vaut la peine ; rien ne peut se comparer à l'expérience que je vis en mer. » Jouer à la Bourse pour faire de l'argent n'est pas une expérience autotélique, mais jouer pour le plaisir de découvrir les fluctuations et d'anticiper les tendances du marché en est une, même si le résultat est le même en termes monétaires. Enseigner aux enfants pour l'enchantement d'interagir avec eux est une expérience autotélique, mais pas si le travail a pour but d'en faire de bons citoyens (l'objectif est fort louable, mais il est extrinsèque à l'activité elle-même). Bref, l'expérience est dite autotélique (d'autres l'appellent « intrinsèque [1] ») quand la personne se centre sur l'activité pour elle-même et non sur les conséquences de celle-ci.

La plupart de nos activités ne sont ni purement autotéliques ni purement exotéliques (faites pour des raisons externes), mais une combinaison des deux. Parfois, certaines activités (même une carrière) sont entreprises, au début, pour des raisons externes ou parce qu'on y est forcé, mais elles deviennent ensuite intrinsèquement gratifiantes. Un ancien collègue avait un talent particulier. Devant un travail ennuyeux, il se mettait à fredonner de grands airs – un choral de Bach, un concerto de Mozart, une symphonie de Beethoven. Fredonner est une description pitoyablement inadéquate de ce qu'il faisait. Il reproduisait la pièce entière en imitant de sa voix les principaux instruments impliqués dans certains passages : il gémissait comme le violon, ronronnait comme le basson, claironnait comme la trompette. Nous écoutions, amusés, envoûtés, et retournions au travail ragaillardis. Notre ami avait développé ce don très tôt. Dès l'âge de trois ans, il était forcé d'accompagner son père aux concerts de musique classique. S'il tombait endormi, il était réveillé par un coup de coude bien senti. Il a évidemment détesté la musique classique jusqu'au jour où, à l'âge de sept ans, il vécut un genre d'extase en écoutant l'ouverture d'un opéra de Mozart. Il a soudainement saisi la structure mélodique et découvert que tout un monde s'ouvrait à lui. Ses expériences pénibles l'avaient préparé à cet enchantement. Par la suite, il a entretenu son goût pour la musique et a développé son talent d'imitateur. Mais, au départ, il avait vécu cette expérience intense en découvrant la complexité et la beauté de la musique de Mozart.

Notre ami avait été chanceux. Beaucoup d'enfants en arrivent à détester la musique classique pour le reste de leur vie parce qu'ils ont été forcés de pratiquer un instrument de musique pendant des années. Les choses peuvent tourner mieux. Parfois, il suffit d'introduire des récompenses externes au début, afin de soutenir l'effort d'attention que requiert une tâche exigeante. Ainsi, l'enchantement que procure l'activité elle-même peut être découvert et apprécié par la suite. En effet, plusieurs expériences fort agréables ne sont pas aimées tout de suite – naturellement – et exigent un entraînement. Mais lorsque l'activité commence à fournir une rétroaction relative à l'aptitude, généralement elle devient gratifiante en elle-même.

L'expérience autotélique s'accompagne de sentiments fort différents de ce que nous éprouvons dans la vie quotidienne. Notre routine habituelle n'a pas grande valeur en elle-même ; nous faisons un certain nombre de choses parce que nous devons les faire ou parce que nous espérons en tirer profit plus tard. Ainsi, bien des gens trouvent que le temps consacré au travail est complètement perdu ; ils se sentent aliénés. L'énergie psychique investie dans le travail ne leur apporte rien, ne renforce pas leur soi. Pour d'autres, ce sont les temps libres qui sont perdus ; ils se reposent du travail mais se contentent d'être passifs (devant la télé, par exemple) ; ils n'utilisent aucune aptitude et n'explorent aucune nouvelle possibilité. La vie devient donc une séquence d'expériences ennuyeuses sur lesquelles ils n'exercent aucun contrôle.

Avec l'expérience autotélique (l'expérience optimale), la vie passe à un autre niveau. L'aliénation fait place à l'engagement, l'enchantement remplace l'ennui ; le sentiment de résignation est chassé par le sentiment de contrôle. L'énergie psychique n'est pas orientée vers la poursuite de récompenses externes mais est utilisée de façon à favoriser l'épanouissement du soi.

Connaissant les caractéristiques de l'expérience optimale (expérience recherchée pour elle-même), nous allons considérer un certain nombre d'activités susceptibles de la provoquer : les *activités autotéliques*.

Les activités autotéliques

En décrivant l'expérience optimale dans le chapitre précédent, nous avons donné des exemples d'activités : escalade, danse, navigation, etc. Celles-ci produisent l'expérience optimale parce qu'elles sont créées à cette fin et rencontrent les caractéristiques énumérées. Elles permettent donc à l'individu qui s'y adonne de réaliser l'ordre dans sa conscience et de vivre une expérience positive intense. Nous allons voir qu'il est possible de connaître l'expérience optimale dans la vie quotidienne pour démontrer ensuite qu'il est possible de dépasser les limites de l'expérience ordinaire par l'examen des différents types de «jeux».

Dans la vie quotidienne

La qualité de la vie dépend de ce que chacun fait au cours des soixante-dix ou quatre-vingts ans de son existence et de ce qui occupe sa conscience durant ce temps. Les activités ne sont pas sans effet sur la qualité de l'expérience vécue; celui qui fait constamment des choses déprimantes est peu susceptible de connaître le bonheur. Cependant, les effets psychiques de nos activités ne sont pas linéaires; ils dépendent de leurs relations avec l'ensemble des autres activités de l'individu. Par exemple, manger est source de bonne humeur, mais celle-ci disparaît si l'on mange toute la journée. Le dosage fait toute la différence. C'est également le cas pour l'activité sexuelle, le repos, la télé, etc.

Le tableau (présenté ci-après) donne un aperçu de ce que les gens éprouvent au cours des différentes activités composant leur vie journalière. Il apparaît que le travail est associé à moins de bonheur et de motivation, mais à plus de concentration et à une certaine expérience positive, ce qui s'expliquerait par le fait que le travail fournit des buts clairs et une rétroaction immédiate. Évidemment, il n'est pas approprié de faire des généralisations à propos du «travail» parce que la qualité de l'expérience dépend beaucoup du type d'emploi : le contrôleur aérien doit se concentrer plus que le gardien de nuit, l'entrepreneur est plus motivé que le fonctionnaire. Cependant, les caractéristiques du travail persistent malgré les différences : l'expérience vécue du patron au travail ressemble plus à celle de l'ouvrier de la chaîne d'assemblage qu'à celle que connaît ce même patron en entrant à la maison. Il y a aussi les multiples aspects d'un même emploi : le patron peut aimer travailler sur un projet mais détester les réunions, l'ouvrier peut adorer le réglage d'une machine mais abhorrer l'inventaire. Il est possible d'affirmer que dans la mesure où le travail fournit des buts précis, une rétroaction claire, des défis correspondant aux aptitudes du travailleur qui s'engage dans la tâche, il donnera lieu à un ressenti semblable à ce qui se produit dans une activité sportive ou artistique, à savoir une expérience optimale.

Les activités d'entretien sont associées à des profils d'expérience très variés : l'entretien est peu apprécié et les soins du corps sont plutôt neutres en termes d'expérience. Par ailleurs, la conduite d'une voiture (catégorie transport) – neutre pour ce qui est du bonheur et de la motivation – est reliée à une expérience positive, sans doute à cause de l'aptitude que requiert cette activité et de la valeur qu'elle revêt dans la société américaine. Les activités de loisirs sont associées généralement à des affects positifs. Cependant, les loisirs *passifs* (repos, télé) produisent peu d'expériences optimales alors que les loisirs *actifs* sont porteurs d'expériences très positives.

Ces résultats sont stimulants en ce qu'ils invitent les gens à identifier les activités qui leur conviennent (qui procurent l'expérience optimale) et à gérer leur temps de façon à faire place à celles qui sont, pour eux, des sources d'enchantement. Ce faisant, ils diminuent la probabilité d'apparition d'activités déplaisantes. Un exemple extrême de cette approche est rapporté par le psychiatre néerlandais Martin DeVries, responsable d'un centre communautaire de santé mentale. Dans cet hôpital, on utilise régulièrement l'ESM auprès des patients afin d'être un peu plus au fait sur ce qu'ils font, ce qu'ils pensent et ce qu'ils éprouvent émotionnellement. Une patiente était hospitalisée depuis dix ans pour schizophrénie chronique et en manifestait les symptômes habituels (confusion mentale, absence d'affect, etc.). Pendant les deux semaines d'observation à l'aide de l'ESM, elle rapporta une humeur positive à deux reprises, au moment où elle prenait soin de ses ongles. On pensa que ça valait la peine d'essayer et on fit venir une manucure professionnelle en vue d'enseigner à la patiente les rudiments du métier. Elle prit les leçons avec grand intérêt et se mit rapidement à prendre soin des ongles des autres patients. Son état s'améliora de façon si remarquable qu'elle put réintégrer la communauté (sous surveillance) et ouvrir un petit salon de manucure. Après un an, elle subvenait à ses besoins. Personne ne sait pourquoi le soin des ongles représentait le défi qu'il fallait à cette patiente, mais le

LA QUALITÉ DE L'EXPÉRIENCE
ASSOCIÉE AUX ACTIVITÉS QUOTIDIENNES

(— très négatif ; – négatif ; 0 neutre ; + positif ; ++ très positif)

	Bonheur	Motivation	Concentration	Expérience optimale
Activités productives				
Travailler ou étudier	–	—	++	+
Activités de maintien				
Entretien	–	–	0	–
Repas	++	++	–	0
Soin du corps	0	0	0	0
Transport	0	0	+	+
Activités de loisirs				
Télé + lecture	0	++	–	–
Hobby, sports, cinéma	+	++	+	++
Échanges, sexe	++	++	0	+
Repos	0	+	–	—

Sources : Csikszentmihalyi et Csikszentmihalyi, 1988 ; Csikszentmihalyi et Graef, 1980 ; Csikszentmihalyi et LeFevre 1989 ; Csikszentmihalyi, Rathunde, et Whalen, 1993 ; Kubey et Csikszentmihalyi, 1990.

fait est qu'à ce stade de sa vie devenir manucure a changé complètement son existence.

Le professeur Massimini, de l'université de Milan, utilise également l'ESM comme instrument de diagnostic en vue de mettre au point des interventions sur mesure qui changent la grille des activités et augmentent le bien-être des patients. Par exemple, il offre la possibilité de faire du bénévolat à une personne trop solitaire, accompagne dans la rue une femme terrorisée par la foule, etc., permettant ainsi aux patients de diminuer les expériences négatives et d'augmenter les expériences positives, donc d'améliorer leur santé mentale[2].

Les personnes créatives sont particulièrement compétentes pour l'organisation de leur vie : ce qu'elles font, avec qui et quand elles le font. Elles nous sensibilisent à l'importance du *rythme* de la vie quotidienne, rythme si efficace pour la bonne santé mentale et la productivité. Voici ce qu'en dit le romancier Richard Stern :

> « Je pense que mon rythme ressemble à celui de bien d'autres. Quiconque veut travailler se donne une routine ou place dans sa vie des périodes où il travaille seul et des moments où il collabore avec d'autres. Il se donne un horaire qui n'est pas quelque chose d'imposé ; c'est plutôt intimement relié à son soi physiologique, hormonal et organique de même qu'à ses relations avec l'environnement. »

C'est ainsi qu'une vie s'organise autour de rythmes journaliers, hebdomadaires et saisonniers avec des périodes de travail et de loisirs, de solitude et de rencontre avec autrui (parents et amis) de façon à minimiser les occasions d'affects négatifs et maximiser les expériences positives, bref, à trouver le style de vie qui convient.

La vie quotidienne se déroule dans différents *endroits* (maison, bureau, rue, véhicule, restaurant) qui ne sont pas sans effets sur la qualité de la vie. Certains aiment se trouver dans leur véhicule[3] (conduire les détend), d'autres adorent les parcs, d'autres encore préfèrent se reposer dans leur chambre, d'autres enfin vont bricoler au sous-sol… Même s'il existe beaucoup d'écrits à propos de l'influence de l'environnement[4] sur notre vie, il y a peu de connaissances systématiques sur la question. Le principe est de trouver et d'exploiter les lieux qui nous apportent soit le repos, soit l'incitation au travail, bref, ceux qui répondent à nos besoins et favorisent l'expérience optimale. Franz Liszt (1811-1886), par exemple, trouvait qu'un environnement convivial était une source d'inspiration et de créativité.

> « Je sens que les traits variés de la Nature autour de moi [il était sur le lac de Côme, en Italie] provoquent une réaction émotionnelle au plus profond de mon âme et c'est ce que j'essaie de transcrire en musique. »

Il y a lieu de considérer également l'impact des différents *moments* et l'importance du biorythme. Certaines personnes sont en forme tôt le matin, d'autres sont des oiseaux de nuit. Certains jours ont mauvaise réputation (le *blues* du lundi matin) alors que le week-end est attendu[5]. Curieusement, les gens rapportent plus de symptômes physiques (céphalées, maux de dos) au cours des week-ends ou des moments de loisirs. Apparemment, lorsque l'énergie psychique n'est pas accaparée par une tâche, il devient plus facile de noter ce qui ne tourne pas rond dans son corps. Ici encore, il faut trouver et exploiter les moments propices à l'expérience optimale.

Au terme de cette partie portant sur les activités[6], les rythmes, les endroits et les moments, il convient de rappeler que les humains ne sont pas des objets passifs qui se laissent simplement affectés par les réalités extérieures, mais qu'ils les utilisent à leurs fins. La qualité de la vie dépend moins de ce que fait l'individu, avec qui et où il le fait que *comment* il le fait. Néanmoins, même les mystiques et les ermites les plus accomplis avaient leur site préféré[7] : personne n'est indifférent à ces aspects de la vie. En y portant attention, ils peuvent contribuer à augmenter la qualité de leur vie quotidienne et favoriser l'expérience optimale.

Dans les « jeux »

Il est possible de dépasser les limites de l'expérience ordinaire de quatre façons différentes en utilisant le modèle de Roger Caillois[8]. Cet anthropologue français a divisé le monde des jeux (entendu dans son sens large) en quatre catégories, selon le type d'expériences qu'ils procurent. *Agon* (combat) comprend les jeux dont la compétition est le principal trait (comme le sont plusieurs sports) ; *alea* regroupe les jeux de hasard ; *ilinx* (vertige) est le nom donné aux activités qui altèrent la conscience en brouillant la perception (par exemple, tourner dans un manège) ; et *mimique* indique les activités faisant appel à la fantaisie et créant une autre réalité (le théâtre et les arts en général).

Les *jeux agonistiques* donnent l'occasion au participant d'utiliser ses capacités en vue d'affronter le défi posé par celles de l'opposant. Le mot « compétition » vient du latin *cum petire* : essayer ensemble. Chaque personne essaie d'actualiser son potentiel et cette tâche est rendue plus facile parce que chaque adversaire force l'autre à faire de son mieux. Il est certain que la compétition améliore la qualité de l'expérience dans la mesure où l'attention porte sur l'activité elle-même. Lorsque le participant vise des buts extrinsèques – l'emporter sur l'autre, impressionner la foule ou obtenir un contrat lucratif – au lieu de se centrer sur ce qui se passe, la compétition devient une distraction, un spectacle qui nuit à l'expérience optimale.

Les *jeux de hasard* procurent du plaisir parce qu'ils donnent l'illusion de contrôler l'incontrôlable futur. Les Amérindiens des plaines brassaient certains os de buffle en vue de prédire l'issue de la chasse ; les Chinois interprétaient la façon selon laquelle tombaient des bâtonnets et les Ashanti d'Afrique de l'Est essayaient d'entrevoir le futur dans l'agonie des poulets sacrifiés. La divination est une caractéristique universelle de la culture ; c'est une tentative pour dépasser les contraintes du présent et entrevoir l'avenir. Les jeux de hasard reposent sur le même besoin. Les os sont remplacés par les dés, les cartes remplacent les bâtonnets et le rituel de divination est devenu jeu d'argent – une activité séculière dans laquelle les gens jouent au plus fin ou essaient de défier le sort.

Le *vertige* est la façon la plus directe d'altérer la conscience. Les enfants aiment tourner sur eux-mêmes pour s'étourdir, comme le font les derviches tourneurs de Turquie qui atteignent un état d'extase de la même manière. C'est cette transformation de la perception que produit également toute la panoplie des drogues. Elles sont censées élargir la conscience, sauf qu'on ne peut pas dilater la conscience ; on ne peut que brasser son contenu, ce qui peut donner l'impression d'un élargissement. Cependant, ces altérations provoquées artificiellement se font au prix de la perte de contrôle de la conscience, l'exact opposé de l'expérience optimale.

Grâce à la *fantaisie*, le faire-semblant et le déguisement, la mimique[9] donne l'impression à l'individu d'être plus qu'il n'est en réalité. Nos ancêtres portaient en dansant des masques de leurs divinités ; ils s'identifiaient ainsi aux forces directrices de l'univers. En s'habillant comme un chevreuil, le danseur yaqui communie avec l'esprit de l'animal. La personne qui joint sa voix à celle d'un chœur ne ressent-elle pas des frissons lorsqu'elle participe à la création d'une superbe harmonie ? La petite fille avec sa poupée et son petit frère qui joue au cow-boy dépassent les limites de leur expérience ordinaire pour devenir temporairement quelqu'un d'autre tout en apprenant les rôles joués par les adultes dans leur société.

Les résultats de nos recherches ont démontré que les activités autotéliques ont ceci en commun : elles provoquent un sentiment de découverte, une impression de passer à une réalité nouvelle ; elles favorisent un haut niveau de performance et permettent d'accéder à des états de conscience inattendus ; elles rendent le soi plus complexe et le font grandir, ce qui est l'essence même de l'expérience optimale. Comment expliquer ces résultats ?

La dynamique exigences-habiletés. Il est possible de comprendre pourquoi il en est ainsi au moyen d'un simple diagramme. Supposons que la figure ci-dessous représente une activité spécifique, par exemple, une partie de tennis. Les deux dimensions les plus fondamentales de l'expérience, les exigences de la tâche et les aptitudes de l'individu, sont représentées par les deux axes. La lettre A désigne Alex, un garçon qui apprend à jouer au tennis. La figure fait voir Alex à quatre moments différents. Au début (A1), Alex a peu d'aptitude et son défi consiste à retourner la balle de l'autre côté du filet. Ce n'est pas difficile, mais Alex aime le jeu parce que la difficulté correspond à ses aptitudes de débutant. À ce point, il a bien des chances de vivre une expérience fort positive. Mais pas pour longtemps. Avec la pratique, il s'améliore et trouve ennuyeux de simplement projeter la balle au-delà du filet (A2). Qu'il rencontre un adversaire plus entraîné, il constatera que ses lobs ne sont pas à la hauteur, il se sentira dépassé (A3). Alex veut éviter l'ennui et l'anxiété et retrouver un état plus agréable. Comment ? S'il trouve l'activité ennuyeuse (A2), il peut augmenter le défi en jouant contre un opposant tout juste meilleur que lui. Il retrouvera de nouveau son enchantement (A4). Si, au contraire, il est anxieux (A3), il devra améliorer ses capacités. En principe, il pourrait réduire la difficulté et retourner à l'état initial (A1), mais, en pratique, il est difficile d'ignorer le défi une fois qu'on l'a connu. Le diagramme fait voir que A1 et A4 représentent deux situations où Alex connaît une expérience optimale. Même si elles sont également agréables, les deux situations sont fort différentes ; celle décrite en A4 est plus *complexe* : elle comporte un défi plus élevé et exige plus d'aptitudes. Cependant, A4 ne représente pas une situation stable parce que Alex connaîtra de nouveau l'ennui ou la frustration (anxiété). Aussi voudra-t-il se retrouver un peu plus haut que A4, dans le corridor représentant l'expérience optimale.

Cette dynamique explique bien pourquoi les activités autotéliques – les expériences optimales – favorisent la croissance personnelle[10]. Personne n'aime faire la même chose très longtemps ; l'individu s'ennuie vite et est frustré. Le désir de vivre de nouveau une expérience de qualité supérieure l'incite à chercher de nouveaux défis qui exigent des aptitudes supérieures. Cependant, il ne faut pas tomber dans l'erreur mécaniste et penser que l'expérience optimale surviendra automatiquement si l'activité remplit les conditions objectives énoncées. Ce n'est pas tant le défi « objectif » qui compte que la perception que nous en avons ; ce ne sont pas les aptitudes que nous avons réellement qui importent mais celles que nous pensons avoir. L'expérience optimale est influencée par les conditions objectives, mais la conscience est toujours libre de faire sa propre évaluation de la situation. Les règles du jeu ont pour but

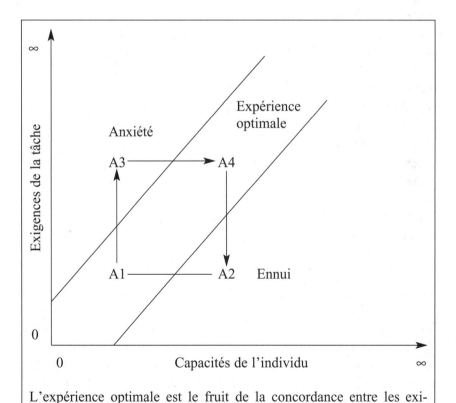

L'expérience optimale est le fruit de la concordance entre les exigences de la tâche (défi) et les capacités de l'individu.

de diriger l'énergie psychique de façon à favoriser l'expérience agréable, mais cette dernière n'est pas automatique, elle relève ultimement de nous. L'athlète professionnel peut jouer sa partie de tennis (ou de football) sans grand plaisir s'il est plus préoccupé de soi, de son image ou de son contrat que de la partie elle-même. En revanche, il est possible de vivre une expérience positive profonde au cours d'une activité prévue pour autre chose : bien des gens sont fondamentalement heureux de travailler ou d'élever des enfants parce qu'ils ont appris à percevoir les possibilités de ces activités.

Expérience optimale et culture

Au cours de l'évolution humaine, chaque culture a mis au point des activités spécialement conçues pour faire vivre des expériences intenses. Même les sociétés moins avancées sur le plan technologique ont développé l'art, la musique, la danse et les jeux. Les aborigènes de Nouvelle-Guinée, par exemple, passent plus de temps à recueillir, dans la jungle, des plumes colorées pour leurs cérémonies qu'à chercher de la nourriture. Et cela est loin d'être une exception ; les arts, les jeux et les rituels requièrent plus de temps et d'énergie que le travail dans un grand nombre de cultures. Toutes ces activités peuvent poursuivre plusieurs objectifs, mais, si elles ont survécu, c'est qu'elles sont agréables. Nos ancêtres du paléolithique ont décoré leurs grottes pour des motifs religieux et des raisons pratiques, mais ces peintures ont certainement procuré une expérience intense à ceux qui les faisaient et à ceux qui les regardaient.

Dès les temps les plus anciens, l'expérience optimale a été associée à la religion et aux rituels religieux[11]. Les jeux, les arts, le théâtre, la musique ont pris naissance dans un contexte religieux ; ces activités avaient pour but de relier les gens aux entités et aux forces surnaturelles (c'est le cas du « basket-ball » des Mayas et des premiers Jeux olympiques). Cette relation n'est pas surprenante parce que la religion (au sens large) est la tentative la plus ancienne et la plus ambitieuse en vue de créer l'ordre dans la conscience, donc de favoriser la croissance et l'enchantement. Aux époques plus récentes, les jeux, les arts et la vie en général ont perdu leurs liens surnaturels[12]. Plusieurs idéologies concurrentes tentent d'expliquer le comportement humain : les lois de l'économie, le matérialisme historique, la sociobiologie, la psychanalyse et le béhaviorisme. Ces nouvelles « religions » reçoivent peu d'appui, inspirent peu nos visions esthétiques et ne fournissent pas de rituels susceptibles de provoquer l'expérience optimale.

De nos jours, les activités autotéliques ont perdu leur caractère sacré mais ont conservé l'objectif d'améliorer la qualité de la vie physique et mentale. Cependant, les moyens que les humains utilisent en vue de bonifier la qualité de l'expérience vécue sont intimement liés à la culture dans son ensemble. Il est même reconnu que les activités productives d'une société sont révélatrices de son caractère et servent à la classer dans les catégories en usage : chasseurs-cueilleurs, pasteurs, agriculteurs, etc. Mais puisque les activités autotéliques – celles associées à l'expérience optimale – sont librement choisies et intimement liées au sens même de la vie, elles sont des indicateurs précis et précieux du type de culture[13] dans laquelle nous vivons.

Au cours des dernières générations, les chercheurs en sciences sociales ont été très réticents à porter des jugements de valeur sur les cultures. Toute comparaison est strictement factuelle. Il serait impensable de conclure que les pratiques, les croyances ou les institutions d'une culture sont en un certain sens supérieures à celles d'une autre. Les anthropologues ont adopté le « relativisme culturel[14] », au début du XXᵉ siècle, en réaction à l'approche ethnocentrique de l'ère victorienne colonialiste selon laquelle les nations occidentales industrialisées se considéraient comme le summum de l'évolution et se croyaient bien supérieures aux sociétés moins avancées technologiquement. Nous pouvons nous opposer à l'action d'un jeune Arabe qui conduit un camion chargé d'explosifs et fait sauter une ambassade en sacrifiant sa vie, mais, selon le relativisme culturel, nous ne pouvons condamner sa croyance en un paradis réservé aux guerriers qui se sacrifient. Nous devons accepter l'idée que notre moralité ne dépasse plus les frontières de notre culture. Selon le dogme du relativisme culturel, il est inadmissible d'appliquer un ensemble de valeurs pour en évaluer un autre. En conséquence, la comparaison entre cultures devient presque impossible.

Culture et bonheur

Si nous pensons que le désir de vivre l'expérience optimale est le principal but de tout être humain, les conséquences du relativisme culturel deviennent moins extrêmes. Il est actuellement possible d'évaluer n'importe quel système social sur la base de l'entropie psychique qu'il suscite en mesurant ce désordre non en référence à un autre système de croyances, mais en se servant, comme repère, des buts des membres de chaque société. Ainsi, il serait permis d'affirmer qu'une société est « meilleure » qu'une autre si un plus grand nombre de citoyens a accès aux expériences qui sont dans la ligne de leurs buts. Le second critère spécifie que ces expériences devraient favoriser la croissance du soi au niveau individuel en permettant au plus grand nombre possible de développer des aptitudes de plus en plus complexes.

Il semble que les cultures se distinguent par le « degré de bonheur » qu'elles rendent possible. La qualité de la vie dans certaines sociétés, à certaines périodes, est clairement meilleure que dans d'autres. Énumérons d'abord quelques *exemples négatifs*. L'Anglais moyen de l'époque de la révolution industrielle a connu des conditions terribles : longue et dure semaine de travail pour les enfants comme pour les adultes, maladies mortelles, diminution de l'espérance de vie, brutalité et rémunération ridicule. Les habitants des îles Dobu cultivent la méfiance même parmi les membres de la famille, ont des comportements vindicatifs et sont élevés dans la peur entretenue par la sorcellerie. Soulager ses besoins naturels dans la forêt est, pour eux, un sérieux problème parce que l'individu craint d'y être attaqué par des forces surnaturelles mauvaises. L'anthropologue Reo Fortune écrit que ces gens semblent « aimer » ces caractéristiques de leur société puisqu'ils ne connaissent pas d'autres possibilités. Cependant, il semble bien qu'il soit difficile pour eux de connaître l'harmonie dans leur expérience psychique. Les ethnologues rapportent comment le peuple Ik de l'Ouganda a institutionnalisé l'égoïsme, que la tribu Yonomami, au Venezuela, aime la violence et que rien ne fait plus plaisir aux jeunes guerriers qu'un bon raid sanglant contre un village voisin. Il est douteux qu'il soit possible dans ces cultures (comme dans bien d'autres) de connaître l'expérience optimale, le bonheur et la négentropie psychique.

Heureusement, dans de nombreuses cultures, les êtres humains connaissent des *conditions favorables* à des expériences positives. La vie des Pygmées de la forêt Ituri (décrite par Colin Turnbull) se déroule dans l'harmonie entre eux et avec la nature ; elle est remplie de défis intéressants et utiles. Dans cette société, chacun est un peu acteur, chanteur, historien, chasseur, développant ainsi une panoplie d'aptitudes. On peut penser que cette culture réussit à fournir les conditions de l'expérience optimale. Il en est de même pour les Amérindiens de Colombie-Britannique décrits par l'ethnographe canadien Richard Kool[15] :

> « Les Amérindiens de Shushwap estiment que leur région est riche pour les jeux qu'elle permet, le saumon des rivières et la nourriture provenant du sol (comme les bulbes). Les gens vivent dans un village et exploitent les environs. Ils ont mis au point les techniques appropriées en vue d'utiliser efficacement les ressources de l'environnement et perçoivent leur vie comme agréable et somptueuse. Cependant, les anciens disent que, lorsque la vie devient trop prévisible et n'offre plus de défi, elle perd son sens. Voilà pourquoi ces sages ont décidé que tout le village devait déménager tous les vingt-cinq, trente ans. La population se rend donc dans un autre site de la région de Shushwap et, là, elle y trouve de nouveaux défis : de nouveaux cours d'eau à découvrir, de nouveaux sentiers à tracer, de nouveaux endroits où se trouvent racines et bulbes. La vie retrouve du sens, les gens sont rajeunis et en bonne santé. Incidemment, la terre se repose et pourra renouveler ses ressources. »

La stratégie adoptée par les habitants de Shushwap rejoint le rêve de certains hommes d'État – comme Jefferson et Mao Zedong – voulant que chaque génération fasse sa propre révolution afin que ses membres s'impliquent activement dans le système politique qui les gouverne. En réalité, peu de cultures en arrivent à un arrimage adéquat entre les besoins psychiques et les possibilités qu'elles peuvent offrir à leurs membres. Plusieurs sociétés ratent cette heureuse conjoncture ; elles rendent la survie très difficile ou enferment les gens dans des structures rigides qui enlèvent toute possibilité d'initiative aux générations successives.

Les cultures sont des constructions défensives contre le chaos de la conscience, contre l'entropie psychique ; elles sont des réponses adaptées à la vie en société, comme les plumes pour les oiseaux et la fourrure pour les mammifères. Elles prescrivent des normes, proposent des buts, élaborent des croyances qui aident à faire face aux défis de l'existence. Ce faisant, elles excluent un certain nombre de buts et de croyances, limitant ainsi l'éventail des possibilités. Cependant, en orientant l'attention vers un nombre limité de buts et de moyens, elles favorisent une action plus facile et plus adaptée dans le cadre des frontières existantes. Les jeux fournissent une analogie intéressante en regard de la culture. Les jeux et la culture impliquent des buts et des règles plus ou moins arbitraires permettant aux gens de s'impliquer dans un processus avec un minimum d'incertitudes. La différence est affaire d'échelle. La culture embrasse tout : comment l'individu naît, grandit, se marie et meurt. Les jeux remplissent les interludes, augmentent la concentration et l'action durant les « temps libres » et diminuent la menace du chaos lorsque les instructions de la culture sont moins impératives.

Lorsque la culture fournit un ensemble de buts et de règles si bien appariés aux aptitudes des gens que ces derniers peuvent connaître l'expérience optimale à une fréquence et une intensité inhabituelles, l'analogie entre jeu et culture devient si étroite qu'il serait possible de parler de la culture comme d'un « grand jeu ». Certaines civilisations semblent avoir eu ce privilège : les citoyens d'Athènes et de Rome, les intellectuels de Chine et les brahmanes de l'Inde. Ces civilisations exceptionnelles ont certainement favorisé l'expérience optimale, au moins chez les *privilégiés* de ces sociétés. Une culture qui favorise l'expérience intense n'est pas nécessairement « bonne » au plan moral. Par exemple, les lois de Sparte étaient cruelles, les boucheries des hordes de Tartares et des janissaires turcs sont légendaires, et, si un grand nombre d'Allemands ont salué l'arrivée de Hitler, c'est que ce dernier apportait l'espoir de sortir du marasme dans lequel se trouvait le pays. Il apparaît donc que l'expérience optimale ne garantit pas la vertu chez ceux qui la vivent. En effet, un groupe social qui se donne des conditions favorisant sa qualité de vie peut le faire au détriment d'autres groupes. Ce fut le cas des citoyens d'Athènes dont la vie était rendue facile et agréable grâce au travail des esclaves ; il en est de même pour les riches planteurs de Géorgie et de Virginie dont le style de vie dépendait des esclaves importés d'Afrique.

Il est difficile d'évaluer jusqu'à quel point une société rend l'expérience optimale possible, mais il est incontestable que des différences marquées existent à cet égard entre les cultures. Malgré l'imprécision des mesures et l'ambiguïté des résultats, il semble que les êtres humains qui vivent dans des sociétés riches, au niveau de scolarité élevé et dirigées par un gouvernement stable jouissent d'une meilleure qualité de vie et d'un niveau de satisfaction plus élevé[16]. C'est le cas de l'Australie, du Canada, de la Grande-Bretagne, des Pays-Bas et des États-Unis, même si l'on y trouve de hauts taux de divorces, d'alcoolisme, de crimes et d'abus de drogues. Ce niveau de bien-être déclaré ne surprend pas lorsqu'on observe le temps consacré aux activités dont le principal objectif est de procurer une expérience positive. Par exemple, la semaine[17] de l'Américain moyen comprend environ trente heures de travail (auxquelles s'ajoutent une dizaine d'heures passées sur les lieux du travail en activités autres comme rêvasser ou bavarder), environ vingt heures en activités de loisirs (télé, lecture, sport, convivialité, etc.) et environ cinquante heures en activités d'entretien (manger, cuisiner, faire du shopping, se déplacer, nettoyer, réparer, etc.). Cependant, la grande quantité de temps libre n'engendre pas nécessairement plus de satisfaction. Par exemple, l'activité de loisir la plus pratiquée aux États-Unis (et dans bien d'autres pays) – regarder la télé – n'est que rarement associée à l'expérience optimale. C'est plutôt au travail que les gens connaissent plus fréquemment l'expérience optimale parce qu'on y trouve les caractéristiques de cette dernière (concentration, défi et compétence, sentiment de contrôle). Il s'agit d'un des curieux paradoxes[18] de notre temps : les gens ont du temps pour les loisirs, un choix d'activités récréatives varié, mais toutes ces possibilités ne se traduisent pas nécessairement en expériences satisfaisantes.

Ces constatations nous amènent à la deuxième condition qui détermine la possibilité de l'expérience optimale : la faculté de l'individu à restructurer sa conscience de façon à rendre possible ladite expérience, le facteur *personnalité*. Après avoir considéré la structure des activités autotéliques, nous allons aborder les conditions internes qui rendent l'expérience optimale possible.

5

La personnalité autotélique

Les gens ont-ils tous la même capacité de contrôle sur leur conscience (la même aptitude à vivre l'expérience optimale)? Sinon, qu'est-ce qui les distingue? Quels obstacles rencontrent-ils?

Obstacles internes et externes

Certaines personnes semblent constituées de façon à être incapables de connaître l'expérience optimale. Les schizophrènes souffrant de ce que les psychiatres appellent *anhedonia* (littéralement « absence de plaisir ») sont de ceux-là. Ce trouble est lié à l'invasion d'un stimulus qui fait que les schizophrènes sont condamnés à noter des stimuli non pertinents et à traiter cette information malgré eux. Cette tragique inaptitude à contrôler le contenu de la conscience est décrite d'une façon vivante par certains d'entre eux : « Les choses m'arrivent soudainement et je n'ai aucun contrôle sur elles. Je peux dire n'importe quoi. À certains moments, je n'ai même pas de contrôle sur ce que je pense. » Ou bien : « Les choses arrivent trop vite ; je perds le contrôle et je suis perdu. Je porte attention à tout à la fois et, comme résultat, je ne suis attentif à rien du tout. » Les patients qui souffrent d'un problème de concentration aussi sévère ne peuvent pas vivre d'expériences intenses. Mais qu'est-ce qui cause cette invasion ?

Il y a une part de causes génétiques. Certains naissent avec une capacité moindre de concentrer leur énergie psychique que d'autres. Chez les écoliers, par exemple, plusieurs problèmes d'apprentissage ont été regroupés sous le titre « troubles de l'attention » parce qu'ils ont en commun un manque de contrôle sur l'attention. Ces problèmes semblent associés à un trouble chimique, mais il semble fort probable que la qualité de l'expérience dans l'enfance en aggrave ou en diminue les effets. En ce qui nous concerne, nous retenons que, si les troubles attentionnels nuisent à l'apprentissage, ils excluent toute possibilité d'atteindre l'expérience optimale : l'absence de contrôle de l'énergie psychique l'écarte complètement.

Une conscience de soi excessive constitue un autre obstacle, quoique moins important, à l'expérience optimale. La personne constamment préoccupée par ce que les autres pensent d'elle, par la crainte de créer une mauvaise impression ou de faire quelque chose d'inapproprié ne peut vivre l'enchantement. Il en est de même pour la personne très centrée sur elle-même. L'égocentrisme de ces gens leur fait évaluer l'information à l'aune de leurs désirs et de leurs besoins. Chez ces individus, les choses et les personnes n'ont aucune valeur en elles-mêmes. Leur conscience est structurée entièrement pour leurs propres fins et rien ne peut y pénétrer à moins de se conformer à ces impératifs. Chez ces gens trop préoccupés d'eux-mêmes, l'énergie psychique est devenue prisonnière du soi, si bien que la fluidité de l'attention a disparu pour faire place à une rigidité commandée par leurs besoins. Il devient donc fort difficile de s'intéresser à une activité pour elle-même, de trouver une récompense intrinsèque. Il apparaît qu'une énergie psychique erratique (chez ceux qui souffrent de schizophrénie ou de trouble de l'attention) ou trop rigide (chez ceux qui sont trop préoccupés ou trop centrés sur eux-mêmes) prive l'individu de la possibilité de vivre l'expérience optimale.

Outre les limites internes, il existe de puissants *obstacles externes* à l'expérience optimale, ces derniers étant naturels ou sociaux. Par exemple, les conditions de vie excessivement rudes de l'Arctique ou du désert de Kalahari restreignent les possibilités de jouir de la vie. Pourtant, sur leur terre inhospitalière, les Inuits chantent, dansent, pratiquent les arts et ont élaboré une mythologie qui donne sens à leur vie. Il est fort possible que les anciens habitants des régions de neige et de sable qui n'ont pu trouver plaisir à la vie ont été éliminés. La survie de ceux qui se sont adaptés démontre que la nature seule ne peut interdire le plaisir de vivre.

Les conditions sociales négatives sont plus difficiles à contourner. Une des conséquences de l'esclavage, de l'oppression, de l'exploitation[1] et de la destruction des valeurs culturelles est l'élimination de la joie de vivre et sans doute de la vie elle-même. Les aborigènes des Caraïbes furent mis au travail dans les plantations des conquérants espagnols, connurent une vie pénible et sans valeur, perdirent intérêt à leur survie et cessèrent de se reproduire. Plusieurs cultures disparurent de cette façon en perdant la possibilité d'expérimenter la joie.

Dans les cas de difficultés extrêmes où l'expérience optimale est quasi impossible, les sociologues et les psychologues sociaux parlent d'anomie et d'aliénation[2]. Le concept d'*anomie* (littéralement «absence de règles») désigne l'état d'une société où les règles sont confuses. Lorsque les gens ne savent pas ce qui est permis ou défendu, ni ce que l'opinion publique valorise, leur comportement devient erratique et perd son sens. Ceux qui dépendent des normes de la société pour maintenir l'ordre dans leur conscience deviennent anxieux. Les situations anomiques peuvent survenir lorsque l'économie s'écroule, lorsqu'une culture est remplacée par une autre, lorsque la prospérité augmente rapidement et que les anciennes valeurs – comme la valeur du travail – s'effritent.

L'*aliénation* est en quelque sorte opposée à l'anomie : elle désigne une condition dans laquelle les gens sont forcés, par le système social, d'agir contre leur volonté, à l'encontre de leurs buts. C'est le cas du travailleur qui, pour nourrir sa famille, doit exécuter la même tâche astreignante des centaines de fois par jour à son poste sur la chaîne. C'était également le cas, dans les pays communistes, de ceux qui devaient passer une bonne partie de leur temps libre à faire la queue en vue de trouver nourriture et vêtements ou de répondre aux exigences d'une bureaucratie envahissante. Quand une société souffre d'anomie, l'expérience optimale est gênée parce qu'il est difficile de savoir où investir son énergie psychique ; quand une société souffre d'aliénation, il n'est pas possible de consacrer son énergie psychique à ce qui est pourtant très clair. Il est intéressant de noter que ces deux pathologies sociales (anomie et aliénation) sont fonctionnellement équivalentes aux deux pathologies individuelles mentionnées ci-dessus (troubles de l'attention et centration sur soi) : à deux niveaux différents, individuel et collectif, ils font obstacle à l'expérience optimale soit par la fragmentation du processus d'attention (troubles de l'attention et anomie), soit par son excessive rigidité (centration sur soi et aliénation). Au niveau individuel, l'anomie est source d'anxiété tandis que l'aliénation engendre l'ennui[3]. Malgré toutes ces conditions hostiles, certaines personnes trouvent le moyen de connaître l'expérience optimale ; nous en donnerons des exemples au chapitre 10. Pour le moment, considérons les informations que nous apporte la neurophysiologie.

Neurophysiologie et expérience optimale

Si des personnes naissent avec une meilleure coordination musculaire, il est possible que certains connaissent un avantage génétique pour ce qui a trait au contrôle de la conscience. Ils pourraient être moins susceptibles de souffrir de troubles de l'attention et plus aptes à connaître l'expérience optimale.

Les recherches de Hamilton[4] sur la perception visuelle et l'activation corticale apportent un appui à cette thèse. En utilisant une figure ambiguë (comme le cube de Necker) qui apparaît tantôt à l'arrière-plan tantôt à l'avant-plan, ce chercheur a observé que le « renversement » perceptuel se produisait plus facilement chez les étudiants qui trouvent leur vie plus intéressante ; ils ont besoin de fixer moins de points sur la figure avant que ne se produise le changement de plan alors que ceux qui sont moins motivés doivent fixer plus de points. Ce résultat signifie que certains individus ont besoin de plus d'indices externes pour accomplir une même tâche ou de plus d'informations pour se représenter quelque chose ; ils dépendent plus de l'environnement pour faire fonctionner leur esprit, ils ont moins de contrôle sur leurs pensées, bref, ils ont plus de difficultés à connaître l'expérience optimale. En revanche, d'autres ont besoin de moins d'indices externes pour se représenter des événements dans leur conscience ; ils sont plus autonomes par rapport à l'environnement, peuvent structurer leur expérience interne plus facilement et, partant, sont plus aptes à éprouver l'expérience optimale.

Une autre série d'expérimentations de Hamilton porte sur les «potentiels évoqués», consistant à mesurer l'activation corticale de sujets lorsqu'ils portent leur attention sur des stimuli visuels ou auditifs. Les résultats indiquent que les étudiants qui rapportent éprouver rarement l'expérience optimale voient leur niveau d'activité monter au-delà de leur niveau de base (et cela de façon statistiquement significative) lors de la perception des stimuli. Ceux qui déclarent vivre fréquemment l'expérience optimale voient, au contraire et de façon surprenante, leur activation *diminuer* lorsqu'ils se concentrent. Ces sujets semblent donc investir de l'attention sans effort (tout en étant plus précis dans leurs réponses). L'explication la plus plausible en est que le groupe rapportant plus d'expériences optimales soit capable de réduire facilement l'activité de tous les canaux d'information sauf celui impliqué dans l'attention portée aux stimuli pertinents. Ils auraient une capacité sélective plus grande, ainsi, le contrôle de l'attention s'effectue sans effort. Cette flexibilité de l'attention contraste fortement avec l'invasion incontrôlable du stimulus chez le schizophrène et fournit une base neurologique à la personnalité autotélique.

Ces résultats confirment l'association entre l'aptitude à se concentrer et l'expérience optimale mais ne prouvent pas que certains individus ont une supériorité génétique pour ce qui est du contrôle de l'attention puisque ce dernier peut être appris. Il faudra donc d'autres recherches en vue de déterminer quel facteur entre en jeu dans l'expérience optimale.

Famille et personnalité autotélique

La supériorité neurologique à traiter l'information peut expliquer pourquoi certaines personnes peuvent pratiquer l'expérience optimale même en attendant l'autobus tandis que d'autres s'ennuient même dans les situations les plus stimulantes. Mais les influences familiales au cours de l'enfance peuvent être également en cause.

De nombreux résultats suggèrent que le type d'interaction parents-enfant exerce un impact considérable sur ce que deviendra l'individu. Dans une des recherches de notre équipe, Rathunde[5] a observé que les adolescents qui avaient connu certains types de relations avec leurs parents étaient (de façon statistiquement significative) plus heureux, plus satisfaits et plus forts (dans la plupart des situations de la vie) que leurs pairs qui n'avaient pas bénéficié de pareilles relations. Un contexte familial favorisant l'expérience optimale pourrait être décrit par cinq caractéristiques. 1) La *clarté* : l'enfant sait ce que ses parents attendent de lui ; dans la famille, les buts et la rétroaction ne sont pas ambigus. 2) L'*intérêt* : l'enfant perçoit que ses parents se préoccupent de ce qu'il fait et de ce qu'il ressent. 3) Le *choix* : l'enfant sent qu'il a une gamme de possibilités parmi lesquelles il peut choisir, y compris celui de transgresser les règles (dans la mesure où il est prêt à en subir les conséquences). 4) La *confiance* permettant à l'enfant de mettre de côté le bouclier de ses défenses, d'être moins préoccupé de lui-même, bref, d'être authentique et de s'impliquer dans ce qui l'intéresse. 5) Le *défi* : les parents s'efforcent constamment de fournir des possibilités d'action de difficulté croissante à mesure que l'enfant grandit. Ce « contexte familial autotélique » fournit la base idéale pour vivre en bonne santé psychique, profiter de la vie et être heureux. Ces conditions correspondent aux composantes de l'expérience optimale : buts et règles clairs, rétroaction, sentiment de contrôle, concentration sur la tâche en cours, motivation et défi.

Les familles qui créent ce contexte autotélique permettent à leurs membres d'épargner beaucoup de l'énergie psychique qu'il devient possible de consacrer à des activités plaisantes. Les enfants savent ce qu'ils peuvent faire ou non ; ils n'ont pas à se disputer constamment à propos des règlements et ne sont pas préoccupés ni écrasés par les attentes de leurs parents. Leur attention est libérée des tiraillements, des négations et des luttes qui surgissent dans les familles chaotiques, de sorte qu'elle peut se diriger vers des activités susceptibles de favoriser l'accroissement du soi. Les différences observées entre adolescents provenant de familles qui créent un contexte autotélique et de celles qui n'offrent pas cet environnement sont très grandes lorsque les jeunes sont à la maison : les premiers sont plus heureux, plus forts, plus chaleureux et plus satisfaits. Les différences apparaissent aussi à l'école mais disparaissent quand les adolescents se retrouvent entre eux.

Il semble bien que les comportements des parents à l'endroit de leurs jeunes enfants prédisposent ces derniers à vivre l'expérience optimale plus ou moins facilement. Il n'existe pas d'études longitudinales qui permettraient de préciser les relations de cause à effet en ce domaine. Cependant, il est permis de penser que les enfants victimes de mauvais traitements[6] ou constamment menacés de perdre l'amour parental (et il y en a un grand nombre dans nos sociétés) seront si préoccupés par la sauvegarde de leur propre soi qu'ils disposeront de bien peu d'énergie pour poursuivre des activités autogratifiantes. Au lieu de chercher la complexité de l'expérience optimale, l'enfant maltraité devenu adulte pourra fort bien se lancer à la poursuite de plaisirs immédiats[7].

Les personnes autotéliques

Nous avons vu que la personne autotélique est celle qui a des prédispositions et a appris à trouver l'expérience optimale là où d'autres s'ennuient. Il peut être fort stimulant de prendre connaissance d'un certain nombre de personnes qui connaissent une expérience intense dans diverses situations ; on pourrait même dire, dans certains cas, que leur vie est une expérience optimale prolongée.

Malheureusement, il arrive que des gens apprennent à aimer des activités destructrices (pour eux-mêmes ou pour d'autres) ou moralement contestables. Par exemple, des vétérans témoignent du plaisir intense éprouvé dans une tranchée derrière une mitraillette puissante et rapide ; des jeunes délinquants parlent du frisson qu'ils éprouvent à voler des bijoux dans la chambre des victimes sans les réveiller ; un footballeur américain raconte qu'il a été constamment tabassé par les copains au cours de son enfance et qu'il peut maintenant se venger avec ses cent quinze kilos de muscles, d'autant plus que le travail d'un arrière consiste justement à « porter des coups à l'adversaire » ; Adolf Eichmann adorait régler les problèmes de « logistique » que constituait le transport des Juifs dans les camps d'extermination des nazis ; un étudiant universitaire brillant et de bonne famille connaissant une période de « vide » et une absence totale d'enthousiasme est transformé par un travail d'été sur un bateau qui longe les côtes de l'Alaska. Il a retrouvé son assurance, son entrain et il parle avec passion de son travail qui consistait à tuer de jeunes phoques avec un gros gourdin pour en garder la fourrure. Cette boucherie lui procurait un plaisir intense !

Il y a aussi la question de ce qu'on pourrait appeler une « insatisfaction fondamentale » qui interdit tout bonheur. Ce fait est illustré par l'existence, chez l'individu, de croyances bien ancrées. Par exemple, au IIIe siècle avant Jésus-Christ, le philosophe chinois Hsün Tzu enseignait que l'homme est fondamentalement mauvais mais qu'il peut espérer s'améliorer par une autodiscipline exigeante. La doctrine chrétienne du « péché originel » stipule que la nature humaine est mauvaise et qu'elle doit être « rachetée ». Une vision semblable de la nature humaine est sous-jacente à l'histoire de Faust (le fameux personnage de Goethe), cet éternel insatisfait dégoûté de tout : la philosophie, la richesse, la renommée et les plaisirs. Et nous savons où l'a conduit son « contrat » avec Méphistophélès… Pareille croyance relative à la nature humaine ne favorise guère l'expérience optimale.

Finalement, il y a la question de l'ego insatiable qui dévore l'énergie psychique et peut tout ruiner en soi et autour de soi. *L'Iliade*, d'Homère, fournit une dramatique illustration de personnages à l'honneur chatouilleux. Après de nombreuses années de siège et de batailles devant Troie, une querelle éclate entre Agamemnon, le chef des armées grecques, et Achille, le plus puissant des guerriers. Mécontent de la distribution du butin, Agamemnon fait quérir la belle Briséis, princesse troyenne qui avait été attribuée à Achille. Celui-ci entre dans une colère telle qu'il se retire des combats, ce qui cause un tort immense à l'armée grecque. Nous savons que Troie finira par être brûlée grâce à la ruse du cheval inventée par Ulysse. Mais il est intéressant d'observer jusqu'où peuvent aller des êtres centrés sur eux-mêmes. Ni Achille ni Agamemnon ne valorisaient particulièrement Briséis ; c'était plutôt de réputation qu'il s'agissait : une grosse chicane entre deux gros ego !

L'expérience optimale résulte de l'utilisation de l'énergie psychique, et cette dernière – comme l'énergie atomique ou l'électricité – peut être dirigée vers des activités variées. L'expérience optimale n'assure donc pas la vertu ; elle a besoin d'être encadrée par des principes ou gérée selon des valeurs, bref, soumise à une éthique[8] comme toute activité humaine. Présentons, maintenant, des exemples positifs et stimulants de personnes autotéliques.

Nous pouvons parler, au cours de l'histoire, de nombreux personnages dont la vie pleine d'expériences intenses a contribué à améliorer le sort de l'humanité. C'est le cas de Socrate[9] (470-399 avant J.-C.), qui, par ses questions et son « regard oblique », provoquait souvent une prise de conscience ou un changement profond chez son interlocuteur et dont la mort est un exemple touchant de sérénité et de grandeur d'âme. C'est le cas de Jeanne d'Arc, la « pucelle d'Orléans » (1412-1431), qui a été fidèle à ses croyances (ses « voix »). C'est le cas aussi de François d'Assise (1181-1226), dont l'attitude envers les choses et les êtres est une source d'inspiration encore aujourd'hui. C'est le cas d'Ignace de Loyola (1491-1556), fondateur de la Compagnie de Jésus, qui exige du futur jésuite une formation longue et exigeante menant ensuite à l'initiative individuelle. Il publie ses *Exercices spirituels* pour aider ceux qui les pratiquent à mettre de l'ordre dans leur conscience, à diriger leur énergie psychique et à éviter le chaos.

Pour l'époque contemporaine, il est possible de citer plusieurs individus créatifs[10] : la neurophysiologiste Brenda Milner pense qu'« une nouvelle découverte, même une toute petite, est quelque chose de très excitant au moment où elle arrive »; l'historienne Natalie Davis explique comment elle choisit les problèmes sur lesquels elle veut travailler : « Je suis simplement très intéressée à propos d'un problème. Il m'accroche profondément... Ce qui me fait aborder une question n'est pas autre chose que la curiosité et l'enchantement. »

L'inventeur Frank Offner est celui qui a perfectionné les moteurs d'avion et les appareils d'électroencéphalographie. Parvenu à l'âge de quatre-vingt-un ans, il s'intéresse à la physiologie des cellules des cheveux ! Il donne un bel exemple de passion et d'humilité devant les mystères de la vie, même les plus insignifiants.

> « Oh, j'aime résoudre des problèmes : pourquoi le lave-vaisselle ne fonctionne pas, pourquoi l'auto ne démarre pas ou comment fonctionnent les neurones. Actuellement, je travaille sur les cellules des cheveux... c'est si intéressant. Je ne me soucie pas du type de pro-

blème. C'est trouver la solution qui est passionnant, n'est-ce pas ? C'est ce qui m'intéresse dans la vie. »

Cette citation suggère que l'intérêt de la personne autotélique n'est pas purement passif ni contemplatif ; il implique un désir de comprendre, une volonté de résoudre un problème. On pourrait parler d'un intérêt désintéressé. L'intérêt et la passion sont arrivés tôt chez l'inventeur Jacob Rabinow. Il vit sa première automobile à sept ans, alors qu'il vivait en Chine. Il raconte qu'immédiatement il rampa sous le véhicule pour voir comment les roues étaient commandées par le moteur et qu'il courut à la maison pour sculpter l'arbre à cames dans du bois.

Point n'est besoin d'être savant ou inventeur pour être une personne autotélique. Nos entretiens avec des *adolescents* ont révélé que des jeunes vivaient l'expérience optimale et possédaient, quoique de façon moins spectaculaire, les caractéristiques d'une telle personnalité. Katherine est une adolescente qui a participé à notre étude au moyen de l'ESM. Les données recueillies révèlent qu'elle est douée d'un haut niveau d'aptitudes et qu'elle se donne des défis stimulants. Elle se distingue de la plupart de ses camarades en ce qu'elle ne passe pas la majorité de son temps à penser aux garçons, à fréquenter les centres commerciaux ou à être obsédée par les bonnes notes. Elle est passionnée par la mythologie et se désigne elle-même comme un « savant celtique ». Elle travaille dans un musée trois demi-journées par semaine, où elle aime classer les artefacts et effectuer les petites routines, profitant de tout pour apprendre. De plus, elle cultive ses relations avec amis et amies et entretient de longues discussions sur la religion et la vie après l'école. Elle n'est ni expansive ni effacée, elle s'intéresse à ce qu'elle fait et ses intérêts traduisent son individualité.

Ben, malgré son jeune âge, sait ce qu'il veut faire dans la vie, il est intelligent et adore travailler dans le domaine qui l'intéresse. Cet intérêt marqué de même que ses ambitions claires et importantes ne l'empêchent pas d'être sociable et de s'intéresser à ses pairs. Ben eut l'idée de devenir un artiste au début de ses études secondaires, au moment où il fit le plan et sculpta dans le bois un bateau Viking. « J'ai commencé à travailler avec le bois et j'ai constaté que je pouvais sculpter des choses, non seulement les dessiner. C'était passionnant… Ce fut une année formidable parce que j'ai dessiné et j'ai construit ; j'ai mis tout cela ensemble. » Il perfectionne ses aptitudes et acquiert plus de confiance en lui et élabore des projets à long terme. Il veut s'orienter vers l'architecture ou le dessin industriel ; il a une idée assez claire de ce que signifie le succès pour lui. « Quand j'entreprends quelque chose, je veux le réussir ; si je ne réussis pas, je suis en colère contre moi… Réussir, pour moi, ce n'est pas amasser un paquet d'argent, mais être mon propre patron. Savoir que tu as réalisé quelque chose par toi-même… c'est cela, réussir. » La confiance et l'autonomie de cet adolescent indiquent que s'opère bien chez lui la différenciation. L'intégration se réalise également puisqu'il se sent lié aux autres : ses camarades, ses parents et son grand-père, qu'il adore : « Nous sommes très proches… il est calme… il est intelligent… c'est un modèle pour moi. » N'est-ce pas à cela que devrait ressembler tout adolescent ?

Parfois, la personne autotélique doit, pour rester saine, quitter une situation, *changer sa vie*. C'est le cas de Jeff, un gestionnaire de haut rang dans une compagnie de distribution d'électricité. Il est monté rapidement dans la hiérarchie parce qu'il est brillant et a accepté de travailler plus de soixante heures par semaine depuis des années. À quarante ans, il a un salaire plus élevé que ce qu'il avait espéré et il pourrait gravir encore au moins un échelon s'il consentait à continuer d'investir autant d'énergie et de temps pour son travail. Il a une femme et trois enfants qu'il voit rarement et commence à trouver que sa vie familiale – sa vie entière – est dévorée par le travail. Devant le refus de ses supérieurs de diminuer sa charge de travail, Jeff quitte la compagnie et ouvre un magasin d'équipements pour jardin. Il peut, désormais, bricoler avec son épouse et aller à la pêche avec les enfants. La décision de Jeff ne convient pas à tous, mais elle était la meilleure pour lui et pour des centaines d'autres qui ont décidé de « quitter la course ». Aussi longtemps que l'individu ne réagit pas, les exploiteurs exigent le statu quo et contrôlent son énergie. Il est dans notre intérêt de garder ou de récupérer ce pouvoir fondamental[11].

Par ailleurs, la vie de certains ressemble à une expérience optimale continuelle. C'est le cas de Linus Pauling, deux fois récipiendaire du prix Nobel. Né au début du siècle dernier à Portland,

Oregon, il grandit dans une famille pauvre et ne pensait pas dépasser le secondaire. Cependant, il était un « lecteur omnivore » invétéré : à neuf ans, il avait lu la Bible et *L'Origine des espèces* de Darwin pour s'intéresser ensuite à l'histoire ancienne ; à onze ans, il collectionnait les insectes et orientait ses lectures vers l'entomologie ; à douze, il collectionnait les minéraux et dévorait des ouvrages de minéralogie. À treize, il s'intéressait à la chimie, domaine qui occupera sa vie et le conduira au prix Nobel de chimie en 1954. C'est un bienfaiteur qui l'a « presque forcé » à s'inscrire à l'université, après quoi il obtient une bourse de perfectionnement à l'Institut de technologie de Californie. Pendant ses études, il a exercé de multiples emplois pour gagner quelque argent : arracher les pissenlits, fendre du bois, travailler dans une boucherie, laver les planchers de la cuisine de l'université et goudronner les routes de l'Oregon.

À la suite de la réception du prix Nobel de chimie, le lauréat élargit ses préoccupations et s'intéressa à la nature et à la société. Utilisant son talent, son entrain et son prestige, il alerta ses collègues scientifiques à travers le monde des dangers des armes nucléaires ; son engagement lui mérita le prix Nobel de la paix en 1962.

Interviewé à quatre-vingt-dix ans, Linus Pauling fait preuve d'un enthousiasme et d'une curiosité d'enfant ; il s'intéresse à tout et rayonne d'une joie de vivre évidente. Il répète : « J'ai toujours fait ce que j'ai voulu. » Certains peuvent trouver cette attitude peu sérieuse et peu responsable ; peut-on faire seulement ce qu'on veut ? Cependant, Linus Pauling ainsi que bien d'autres scientifiques et détenteurs de prix Nobel aiment à peu près n'importe quoi, que ce soit complexe ou trivial ; même les choses qu'il *faut* faire. La seule chose qu'ils détestent, c'est de ne rien faire. Ainsi, même si la vie du professeur Pauling n'est objectivement pas meilleure que la nôtre, son enthousiasme en a fait une expérience optimale continue.

Il est une autre catégorie de personnes autotéliques dignes d'intérêt ; ce sont celles qui consacrent leur vie au *service des autres*. Leur engagement social, politique ou religieux en fait des exemples de générosité et de don de soi. De plus, ces personnes illustrent comment il est possible de concentrer son attention, d'utiliser son énergie, de trouver un intérêt intrinsèque dans la tâche poursuivie, de développer ses potentialités tout en rendant l'humanité meilleure. Nombreux sont les cas de ceux qui se sont dévoués pour la défense des droits des minorités, l'égalité des femmes, la protection de l'environnement ou le soulagement des déshérités. Des exemples fameux nous viennent immédiatement à l'esprit : que ce soit mère Teresa, le docteur Albert Schweitzer, le docteur Norman Bethune, le docteur Lucille Teasdale, etc. Limitons-nous à la stimulante histoire de Suzie Valadez.

Dans les collines près de Ciudad Juārez (ville du Mexique non loin de la frontière américaine) se trouve le grand dépotoir de cette ville où des milliers de personnes s'entassent dans de petites cabanes pleines d'enfants, sans eau courante, sans électricité, essayant de survivre avec ce qu'ils y trouvent. Vers la fin de la matinée survient, comme un rayon de soleil, une femme aux cheveux gris et pleine d'énergie qui s'appelle Suzie Valadez. Elle s'introduit dans la baraque qui sert d'école avec deux assistants et distribue des sandwichs et des vêtements avec un sourire qui irradie le visage des enfants. C'est une journée ordinaire pour cette femme qui s'est levée tôt, a fait avec ses assistants des centaines de sandwichs et est partie d'El Paso (sud du Texas) avec sa vieille fourgonnette pour Ciudad Juārez. Elle traverse maintenant la frontière sans difficulté, est assistée de plusieurs personnes, reçoit des dons des marchands locaux et de grandes fondations pour sa « mission » et est connue non seulement par les médias locaux, mais aussi par la télévision nationale. Après presque trente ans de travail acharné, cette femme énergique de soixante-six ans est connue comme la « reine du dépotoir ». Aujourd'hui, ses œuvres vont plutôt bien : grâce aux dons qui affluent et à l'assistance qu'elle reçoit, elle peut distribuer plus de nourriture et de vêtements qu'autrefois, apporter de l'aide à l'école et maintenir le dispensaire qu'elle a fait construire. Mais les choses n'ont pas toujours été faciles pour Suzie Valadez.

Elle est née en 1925 à Del Rio (sud du Texas), de parents catholiques mexicains. Elle a vécu son enfance dans une famille de cinq enfants qu'elle décrit comme « soudée, aimante et heureuse ». Elle ajoute : « J'étais toujours joyeuse, active et je chantais sans arrêt. J'avais un tas d'amis et j'aimais les gens. » À l'âge de quinze ans, elle perdit une sœur plus jeune. Avant la mort de celle-ci, sa famille avait déménagé à San Jose (Californie) et avait adhéré à l'Assemblée de Dieu des pentecôtistes. Elle se maria à l'âge de vingt et un ans et eut quatre enfants. Son mari buvait beaucoup, quittait fréquemment le foyer et finit par ne pas revenir. À trente-six ans, elle se retrouve seule avec ses enfants, pauvre et peu instruite (études secondaires non terminées). Son bébé âgé de huit mois (Danny) souffre d'asthme. Le médecin recommande un traitement radical et douloureux qu'elle refuse, après avoir consulté ses parents. Lors d'une crise de l'enfant, elle tombe à genoux et s'adresse à Dieu sans détour : « O.K., Dieu, si tu existes, je veux le savoir maintenant. » À partir de ce jour, les crises d'asthme cessent définitivement. Alors, elle adhère à l'Assemblée de Dieu, témoigne du « miracle » devant la communauté et, selon son expression, « est baptisée dans l'Esprit saint ». Cette conversion aura une grande influence sur sa vie.

Conformément à la tradition pentecôtiste, elle doit « témoigner » de l'Évangile et reçoit du pasteur la responsabilité de l'école du dimanche. Son talent naturel attire les enfants dont le nombre passe de huit à trente-deux en l'espace de deux mois. Au cours de l'année 1962-1963, elle a ce qu'elle appelle une « vision » qui changera sa vie et qu'elle rapporte à son pasteur : « des enfants pauvres, sales et nu-pieds portent une banderole sur laquelle est écrit CIUDAD JUĀREZ ». Le pasteur y voit un « appel de Dieu », mais suggère d'attendre d'autres signes. Un second signe arrive peu après sous la forme d'un rêve où elle revoit la même bannière et, ensuite, un troisième signe plus dramatique : l'incendie de sa maison où elle perd tous ses biens. C'est clair. En juin 1963, Suzie Valadez se rend à El Paso pour s'occuper des enfants pauvres de Ciudad Juārez. Sans automobile, elle fait le voyage avec ses parents qui l'accompagnent et l'assistent tout au long de sa vie : aide financière, garde des enfants, etc.

Son travail de « missionnaire » à Ciudad Juārez commence par l'école du dimanche dans une cabane près du dépotoir. En peu de temps, elle rassemble trois cents enfants. Frappée par leur pauvreté, elle veut leur apporter nourriture et vêtement. C'est le début de sa « mission », le début d'une nouvelle vie. Cette mère de quatre enfants, pauvre, peu instruite et sans assistance sociale est interpellée par cette misère. Elle trouve un travail comme préposée de nuit dans un hôpital, à 35 dollars par semaine. Grâce à l'aide de ses parents, elle peut consacrer environ 30 dollars à sa mission. Ses enfants ne connaissent donc pas le luxe, mais, devenus adultes, ils ne garderont pas d'aigreur face à ces années difficiles, mèneront une vie normale et assisteront leur mère dans son travail (Danny l'aidera à temps plein et construira le dispensaire).

Les quelques années qui suivent 1963 sont très difficiles pour Suzie Valadez. Elle expliquera, après coup, avoir été tiraillée entre l'appel du travail humanitaire et le soin de ses enfants. Mais, avec l'aide de ses parents et sur la base de sa conviction profonde, il *faut* qu'elle s'occupe des enfants misérables de Juārez ; elle se sent responsable de leur destin, renforcée par sa croyance en Dieu devant la tâche immense. Ainsi, de l'école du dimanche, la mission se développe : nourriture, vêtements, médicaments, aide à l'école, dispensaire et projet d'orphelinat (en 1992). C'est dans l'action que ses buts se sont transformés, que sa mission s'est élargie et s'est poursuivie pendant plus de vingt-cinq ans.

Après toutes ces années, la reine du dépotoir est connue et reçoit beaucoup de dons qu'elle distribue encore elle-même. Au cours de ses journées de quatorze, quinze heures, elle rencontre des donateurs, des directeurs de fondation, des maires des municipalités environnantes et des journalistes, mais elle tient à garder le contact personnel avec les gens de Juārez. Dans ces rencontres, elle offre son sourire et son dynamisme, transmet des paroles d'encouragement et livre son principal message : « Il y a quelqu'un qui vous aime et c'est Jésus. » Ceux qui n'acceptent pas sa doctrine ou qui ne connaissent pas Jésus savent au moins que ce « quelqu'un » qui les aime, c'est Suzie Valadez elle-même.

Cette femme extraordinaire qui a changé la vie de milliers de personnes avait un but clair, une mission à laquelle elle s'est dévouée corps et âme. Elle a toujours trouvé dans son travail de « grandes récompenses » et même le sens de sa vie. Interrogée sur ses autres buts ou intérêts dans la vie, elle répond : « C'est difficile à dire ; tout est là ; *ma mission, c'est ma vie*[12]. »

Les exemples de personnes autotéliques présentés dans ce chapitre permettent de comprendre ce qu'est une personnalité complexe qui combine des opposés. En effet, ces personnes sont à la fois originales et méthodiques, indépendantes et responsables, entreprenantes et disciplinées, intuitives et rationnelles. De plus, elles marient une saine fierté de leur individualité et un intérêt authentique à l'endroit d'autrui. Il est plus facile de se situer à l'un ou l'autre pôle de ces dualités, mais c'est la synthèse de l'apparente antinomie de ces processus qui permet de connaître fréquemment et intensément l'expérience optimale tout en contribuant au mieux-être de l'humanité.

6

L'expérience optimale par le corps

Introduction

« L'humain ne possède rien, mais il a l'usage de son corps et celui-ci peut lui procurer beaucoup de plaisir » (J. B. Cabell)[1].

La plupart des gens sont conscients de l'importance de la santé et de la forme physique, mais ils n'exploitent pas le potentiel illimité d'enchantement que le corps peut offrir. Peu de gens apprennent à se mouvoir avec la grâce de l'acrobate, à voir avec le regard nouveau de l'artiste, à éprouver la joie de l'athlète qui brise son propre record, à goûter avec la subtilité d'un gourmet ou à aimer avec le talent qui élève la sexualité au niveau de l'art. Puisque ces possibilités sont à la portée de tous, il est facile d'améliorer la qualité de la vie simplement en apprenant à maîtriser son corps et ses sens.

Tout ce que le corps peut faire est potentiellement agréable. Ceux qui ignorent cette possibilité utilisent peu l'équipement corporel, laissant inexploitée son aptitude à procurer l'expérience optimale. Le corps peu entraîné, l'œil insensible, l'oreille non musicale, le palais grossier, bref, les sens sous-développés apportent une information chaotique et des sensations frustes. Si les fonctions du corps ne sont pas développées, la vie a peu de valeur, est morne et triste. Si quelqu'un contrôle ce que le corps peut faire et apprend à imposer un ordre aux sensations, il verra l'entropie céder la place à une agréable harmonie dans la conscience.

Les capacités du corps humain sont multiples – voir, entendre, toucher, courir, nager, lancer, tirer, escalader les montagnes, descendre dans des grottes, etc. –, chacune pouvant produire l'expérience optimale. Dans chaque culture, on a inventé des activités agréables qui conviennent aux capacités physiques. Par exemple, quand la course est effectuée en vue d'un but et selon des règles, qu'elle représente un défi et requiert des aptitudes, elle se transforme en expérience optimale. Le fait de déplacer le corps dans l'espace – que cela se fasse lentement ou à la course, sur une courte distance ou un long trajet (comme les Tarahumaras du Mexique qui courent des centaines de kilomètres dans les montagnes lors de certains festivals) – fournit une rétroaction complexe qui permet l'expérience optimale et renforce le soi.

Il faut insister sur le fait que ce n'est pas le corps lui-même qui produit l'expérience optimale par son mouvement ; en effet, l'esprit est constamment impliqué. Pour connaître l'enchantement de la natation, par exemple, il faut développer un ensemble d'aptitudes, cultiver un style, ce qui requiert de la concentration. Sans les pensées, les sentiments et les motifs appropriés, il est fort difficile d'avoir la discipline nécessaire pour apprendre à nager assez bien afin d'en tirer de l'enchantement. L'expérience optimale prend place dans l'esprit du nageur ; elle n'est pas le résultat d'un pur processus corporel ; cerveau et muscles sont également impliqués.

Dans les différentes parties du présent chapitre, nous allons aborder un certain nombre de façons d'améliorer la qualité de l'expérience grâce à un usage approprié des processus corporels. Nous traiterons des activités physiques comme les sports et la danse, du raffinement de la sexualité, des diverses disciplines orientales en vue de perfectionner l'esprit et le corps ainsi que des modalités sensorielles qui ont un potentiel d'enchantement illimité.

« Plus haut, plus vite, plus fort »

La devise des Jeux olympiques – *altius, citius, fortius* –, quoique incomplète, est une bonne synthèse de la façon selon laquelle le corps peut favoriser l'expérience optimale. Elle exprime la raison de tous les sports : dépasser ce qui a été réalisé auparavant. La forme la plus pure des activités athlétiques – et des sports en général – est de dépasser les limites corporelles. Quel que soit le but d'un sport donné, il devient une affaire sérieuse lorsqu'il s'agit de se perfectionner et de dévoiler ses aptitudes. Par exemple, la capacité de lancer des objets est assez banale ; même les bébés peuvent le faire. Pourtant, les grands lanceurs de poids sont devenus des héros. Le lancer du disque inventé par les Grecs a été immortalisé par les meilleurs sculpteurs ; les Suisses se rassemblent dans les pâturages alpins pour une compétition qui consiste à lancer un tronc d'arbre le plus loin possible ; les Écossais pratiquent le même jeu avec de grosses roches. De nos jours, les lanceurs au base-ball deviennent riches et célèbres s'ils lancent la balle avec vitesse et précision, les joueurs de basket s'ils sont capables d'atteindre le panier. Certains athlètes lancent le javelot, le marteau ou le boomerang, d'autres jouent aux quilles, au golf, etc. Toutes ces variations dans la capacité de lancer offrent des possibilités illimitées de plaisir, de fierté et d'enchantement.

Le premier mot de la devise olympique citée plus haut est un défi universellement reconnu depuis fort longtemps. En effet, le désir de briser les liens de la gravité est l'un des plus vieux rêves de l'humanité, comme l'illustre le mythe d'Icare, qui s'était confectionné des ailes en vue d'atteindre le soleil. Sauter plus haut, escalader les pics les plus élevés ou voler sont des activités fort agréables. Certains savants ont récemment découvert un nouveau trouble psychique qu'ils appellent « complexe d'Icare » en vue d'expliquer ce désir d'être libéré du poids de la gravité. Comme bien des explications qui réduisent une démarche positive à une défense contre l'anxiété réprimée, cette théorie oublie l'essentiel. Il est entendu qu'en un certain sens toute action orientée vers un but peut être considérée comme une défense contre la menace du chaos. Mais il semble plus approprié de considérer les activités qui apportent le plaisir et l'enchantement comme des signes de santé, non de maladie[2].

L'expérience optimale en ce domaine n'est pas réservée aux athlètes de niveau olympique ; chaque personne, quel que soit son talent, peut monter plus haut, aller un peu plus vite et devenir un peu plus forte. La joie de dépasser ses limites corporelles est accessible à tous. N'importe quelle activité physique peut produire l'expérience optimale ; il y a un certain nombre de conditions (que nous connaissons déjà) : *a*) se donner un but qui est divisé en sous-buts réalistes ; *b*) mesurer le progrès ; *c*) se concentrer sur la tâche et découvrir tous les défis offerts par celle-ci ; *d*) développer les aptitudes pertinentes pour cette tâche ; et *e*) augmenter le niveau de difficulté si l'activité devient ennuyeuse. La marche fournit un bon exemple de cet usage simple de son corps ; elle peut devenir une activité complexe, une véritable forme d'art. Plusieurs buts peuvent l'orienter : le choix de l'itinéraire et des arrêts, le développement d'un style personnel ou d'une manière de se mouvoir efficacement, l'économie de mouvements, l'évaluation du progrès (en termes de temps, par exemple) sont autant d'objectifs qui rendent l'activité fort intéressante. Les défis de la marche varient considérablement selon l'environnement ; à la campagne ou en montagne, les défis peuvent être dosés selon les capacités de chacun, mais ils exigent un ajustement constant face aux obstacles ; en ville, la marche est rendue facile grâce aux trottoirs, mais les possibilités d'intérêt sont nombreuses : les gens, l'architecture, les vitrines, le rythme de la marche (pour éviter les feux rouges, par exemple), le choix du côté de la rue (ensoleillé l'hiver, ombragé l'été), etc. Bref, les stimulations doivent être cultivées. À moins de se donner des objectifs (même farfelus) et de développer ses aptitudes, la marche peut être une activité pénible et sans intérêt.

Si une activité physique aussi simple que la marche peut devenir très agréable lorsqu'on en maîtrise le processus, en revanche, d'autres formes sophistiquées de culture du corps – du vélo aux arts martiaux – peuvent être pénibles si elles sont faites parce qu'il faut les faire, parce que c'est la mode ou parce que c'est bon pour la santé. Bien des gens sont aspirés par la spirale des activités physiques dans lesquelles ils ont peu de contrôle ; ils s'en font comme un devoir mais n'éprouvent aucun plaisir. Ils font l'erreur courante de penser que l'événement ou l'activité constituent l'unique « réalité » qui détermine la qualité de l'expérience. Pour eux, l'appartenance à un club de luxe devrait garantir le plaisir. Ils oublient que l'enchantement ne dépend pas de *ce que* nous faisons, mais de *comment* nous le faisons.

Dans une de nos études à l'université de Chicago, nous nous demandions si les ressources matérielles dans les activités de loisirs rendraient les gens plus heureux ou s'il n'était pas plus important de s'engager soi-même[3]. En utilisant l'ESM, nous avons découvert que lorsque les gens pratiquent des activités de loisirs dispendieuses – voitures luxueuses, puissants hors-bord, par exemple – ils sont moins heureux que lorsqu'ils s'impliquent dans des loisirs peu coûteux (bavarder, jardiner, cuisiner, tricoter, etc.). Bref, les activités qui requièrent peu de ressources matérielles mais un investissement important d'énergie psychique sont plus «rentables» que les loisirs qui exigent peu d'énergie psychique et beaucoup de ressources matérielles.

Les joies du mouvement

L'expérience optimale fondée sur les activités corporelles ne se limite pas aux sports mais couvre un large éventail d'activités rythmiques ou de mouvements harmonieux. La danse, cette activité ancienne et pleine de sens, en est le prototype du fait de l'intérêt qu'elle suscite et de sa complexité potentielle. De la tribu la plus isolée de Nouvelle-Guinée à la troupe entraînée du ballet Bolchoï, la réaction du corps à la musique est universellement utilisée comme une façon d'améliorer la qualité de l'expérience.

Des personnes relativement âgées peuvent considérer la danse dans les discothèques (ou autres lieux) comme un rituel bizarre et dénué de sens, mais les plus jeunes trouvent que c'est une source importante d'enchantement : «Une fois dedans, je flotte, c'est cool, seulement le plaisir de bouger» ; «J'atteins un sommet... j'ai chaud, je suis fiévreux... une sorte d'extase quand tout va vraiment bien» ; «Tu bouges et tu essaies de t'exprimer par ces mouvements. Voilà ce que c'est, une sorte de langage du corps, une façon de communiquer... Quand tout va bien, je m'exprime moi-même grâce à la musique et je communique avec les gens autour».

Il convient d'ajouter un mot sur la rave, avec ses accoutrements, son ambiance et son style de musique avec DJ. Voici le témoignage de Frédérique, une étudiante québécoise de dix-huit ans :

> «L'image que les médias donnent des raves est très négative : drogue, mort, baise. Oui, c'est là, mais il n'y a pas que ça. Moi,

chaque fois, j'ai mes "boules de bonheur", des moments où je me dis que je ne peux pas être mieux, je suis émue, j'ai le sourire aux lèvres et je suis entourée de mes amis. Des fois, toute la salle embarque, ça fait comme une vague. »

Comme le souligne la psychanalyste française France Schott-Bellman : « ... les raveurs se soucient peu de la parole, ils sont dans une autre quête qui passe par la communion de groupe[4]... »

L'enchantement du mouvement est parfois si intense que certains renoncent à beaucoup d'autres choix pour se consacrer à la danse. Voici un extrait de l'entretien d'une ballerine interrogée par un membre de l'équipe de Massimini à Milan :

> « Depuis le tout début, je voulais devenir ballerine professionnelle. Ce fut très difficile : peu d'argent, beaucoup de déplacements et ma mère qui critiquait sans cesse mon travail. Mais l'amour de la danse m'a constamment soutenue. Elle fait maintenant partie de ma vie, elle fait partie de moi, je ne pourrais pas vivre sans elle. »

Dans cette troupe de soixante professionnels, seules trois danseuses sont mariées et une seule a un enfant, la grossesse faisant obstacle à la carrière. Pourtant, il n'est pas nécessaire de devenir professionnel pour connaître les joies du mouvement. Les amateurs peuvent éprouver autant de plaisir à danser et à faire du sport, sans pour autant sacrifier tout le reste au plaisir de bouger.

Il existe d'autres formes d'expression qui utilisent le corps comme instrument ; le mime et le théâtre en sont des exemples. La popularité des charades ou des déguisements, lors des fêtes, provient du fait que les gens aiment perdre leur identité pour un moment et jouer des rôles différents. Même une personnification farfelue et maladroite peut procurer une agréable libération des modèles habituels de comportements et permet d'entrevoir des modes d'être alternatifs.

Sexualité et expérience optimale[5]

Généralement, quand les gens pensent à l'enchantement et au plaisir, la première chose qui leur vienne à l'esprit est la sexualité.

Ce n'est pas surprenant car la sexualité est une expérience très gratifiante. L'intensité de cette motivation est telle qu'elle n'est dépassée que par l'instinct de survie et le besoin de s'alimenter. La pulsion sexuelle peut être assez forte pour drainer toute l'énergie psychique ; voilà pourquoi la culture a investi autant d'efforts pour la canaliser et la restreindre, plusieurs institutions sociales complexes n'existant que pour régulariser cette énergie. Le dicton « l'amour fait tourner la Terre » est une référence polie au fait que la majorité de nos actions est motivée, directement ou indirectement, par la pulsion sexuelle. Nous essayons de nous rendre attrayants (soins du corps, vêtements, coiffure), nous travaillons, nous voulons statut et pouvoir en vue d'être admirés et aimés.

Mais l'exercice de la sexualité est-il toujours agréable ? Le lecteur sait maintenant que la réponse dépend de ce qui se passe dans la conscience des personnes impliquées. Le même acte sexuel peut être pénible, révoltant, effrayant, neutre, plaisant ou extatique selon la façon dont il se rapporte aux buts de l'individu. Physiquement, un viol peut ressembler à une rencontre amoureuse, mais, psychiquement, les effets en sont diamétralement opposés. On peut dire que la stimulation sexuelle en elle-même est généralement plaisante. Cette programmation génétique associant plaisir et sexualité est tout à fait adaptative en termes d'évolution puisqu'elle assure la survie de l'espèce. Pour prendre plaisir à l'activité sexuelle, point n'est besoin d'aptitudes particulières, il suffit d'être en bonne santé et de vouloir. À la suite des premières expériences, peu de nouveaux défis surgissent. Aussi, comme bien d'autres activités agréables, la sexualité deviendra monotone et ennuyeuse si elle n'est pas transformée. L'expérience fondamentalement positive – extatique, même – peut devenir un rituel vide de sens ou l'équivalent d'une dépendance. De plus, le plaisir lié à l'exercice de la sexualité peut être réduit (ou anéanti) par des pressions mises par les personnes elles-mêmes[6]. Par exemple, la volonté d'accomplir des performances en la matière est une motivation extrinsèque qui interdit l'expérience optimale, outre qu'elle détruit éventuellement la relation avec l'autre. Heureusement, il y a plusieurs façons de rendre la sexualité plaisante, de lui conserver son caractère agréable et d'en faire une expérience optimale[7].

La première façon de cultiver la sexualité est l'érotisme qui porte sur le développement des aptitudes physiques. En un certain sens, l'érotisme est à la sexualité ce que le sport est à l'activité physique. Le *Kama-sutra* et *Les Joies du sexe* sont deux exemples de manuels qui stimulent l'érotisme en fournissant des suggestions qui visent à rendre l'activité sexuelle variée, intéressante et toujours nouvelle. Plusieurs cultures ont élaboré des systèmes d'entraînement à l'érotisme et ces pratiques revêtent souvent un sens religieux. Les rites relatifs à la fertilité existent depuis fort longtemps ; les mystères de Dionysos, en Grèce, de même que l'association récurrente entre prêtresse et prostituée sont deux exemples de ce phénomène. C'est comme si, dans les premiers stades de la religion, les cultures avaient utilisé le plaisir sexuel comme base pour élaborer des idées et des modèles de comportements plus complexes.

La vraie culture de la sexualité commence lorsqu'on y ajoute la dimension psychique ou l'élément affectif. Faute de mieux, nous appellerons cette deuxième façon de développer la sexualité le romantisme. Selon les historiens, l'art de l'amour est apparu tardivement en Occident. À part quelques exceptions, on trouve très peu de sentimentalité dans les pratiques sexuelles des Grecs et des Romains de l'Antiquité. Les rituels de fréquentations et de fiançailles, le partage des sentiments qui semblent maintenant indispensables à toute relation intime ont été inventés au Moyen Âge par les troubadours qui visitaient les châteaux du sud de la France. Ensuite, ce « nouveau style » a été adopté par les classes aisées des autres régions d'Europe. Ces pratiques fournissaient de nouveaux défis, exigeaient de nouveaux talents et augmentaient le plaisir des amoureux.

Un raffinement similaire est apparu en Orient. Il existe au Japon des professionnelles de l'amour extrêmement sophistiquées, les geishas, qui doivent être musiciennes, danseuses et connaître l'art et la poésie. Il en est de même pour les courtisanes en Chine et en Inde ainsi que pour les odalisques en Turquie. Si ce professionnalisme a fait grandir la complexité des activités amoureuses, il a peu amélioré la qualité de la vie de la plupart des gens ; seule une infime minorité pouvait se payer ce luxe, tandis que la majorité continuait d'avoir une vie sexuelle ennuyeuse. Les gens se reproduisent à travers le monde mais consacrent assez peu d'énergie aux pratiques sexuelles complexes et à l'amour romantique ; comme pour le sport, ils préfèrent regarder les professionnels à la télé.

Une troisième dimension de la sexualité émerge lorsque, en plus du plaisir physique et de l'amour romantique, interviennent un réel souci, un intérêt authentique, un engagement à l'endroit de l'autre (que certains auteurs désignent par un mot grec, *agapê*). Cet aspect apporte de nouveaux défis : découvrir son partenaire comme une personne unique, comprendre cette personne et l'aider à réaliser ses projets. La sexualité devient alors un processus très complexe susceptible de faire naître l'expérience optimale tout au long de la vie.

Au commencement d'une relation, il est facile d'éprouver plaisir et enchantement dans l'activité sexuelle. Le premier rendez-vous, le premier baiser et la première relation sexuelle présentent de nouveaux défis qui produisent l'expérience optimale chez la jeune femme ou le jeune homme, qui s'en délectent pendant des jours. Mais, après ces moments extatiques du « premier amour », les relations comportent, par la suite, relativement peu d'excitation. Il semble assez difficile de conserver l'enchantement de la sexualité au cours d'une relation durable à moins de découvrir de nouveaux défis en compagnie de l'autre et d'apprendre de nouvelles aptitudes qui enrichissent la relation. Le plaisir physique seul ne suffit pas à maintenir l'expérience optimale à moins que ne s'ajoutent un sentiment (romantisme) et une préoccupation authentique à l'endroit de l'autre[8].

Le contrôle ultime : le yoga et les arts martiaux

Le progrès que l'Orient a réalisé en termes de contrôle du corps et de la conscience se compare aux réalisations de l'Occident face à la maîtrise de l'énergie matérielle. Ni l'une ni l'autre de ces approches n'offre un programme idéal exhaustif de la conduite humaine : la fascination de l'Inde pour les techniques d'autocontrôle a fait négliger l'apprentissage des méthodes de gestion des problèmes de l'environnement physique ; la maîtrise de l'énergie matérielle, en Occident, s'est faite au prix d'une consommation excessive des ressources de l'environnement. La société parfaite devrait trouver l'équilibre entre le monde matériel et le monde spirituel, mais, en attendant cet état de perfection, nous allons tirer des leçons des grandes religions orientales en vue de savoir comment améliorer le contrôle sur la conscience.

Le hatha yoga[9] est, certes, la méthode de maîtrise corporelle la plus ancienne et la plus connue. Il convient de considérer ses principes essentiels car ils correspondent, sur plusieurs points, à la psychologie de l'expérience optimale et peuvent, dès lors, servir de modèle à ceux qui désirent améliorer la prise en charge de leur énergie psychique. Il n'y a rien d'équivalent au yoga en Occident. Les règles monastiques instituées par saint Benoît et saint Dominique de même que les «exercices spirituels» de saint Ignace offrent des façons d'aider à contrôler son attention par des routines physiques et mentales, mais tout cela est très loin de la discipline rigoureuse du yoga.

En sanskrit, *yoga* signifie «unir», qui se réfère à l'idée d'unir l'individu à Dieu en unifiant d'abord les différentes parties du corps entre elles pour, ensuite, rattacher le corps (en union avec la conscience) à un système ordonné plus large. Pour atteindre cet objectif, les textes de base du yoga – rassemblés il y a mille cinq cents ans par Patanjali – prescrivent huit stades de perfectionnement des aptitudes. Les deux premiers stades de «préparation éthique» ont pour but de changer les attitudes de l'individu : renforcer la conscience, réduire l'entropie psychique et le préparer à commencer le contrôle mental. Au premier stade (*yama*), il doit «refréner» les pensées ou les actes susceptibles de nuire à autrui : mensonge, vol, luxure et avarice. Au deuxième stade (*niyama*), il doit développer l'«obéissance» à Dieu en suivant des routines ordonnées qui canalisent l'attention et rendent son contrôle plus facile. Les deux stades suivants impliquent l'entraînement physique et le développement d'habitudes qui rendront le yogi capable de résister aux requêtes de ses sens et de se concentrer sans être fatigué ni distrait. Au stade trois (*asana*), le candidat apprend à s'«asseoir» ou à garder une posture sans se fatiguer (aspect plus connu en Occident). Au stade quatre (*pranayama*), il doit contrôler la respiration et détendre le corps. Le cinquième stade constitue le passage entre les exercices préparatoires et la pratique du yoga proprement dit. Il s'appelle *pratyahara* («retrait») et exige de retirer son attention des objets externes en vue de devenir capable de contrôler ce qui accède à la conscience. Il est possible de constater ici l'identité du présent objectif avec le contrôle de la conscience nécessaire à l'expérience optimale dont nous avons si souvent parlé dans les chapitres précédents. Les prochaines étapes nous concernent moins, mais elles seront énumérées à fin de continuité. Elles impliquent des opérations purement mentales (mais sont fondées sur les exigences physiques mentionnées). Le stade six (*dharana* = ne pas lâcher) implique la capacité de se concentrer de longs moments sur un seul stimulus. Le stade sept (*dyana*) consiste en une « intense méditation » qui se fait sans stimulus externe et dans un complet oubli de soi. Enfin, le huitième stade (*samadhi*) est la complète union de celui qui médite avec l'objet de sa méditation. Ceux qui l'atteignent décrivent leur expérience comme la plus gratifiante de leur vie.

Les similitudes entre le yoga et l'expérience optimale sont frappantes. Le yoga peut être considéré comme une expérience optimale ordonnée puisqu'il exige la concentration, elle-même rendue possible par la discipline corporelle. Cependant, certains critiques préfèrent souligner les différences, la principale étant que l'expérience optimale a pour effet de fortifier le soi tandis que le but du yoga (comme plusieurs techniques orientales) est de l'anéantir. En effet, le huitième stade du yoga n'est que l'entrée dans le nirvana où le soi individuel se fond dans la force universelle comme le fleuve dans l'océan. L'opposition entre les deux approches est peut-être plus superficielle qu'on ne le croit. La similitude des deux processus jusqu'au septième stade ne doit pas être oubliée. De plus, ne devrait-on pas supposer que le yogi ne saurait abandonner son soi s'il n'était pas en parfait contrôle de celui-ci ? En effet, délaisser ses instincts, ses habitudes, ses désirs et son soi est si peu naturel que cela exige un parfait contrôle du soi (ce qui est l'effet principal de l'expérience optimale). Il n'est donc pas déraisonnable de penser que le yoga est un ensemble de techniques anciennes et efficaces en vue d'atteindre l'expérience optimale.

Les « arts martiaux » constituent un autre ensemble de disciplines qui sont récemment devenues populaires en Occident. Il y en a une grande variété : judo, jujitsu, kung-fu, karaté, taekwondo, aïkido et taï-chi qui viennent de Chine ainsi que le kendo (escrime), le kyudo (tir à l'arc) et le ninjutsu, associés au Japon. Ces techniques s'inspirent du taoïsme et du bouddhisme zen et mettent l'accent sur l'aptitude à contrôler la conscience. Au lieu de viser seulement la performance physique, comme on le fait en Occident, les arts martiaux visent, originellement, l'amélioration de l'état physique et mental de ceux qui les pratiquent. Ces derniers rapportent que le combat ou l'activité impliquée deviennent une performance artistique gratifiante au cours de laquelle la dualité habituelle corps/esprit se transforme en une harmonie remarquable. Ici aussi, il semble possible d'affirmer que les arts martiaux constituent une forme spécifique d'expérience optimale.

Expérience optimale et vision

Il est facile d'accepter l'idée que les sports, la sexualité et même le yoga puissent être agréables, mais peu de gens dépassent ces activités physiques pour explorer les capacités illimitées des autres organes du corps. Pourtant, les modalités sensorielles fournissent au système nerveux des informations qui peuvent donner lieu à des expériences optimales riches et variées [10].

La vue est généralement considérée comme un simple système de perception à distance et appréciée pour son caractère utilitaire : trouver les clés de l'auto, ne pas écraser le chat... Occasionnellement, les gens s'arrêtent pour se «régaler les yeux» devant le spectacle qui s'offre à eux : un jardin, un coucher de soleil, un panorama, etc., mais peu d'entre eux cultivent systématiquement le sens de la vision. Pourtant, les aptitudes visuelles fournissent un accès constant à des expériences merveilleuses. Le poète Menander exprime le plaisir qu'il tire du fait de regarder la nature : «Le soleil qui nous éclaire, les étoiles, la mer, le train des nuages, les étincelles d'un feu – que vous viviez cent ans ou quelques années, vous ne verrez rien de plus beau.»

Les arts visuels constituent un excellent «camp d'entraînement» pour développer les aptitudes relatives au sens de la vision. Voici quelques exemples provenant de personnes versées dans le domaine ; ils permettent de comprendre ce que veut dire réellement *voir*. Le premier témoignage rapporte une rencontre de type zen avec un chef-d'œuvre de la peinture et insiste sur l'ordre qui surgit soudainement à la vue d'une œuvre qui incarne l'harmonie visuelle :

> « Prenez le merveilleux Cézanne, *Grandes Baigneuses*, au musée de Philadelphie... Au premier coup d'œil, quel agencement ! Il n'est pas nécessairement rationnel, mais les choses vont bien ensemble... C'est de cette façon qu'une œuvre d'art vous donne subitement un sens, une compréhension du monde... Cela peut signifier une compréhension soudaine de notre relation au monde. »

Un autre décrit l'incidence physique de l'expérience esthétique[11] intense :

> « Quand je vois des œuvres qui me touchent au cœur, qui sont réellement belles, j'ai la réaction la plus étrange : ce n'est pas toujours l'excitation, c'est comme un petit pincement à l'estomac, une petite nausée. C'est un sentiment envahissant duquel je dois m'éloigner à tâtons pour me calmer et essayer ensuite d'approcher l'œuvre d'une façon scientifique, sans mes antennes vulnérables... Lorsque tu l'as regardée calmement, que tu as assimilé détails et nuances, c'est alors que l'impact est total. Devant pareille peinture, tu sais que c'est un chef-d'œuvre, tu le sens visuellement, sensuellement et intellectuellement. »

Il n'y a pas que les grandes œuvres d'art qui peuvent être source d'expérience optimale ; même un spectacle ordinaire et quotidien peut être un délice. Voici ce que dit un banlieusard de Chicago qui prend le train aérien chaque matin :

> « Par un jour comme celui-ci, un jour où c'est clair comme du cristal, je suis assis dans le train et je regarde les toits ; je vois les formes de merveilleux édifices... je sens la fascination des choses, la curiosité... Je me dis : c'est comme entrer dans une peinture de Sheeler. Il peint des toits et des choses semblables avec un style si clair et si aigu... Lorsque quelqu'un est totalement enveloppé par une expression visuelle, il voit le monde de la même manière. Comme un photographe qui voit un *ciel Kodachrome.* »

De toute évidence, il faut un certain entraînement pour tirer un haut degré de plaisir sensoriel de la vision ; il faut investir une certaine énergie psychique en regardant de grandes œuvres d'art ou de belles scènes pour y reconnaître le style d'un Sheeler. Cela est vrai pour toute expérience optimale ; celle-ci ne peut survenir sans le développement des aptitudes pertinentes. En comparaison à d'autres activités, la vision est plus accessible (quoique certains artistes trouvent que des gens ont les « yeux bouchés ») ; aussi, est-il dommage de laisser ces potentialités sous-développées.

Le lecteur peut percevoir une contradiction avec la partie précédente, dans laquelle nous avons expliqué comment atteindre l'expérience optimale en entraînant ses yeux à ne pas voir (yoga) alors qu'ici nous préconisons l'usage de la vision. Cette contradiction n'existe que pour ceux qui croient que c'est le comportement qui compte plutôt que l'expérience intense qu'il produit. Voir ou ne pas voir, telle n'est pas la question ! Comme nous l'avons mentionné, c'est le contrôle sur ce qui nous arrive qui importe. La même personne peut méditer le matin – en bloquant toute expérience sensorielle – et regarder des œuvres d'art l'après-midi ; dans les deux cas, elle peut atteindre l'expérience optimale.

Enchantement et musique

Dans toutes les cultures, l'ordonnance des sons a beaucoup servi à l'amélioration de la qualité de la vie. La fonction la plus ancienne et la plus répandue de la musique est d'orienter l'attention des auditeurs vers des formes ou des modèles musicaux susceptibles de provoquer une humeur, un sentiment désirés. Il existe de la musique pour la danse, les funérailles, les noces, les cérémonies religieuses ou patriotiques ; la musique intensifie l'amour romantique comme elle rythme la marche des soldats. Quand les choses ne vont pas bien chez les Pygmées des forêts de l'Afrique centrale, ceux de cette tribu considèrent que si la forêt bienveillante n'assure plus leurs besoins, c'est qu'elle s'est endormie. Alors les chefs déterrent les cors sacrés et soufflent dans leurs instruments jour et nuit en vue de réveiller la forêt et de faire revenir de meilleures conditions [12].

L'usage de la musique chez les Pygmées nous renseigne sur une fonction universelle, qui est de rassurer. Les baladeurs et les chaînes stéréophoniques répondent à un besoin semblable. Les adolescents, dont la personnalité est en pleine évolution et qui connaissent de grandes variations de l'humeur au cours d'une même journée, ont particulièrement besoin de l'effet apaisant ou stimulant des rythmes et des sons en vue de maintenir ou de restaurer l'ordre dans leur conscience. Il en est de même pour bien des adultes ; un policier rapporte :

> « Après une journée passée à donner des contraventions, à procéder à des arrestations et à me demander si je ne vais pas me faire descendre, si je ne pouvais pas écouter la radio dans mon véhicule en rentrant à la maison, je crois que je deviendrais fou. »

La musique est une information auditive structurée qui aide à organiser l'esprit, qui réduit l'entropie psychique ou le désordre qui assaille la conscience lorsque n'importe quelle information non pertinente s'introduit. L'écoute de la musique chasse l'ennui et l'anxiété et induit souvent l'expérience optimale.

D'aucuns pensent que les progrès technologiques qui rendent la musique disponible et d'excellente qualité améliorent la qualité de la vie. Ils oublient que les avantages techniques ne font pas l'expérience. Ils commettent l'erreur habituelle de confondre comportement et expérience vécue. Écouter de la musique enregistrée pendant toute une journée peut ne pas être plus gratifiant qu'une seule heure de concert en salle (surtout si ce concert a été longuement attendu). Ce n'est pas d'*entendre* qui améliore la qualité de la vie, mais d'*écouter*. Nous entendons de la « musak » dans les cabinets des dentistes et un peu partout, mais il est peu probable que cette musique procure l'expérience optimale. La trop grande accessibilité à la musique de qualité fait diminuer l'attention qu'on y porte et, par conséquent, réduit le plaisir qu'on peut en tirer. Avant l'avènement de l'enregistrement, les performances musicales provoquaient des réactions semblables à celles observées au temps où la musique faisait partie des rituels religieux. Même la fanfare du village – sans parler de l'orchestre symphonique – était un vivant rappel des aptitudes mystérieuses nécessaires à la production de sons harmonieux. Chacun attendait fiévreusement l'événement et y portait une grande attention parce que la performance en question n'allait pas se reproduire.

De nos jours, les concerts rock se caractérisent par un certain nombre de ces éléments rituels : rassemblement d'une grande foule, traitement de la même information (auditive) et partage des mêmes pensées et sentiments. La participation à pareil événement produit ce que Durkheim[13] appelait l'« effervescence collective », qui constitue, selon ce grand sociologue, les racines de l'expérience religieuse. Les conditions de la performance live facilitent la concentration sur la musique et rendent l'expérience optimale plus probable que lors de l'audition solitaire d'un morceau enregistré. Cependant, affirmer que la musique en concert est fondamentalement plus agréable que la musique enregistrée peut être un énoncé aussi faux que son contraire. N'importe quel son peut être source d'enchantement si l'on y prête l'attention convenable. Plus, le vieux sorcier Yaqui faisait remarquer à l'anthropologue californien Carlos Castaneda[14] que même l'écoute des intervalles entre les sons (les silences) peut être extrêmement plaisante.

L'écoute de la musique commence généralement par une expérience *sensorielle*. À ce stade, l'individu réagit aux caractéristiques des sons qui produisent des réactions plaisantes au niveau du système nerveux central. Nous réagissons aux vibrations de certaines cordes, à la plainte de la flûte ou à l'appel vigoureux des trompettes. Nous sommes particulièrement sensibles au rythme (si important dans le jazz et la musique rock), ce qui n'est pas sans éveiller, selon certains, le lointain souvenir des pulsations cardiaques de la mère lorsque nous étions en son sein.

Le deuxième niveau d'écoute relève du domaine de l'*affectivité*. À ce stade, l'individu développe l'aptitude à évoquer des images et des sentiments fondés sur la musique : ce passage lugubre du saxophone illustre l'inquiétude éprouvée devant l'amoncellement de nuages sombres au-dessus de la prairie, cette pièce de Tchaïkovski fait visualiser la troïka traversant la forêt avec le tintement des cloches, etc. La musique populaire exploite ce mode analogique à son maximum en suggérant des indices à l'auditeur pour l'aider à saisir l'humeur que la musique est censée évoquer ; dans bien des cas, la musique dite classique fait de même (on peut penser aux *Quatre Saisons* de Vivaldi, à la *Pastorale* de Beethoven et à *La Vltava* de Smetana, appelée aussi *La Moldau*).

Le stade le plus complexe de l'écoute est *analytique*. À ce niveau, l'attention porte sur les éléments structuraux de la musique au lieu des aspects sensoriels ou affectifs. L'écoute implique, ici, de reconnaître l'ordre sous-jacent (des structures) et de découvrir les moyens ou les façons de réaliser l'harmonie. L'auditeur (qui est un expert ou quelqu'un de bien informé) peut évaluer la performance, comparer la pièce avec d'autres (antérieures ou postérieures) du même compositeur ou d'un autre compositeur de la même époque et confronter l'interprétation de différents orchestres ou de différents chefs d'orchestre. Par exemple : « En quoi l'interprétation de la *Septième* de Beethoven enregistrée par von Karajan en 1975 diffère-t-elle de celle qu'il avait dirigée en 1963 ? » Ou : « Comment la direction de Dutoit (Montréal) se distingue-t-elle de celle de Karl Böhm (Zurich) ? » Avec pareilles aptitudes, la possibilité de connaître l'enchantement lors de l'écoute de la musique augmente d'une façon mathématique [15].

Le plaisir associé à la musique est encore bien plus grand pour celui qui peut faire de la musique. Des légendes antiques – Apollon, dont le pouvoir dépend de son talent à jouer de la lyre, Pan qui suscite la frénésie chez les auditeurs avec sa flûte et Orphée qui vainc la mort grâce à sa musique – témoignent d'une étroite connexion entre la capacité de créer l'harmonie avec les sons et une harmonie plus générale et plus abstraite qui sous-tend l'ordre social qu'on appelle civilisation. Conscient de ce lien, Platon [16] recommandait d'enseigner la musique aux enfants avant toute chose ; la découverte d'harmonies et de rythmes gracieux, pensait-il, devait favoriser l'ordre de la conscience. Pourtant, notre culture insiste peu sur l'importance des aptitudes musicales chez les enfants. Lorsqu'il y a des coupures à faire dans le budget des écoles, ce sont les cours de musique (ainsi que les cours d'art et d'éducation physique) qui sont éliminés. Même si les aptitudes en ces domaines peuvent grandement contribuer à l'amélioration de la qualité de la vie, elles sont considérées comme superflues dans le contexte éducatif actuel. Privés de toute éducation musicale, les enfants devenus adolescents investissent une énergie psychique considérable dans leur propre musique et se trouvent captifs d'une sous-culture qui leur fournit peu de possibilités de développer la complexité de la conscience.

Lorsque les enfants apprennent la musique surgit généralement le problème suivant : trop d'accent mis sur la performance et pas assez sur leur expérience vécue[17]. Souvent les parents poussent leurs enfants à exceller au violon sans vérifier si ceux-ci aiment jouer ; ils visent plutôt une carrière, des prix et finalement une grande salle de concert. Dans ces conditions, la musique est pervertie et devient source de désordre psychique. Les attentes parentales exagérées relatives à la *performance* créent un trop grand stress et peuvent même provoquer des problèmes graves de santé mentale. Lorin Hollander[18], un enfant prodige du piano, dont le père perfectionniste était premier violon dans l'orchestre de Toscanini, raconte qu'il vivait l'extase lorsqu'il jouait seul mais qu'il tremblait de terreur en présence de ses mentors trop exigeants. Devenu adolescent, ses doigts se sont figés durant un récital et sont restés ainsi pendant des années. Un certain mécanisme inconscient lui épargnait ainsi le tourment de la critique parentale. Plusieurs années plus tard, Hollander guérit de cette paralysie (psychiquement induite) et consacra une grande partie de son temps à aider les jeunes instrumentistes doués à prendre plaisir à la musique.

Même si l'apprentissage d'un instrument de musique se fait généralement très tôt, il n'est jamais trop tard pour commencer. Des professeurs de musique se spécialisent maintenant dans l'enseignement aux adultes et aux personnes âgées. Des personnes décident d'apprendre un instrument à la cinquantaine ; d'autres font partie d'un chœur, d'autres encore jouent dans un petit ensemble à cordes : autant de façons de vivre des expériences gratifiantes. La composition en est une autre, d'autant plus qu'elle est facilitée par l'ordinateur, qui permet d'écouter immédiatement l'orchestration créée. La production de sons harmonieux est non seulement une grande source d'enchantement, mais – comme la maîtrise d'autres aptitudes complexes – elle favorise aussi la croissance du soi.

Les plaisirs du goût

Gioacchino Rossini, le compositeur de *Guillaume Tell*, du *Barbier de Séville* et de bien d'autres opéras, avait une bonne connaissance de la relation entre la musique et la nourriture : « Ce que l'amour est au cœur, l'appétit l'est à l'estomac. L'estomac est le chef qui dirige et anime le grand orchestre des émotions.» Si la musique module nos humeurs, ainsi en est-il de la nourriture. Toute la gastronomie du monde est fondée sur cette idée.

Au cours des premiers siècles de l'histoire des États-Unis, la préparation des aliments s'est faite sans élaboration (contrairement à la France et à l'Italie, qui ont une longue tradition gastronomique). Il y a à peine vingt-cinq ans régnait encore l'attitude générale de s'empiffrer. Récemment est survenu un renversement si rapide et si radical que tous les excès gastronomiques sont maintenant permis. Les plaisirs du palais ont donné lieu à des rituels d'une nouvelle religion : l'apparition d'épiceries fines et de vins recherchés, de comptoirs d'aliments congelés exotiques, de revues spécialisées et de programmes de télévision. On trouve des restaurants de tous les pays, sans parler de la «cuisine fusion»; on est loin du simple hamburger d'antan.

Comme l'activité sexuelle, l'acte de manger est associé à un plaisir inscrit dans notre système nerveux. Les études menées avec l'ESM le révèlent que c'est à table que les gens se disent le plus détendus et le plus heureux [19] – même s'il manque certaines conditions de l'expérience optimale comme la grande concentration. Dans toutes les cultures, le simple processus d'ingestion de calories a été transformé, avec le temps, en un art qui procure plaisir et enchantement. La préparation de la nourriture a évolué au cours de l'histoire, comme les autres activités autotéliques. D'abord, les gens profitent des aliments disponibles dans l'environnement pour distinguer ensuite, avec de plus en plus de raffinement, les caractéristiques des substances comestibles. Ils découvrent que le sel conserve la viande, que les œufs facilitent l'enrobage et que l'ail ajoute de la saveur aux plats (en plus de son caractère médicinal). Plus tard, ils trouvent des combinaisons succulentes et établissent des règles qui donnent des styles de cuisine nombreux, augmentant ainsi les plaisirs de la table et permettant des expériences optimales variées.

Dans les temps anciens, la créativité culinaire et la gastronomie étaient limitées aux palais des princes (palais pris ici dans les deux sens du terme). En parlant de Cyrus le Grand, qui régnait en Perse il y a deux mille cinq cents ans, Xénophon [20] (430-355 avant J.-C.) écrit avec une touche d'exagération : «Les hommes venaient de

partout pour se mettre au service du roi de Perse. Dix mille servi-
teurs cherchaient pour lui les boissons les plus fines et confection-
naient les mets les plus délicats. » Cependant, les essais culinaires
n'ont pas toujours été réalisés au sein des classes dirigeantes seulement ; les paysannes de l'Europe de l'Est, par exemple, étaient
jugées « bonnes à marier » uniquement lorsqu'elles pouvaient cuisiner une soupe différente pour chaque jour de l'année.

De nos jours, malgré la popularité de la gastronomie, bien des
gens s'intéressent fort peu à ce qu'ils ingurgitent, ratant ainsi une
riche source de plaisirs. Pour transformer la nécessité biologique
en expérience optimale, il faut porter attention à ce que l'on mange ;
la culture du palais requiert l'investissement d'énergie psychique.
Ainsi, l'individu en arrive à distinguer les saveurs, à goûter avec
plaisir et, éventuellement, à faire non seulement une cuisine de
base, mais à concocter des mets de différentes régions du monde.
Comme pour les autres sources de plaisirs reliés au corps et aux
aptitudes physiques, la culture du goût produit l'expérience optimale si l'individu prend le contrôle de l'activité et le fait par motivation intrinsèque. Si quelqu'un joue au gourmet pour être à la
mode, le goût peut devenir amer, mais s'il s'intéresse à l'activité
de manger et de cuisiner dans un esprit de curiosité, de découverte
et d'aventure, il pourra explorer de multiples potentialités de la
gastronomie et éprouver de multiples plaisirs.

La recherche des délices culinaires comporte – comme la sexualité – ses dangers, ses possibilités d'abus. Ce n'est pas par hasard
si la luxure et la gourmandise font partie des « sept péchés capi-
taux ». Les Pères de l'Église avaient compris que la recherche exa-
gérée des plaisirs de la chair laissent peu d'énergie disponible pour
la réalisation d'autres buts. La méfiance des puritains à l'endroit
des plaisirs génétiquement programmés repose sur une crainte jus-
tifiée des abus possibles. Cependant, répression n'est pas vertu. Se
restreindre par peur rend rigide, défensif et nuit à l'accroissement
du soi. En revanche, la discipline librement choisie permet de profiter de la vie tout en restant à l'intérieur des limites de la raison. Si
l'individu apprend à maîtriser ses pulsions non pas parce qu'il *doit*
le faire, mais parce qu'il *veut* le faire, il pourra connaître plaisir et
enchantement sans tomber dans l'excès, sans devenir l'esclave

desdites pulsions. Un fanatique de la gastronomie est aussi détestable qu'un ascète qui se refuse tout.

Le corps, cet ensemble de cellules et d'organes, est un instrument merveilleux ; il est équipé de dispositifs multiples capables de traiter l'information et de nous mettre en relation avec l'environnement physique et social. L'usage de ces dispositifs – des modalités sensorielles, en particulier – fournit des sensations agréables qui résonnent dans tout l'organisme. Évidemment, une même personne ne peut acquérir toutes les aptitudes physiques et atteindre une haute complexité ou une grande expertise dans tous les domaines. Cependant, il est possible de devenir « dilettante » (dans le bon sens du mot) en développant un certain nombre de capacités pour, ainsi, profiter des délices que le corps peut offrir et atteindre l'expérience optimale dans ce domaine.

7

L'expérience optimale par l'esprit

Introduction

Les bonnes choses de la vie ne proviennent pas seulement des capacités sensorielles, mais aussi (et surtout) de notre habileté à penser et à traiter l'information. Sir Francis Bacon notait, il y a quatre cents ans, que l'étonnement – qui est la source de la connaissance – est le reflet de la plus pure forme du plaisir. Si l'expérience optimale peut surgir de n'importe quelle activité corporelle, elle peut survenir également avec n'importe quelle opération mentale.

On observe généralement que la lecture[1] compte parmi les activités intellectuelles les plus souvent mentionnées comme plaisantes. La solution de problèmes mentaux variés (énigme, casse-tête, mots croisés, charade, etc.) est l'une des plus vieilles formes d'activité agréable et stimulante ; ces jeux peuvent être considérés comme les précurseurs de la philosophie et de la science. La lecture de la notation musicale peut devenir, chez un expert, une expérience encore plus intense que l'audition d'une pièce ; l'interprétation imaginée devient plus parfaite que toute performance réelle. De même, un spécialiste en arts visuels déclare que ce qu'il apprécie dans une œuvre ne se limite aucunement à la peinture (à l'aspect visuel), mais inclut la « machine à penser » qui l'a produite avec l'ensemble des émotions, espoirs et idées du peintre de même qu'avec l'esprit de la culture et de l'époque auxquelles il appartient.

Dans le chapitre précédent, nous avons noté la dimension mentale de toute activité physique agréable. Nous pourrions presque affirmer que la distinction entre l'expérience optimale associée aux fonctions corporelles et celle rattachée aux processus intellectuels est fausse ou inutile puisque toute activité physique doit impliquer cet aspect mental pour être source d'enchantement. Les athlètes savent bien que, pour atteindre un haut niveau de performance, ils doivent discipliner leur esprit. De plus, la récompense intrinsèque liée à des performances remarquables comporte bien plus que le bien-être physique, à savoir un sens de la réalisation de soi et un sentiment d'estime de soi. À l'inverse, la plupart des activités mentales comportent une dimension physique. Les joueurs d'échecs, par exemple, pour conserver une grande concentration pendant de longues périodes, lors d'un tournoi, ont besoin d'un bon entraînement physique. La maîtrise de la conscience visée par le yoga s'obtient, comme nous l'avons vu, par un long travail sur le corps.

Cependant, même si l'expérience optimale implique l'usage des muscles et du système nerveux, d'une part, et la volonté, la pensée et les sentiments, d'autre part, il convient de distinguer des activités qui sont agréables parce qu'elles créent directement l'ordre dans la conscience plutôt que par l'intermédiaire des sensations corporelles. Ces activités sont *symboliques* par nature en ce qu'elles dépendent du langage ou d'autres systèmes de notation abstraits (comme les mathématiques ou les programmes informatiques) pour créer l'ordre dans l'esprit. Un système symbolique ressemble à un jeu en ce qu'il constitue une réalité séparée, un monde en soi, dans lequel quelqu'un peut poser des « actes » qui se limitent généralement à la manipulation des concepts. L'activité mentale procurera l'expérience optimale si les conditions requises sont présentes : des aptitudes dans le domaine et des défis qui y correspondent, un but et des règles, rétroaction et concentration.

En réalité, il n'est pas facile de faire régner l'ordre dans la conscience parce que son état normal est le chaos[2]. Sans entraînement ou sans objet externe qui soutienne l'attention, nous sommes incapables de nous concentrer sur une pensée plus de quelques minutes. Il est facile de le faire en présence de stimuli externes : regarder un film, conduire un véhicule dans une circulation intense, etc. Il en est de même lors de la lecture d'un roman excitant, mais, si ce n'est pas le cas, le lecteur perd sa concentration après quelque temps et doit faire un effort pour ramener son attention sur la page. Nous sommes peu conscients de notre faible maîtrise à l'égard de notre esprit parce que les habitudes canalisent si bien l'énergie psychique que les pensées semblent se succéder sans anicroche. Grâce à ces habitudes et aux prescriptions sociales qui structurent notre esprit, nous sommes du matin au soir sur «pilote automatique»; les journées s'écoulent et nous sommes très occupés. Mais lorsque nous nous trouvons seuls et que l'attention n'est pas sollicitée, le chaos revient; l'esprit vagabonde, suit des pensées aléatoires et s'arrête immanquablement sur des choses désagréables ou troublantes. L'entropie est l'état normal de la conscience et cette condition n'est ni utile ni agréable.

Dans le but de l'éviter, nous sommes naturellement enclins à remplir notre esprit de n'importe quelle information disponible. Cela explique en grande partie pourquoi nous consacrons autant de temps à la télé en dépit du fait que nous en tirons peu d'agrément. Pendant ce temps, les téléphages ne craignent pas que leur esprit s'enfonce dans des problèmes personnels. Le recours incessant à cette stratégie en vue de contrer l'entropie psychique crée une dépendance dont il est difficile de se libérer.

Pour éviter et prévenir le chaos, l'individu doit acquérir des habitudes lui permettant de reprendre ou de garder le contrôle des processus mentaux au lieu de les laisser gouverner par des stimulations externes (comme la télé). L'acquisition de telles habitudes requiert de l'exercice, un but et des règles (conditions inhérentes à l'expérience optimale). Par exemple, la rêverie diurne est une façon très simple d'utiliser son esprit. Elle consiste à se représenter mentalement certaines séquences d'événements. D'apparence facile, cette façon d'organiser sa pensée dépasse les capacités de bien des gens, selon l'opinion de Singer, qui a longuement étudié le phénomène. La rêverie diurne et l'imagerie mentale[3] peuvent favoriser l'équilibre émotif en contrebalançant, en imagination, une réalité déplaisante (un individu peut réduire sa colère contre quelqu'un qui lui a causé un préjudice en imaginant son agresseur puni) et peuvent aussi faciliter le choix d'une stratégie appropriée en imaginant comment pourrait se dérouler une situation problématique. Cette façon de faire accroît la complexité de la conscience, outre son caractère agréable.

Dans les parties suivantes du présent chapitre, nous verrons comment la mémoire peut jouer un rôle important dans la mise en ordre de la conscience et comment les mots peuvent favoriser l'expérience optimale. Ensuite, nous traiterons de trois systèmes symboliques susceptibles de créer l'enchantement : l'histoire, la science et la philosophie. Chacun de ces « jeux mentaux » est accessible à qui le veut bien.

La mémoire, mère de la science

Chez les Grecs de l'Antiquité, la mémoire était personnifiée par une déesse (Mnêmosunê) qui s'était unie à Zeus neuf nuits de suite et avait donné naissance aux Neuf Muses (représentant les arts et les sciences). La mémoire est l'aptitude mentale la plus ancienne, la source de toutes les autres, puisque, sans elle, nous ne pourrions suivre les règles qui rendent possibles les autres activités mentales. La logique et la poésie ne pourraient exister et les rudiments de la science devraient être redécouverts à chaque génération. La primauté de la mémoire vaut pour l'histoire des espèces car, avant la notation écrite, toute information apprise devait être transmise de la mémoire d'une personne à celle d'une autre ; elle vaut également pour l'histoire des individus dans la mesure où une personne sans mémoire se prive de la connaissance de ses expériences antérieures et est incapable de construire des modèles qui mettent l'esprit en ordre. Le grand cinéaste Buñuel a affirmé : « Une vie sans mémoire n'est pas une vie... Notre mémoire est notre cohérence, notre raison, notre sentiment et même notre action. Sans elle, nous ne sommes rien. »

Toutes les formes d'activités mentales agréables dépendent directement ou indirectement de la mémoire. L'histoire montre que la plus ancienne façon d'organiser l'information consiste à se rappeler ses ancêtres. Faire partie d'une lignée offre à l'individu son identité comme membre d'une tribu ou d'une famille. Ce n'est pas un hasard si l'Ancien Testament (spécialement dans les premiers livres) contient autant de généalogies. Dans les sociétés sans écriture, la connaissance et la récitation de la liste des ancêtres étaient une activité importante ; en plus de procurer l'enchantement, la connaissance et le rappel de ses origines sont un facteur d'ordre social. Comme pour les autres activités autotéliques mentionnées, celle consistant à se souvenir peut être source d'expérience optimale parce qu'elle comporte un but et, ainsi, apporte de l'ordre dans la conscience. De nos jours, la recherche des ancêtres a perdu toute signification pratique, mais un grand nombre de personnes s'y adonnent avec passion. Même se rappeler les moindres choses – une date, le nom d'une personne, où sont placées les clés – fait naître une étincelle de satisfaction.

La mémoire porte également sur un grand nombre de connaissances qui nous aident à contrôler l'environnement et à vivre : la liste des herbes et des fruits comestibles, les informations relatives à la santé, les manières de se comporter, les lois, les rudiments de la géographie, de la technologie, sans oublier les perles de la sagesse formulées en vers ou sous forme de proverbes. Avant l'invention de l'imprimerie (Gutenberg, 1434), la plupart des connaissances humaines étaient retenues et transmises sous forme de condensés qui ressemblaient aux « Chansons alphabétiques » que chantent maintenant les marionnettes de *Sesame Street*.

L'historien néerlandais J. Huizinga explique que les devinettes et les énigmes sont des précurseurs importants de la connaissance scientifique. Dans les cultures anciennes, les concours de ce genre étaient très prisés ; les compétitions entre experts (personnes âgées) anticipaient les règles de la logique et transmettaient un savoir utile aux plus jeunes ; certaines énigmes[4] étaient très difficiles et fort complexes. De toute évidence, la solution des énigmes ne dépend pas exclusivement de la mémoire puisqu'elle exige imagination, aptitude à résoudre des problèmes et, dans certains cas, connaissances spécialisées. Mais, sans une bonne mémoire, il est impossible de devenir maître « ès énigmes » ni même d'exercer une quelconque aptitude mentale.

De tout temps, une bonne mémoire a été considérée comme un talent très précieux. À soixante-dix ans, le grand-père de l'auteur récitait des passages de *L'Iliade* (ce poème de trois mille vers qu'il avait dû apprendre par cœur, en grec, pour obtenir son diplôme de niveau secondaire). Il le faisait avec fierté. Le rythme et les mots lui rappelaient sa jeunesse ; la poésie était, pour lui, une sorte de voyage à travers le temps. Pour les gens de sa génération, la connaissance était synonyme de mémorisation ; ce n'est que plus récemment que les livres sont devenus plus disponibles et que l'importance de la mémoire a décliné d'une façon spectaculaire. De nos jours, une bonne mémoire est considérée comme inutile sauf pour briller dans certains spectacles ou pour jouer au Trivial Pursuit. Pourtant, sans matériel stocké en mémoire, la vie de quiconque est sévèrement appauvrie.

En se fondant sur les résultats de recherches, les réformateurs scolaires d'il y a quelques décennies ont décrété que l'apprentissage « par cœur » n'était pas efficace pour acquérir et conserver l'information[5]. Aussi la mémorisation fut-elle exclue des écoles. Cette façon de voir peut se justifier s'il s'agit d'intégrer des savoirs pratiques (il vaut mieux apprendre à résoudre des problèmes). Mais, si le contrôle de la conscience revêt une certaine importance, l'apprentissage par cœur de structures d'informations complexes est loin d'être une perte de temps et d'effort. Une intelligence qui a du matériel à son service est beaucoup plus riche (mieux équipée) que celle qui en est dépourvue. On ne peut considérer que créativité et par cœur sont incompatibles. La plupart des grands scientifiques – même les plus novateurs – ont mémorisé de la musique, de la poésie et une foule d'informations dans divers domaines. Une personne qui a mémorisé beaucoup de choses – histoires, poèmes, statistiques relatives au football, formules chimiques, dates historiques, passages bibliques et citations variées – a un immense avantage par rapport à celle qui n'a pas cultivé cette aptitude. Cette personne peut assurer l'ordre de sa conscience sans l'aide de stimuli externes (télé, drogues, etc.) ; elle évite le chaos en faisant appel, au besoin, à l'information emmagasinée. Elle est autonome, son soi est bien équipé. De plus, elle est de fréquentation agréable ; elle agrémente la conversation et aide à maintenir l'ordre de la conscience de ceux avec qui elle interagit.

Comment valoriser et développer sa mémoire ? La façon la plus naturelle est de choisir un sujet qui vous intéresse vraiment (poésie, gastronomie, sport quelconque, histoire, etc.) et de commencer par porter votre attention aux personnages et aux faits impliqués. Le progrès dans le domaine choisi permet de sélectionner le matériel pertinent à retenir. La motivation est essentielle ici : vous n'*avez pas* à retenir un ensemble de faits, vous décidez de vous intéresser et vous *choisissez* de mémoriser l'information que vous jugez pertinente ; le contrôle est entre vos mains et c'est ainsi que la mémorisation pourra devenir un plaisir. Des informations ou des citations peuvent être copiées et relues régulièrement, en particulier lors des temps morts qui surviennent dans votre vie. L'individu entretient avec le matériel retenu un sentiment de propriété, de relation intime, et ce matériel est susceptible d'être évoqué avec grand plaisir[6]. Il est certain que certaines personnes deviennent désagréables et ennuyeuses lorsqu'elles cherchent à impressionner les autres avec leur savoir encyclopédique, mais ce n'est pas le cas de celles qui sont motivées intrinsèquement ; elles portent plutôt un réel intérêt au matériel choisi et maintiennent l'ordre dans leur conscience.

Les jeux de l'esprit

La mémoire n'est pas le seul outil capable de donner forme à ce qui survient dans l'esprit ; il y a d'autres systèmes qui ordonnent les contenus de la conscience et établissent des liens entre eux. Le système le plus simple consiste à donner un nom aux choses. En effet, les mots que nous inventons ou utilisons transforment un événement donné en catégorie universelle. Le pouvoir du verbe (en grec, *logos*) est immense[7]. Par exemple, dans les premières pages de la Genèse, Dieu nomme le jour, la nuit et toutes les choses après les avoir créées, complétant ainsi le processus de création. Les premiers mots de l'évangile de Jean y font écho : « Au commencement, était le Verbe (*logos*)… et le Verbe était Dieu. » Héraclite commence ainsi son ouvrage (aujourd'hui perdu) : « Ce Mot (*logos*) existe de toute éternité, mais l'homme le comprend si peu après l'avoir entendu… » Ces citations suggèrent l'importance des mots en vue de contrôler l'expérience vécue. Ils sont les pièces des systèmes symboliques ; ils rendent possible la pensée abstraite et augmentent la capacité de l'esprit[8] à emmagasiner les stimuli sur lesquels on porte son attention. Sans ces systèmes d'organisation de l'information, la mémoire la plus puissante sombrerait dans le chaos.

Outre les mots, nous disposons des nombres, des concepts et des règles de base pour les relier. Dès le VIᵉ siècle avant Jésus-Christ, Pythagore et ses disciples avaient entrepris l'immense tâche consistant à trouver les lois communes sous-jacentes à l'astronomie, à la géométrie, à la musique et à l'arithmétique. Évidemment, cette tâche se distinguait difficilement de la religion puisque cette dernière poursuit le même objectif : trouver une façon d'exprimer la structure de l'univers. Deux mille ans plus tard, Kepler et Newton travaillaient encore sur ce problème. La réflexion théorique n'a jamais perdu le caractère excitant des anciennes énigmes. Par exemple, au IVᵉ siècle avant Jésus-Christ, Archytas, philosophe et commandant de la cité-État de Tarente (au sud de l'Italie), démontrait que l'univers n'avait pas de limites en disant que si quelqu'un parvenait aux frontières de l'univers et lançait un bâton celui-ci serait projeté dans l'espace. Ce raisonnement peut sembler primitif, mais Einstein ne faisait-il pas la même chose pour comprendre la relativité, lorsqu'il imaginait des horloges vues de trains circulant à différentes vitesses ?

Au cours des siècles, les civilisations ont développé des règles systématiques en vue d'organiser l'information ; ces règles et formules ont permis de décrire le mouvement des étoiles, de prédire le cycle des saisons, de dessiner la carte de la Terre et ont donné la science expérimentale. Il est important de noter que la philosophie et la science – ces fleurons de l'esprit humain – ont été inventées et se sont développées parce que les humains aiment penser. Si ce n'était pas le cas, il est peu probable que les disciplines que nous connaissons aujourd'hui existeraient. Selon le matérialisme historique[9], la pensée humaine serait déterminée par les conditions matérielles dans lesquelles vivent les gens. Par exemple, le développement de l'arithmétique et de la géométrie s'expliquerait exclusivement par la nécessité de connaître le déplacement des astres (pour naviguer) ou par celle de mettre au point des techniques d'irrigation pour que survivent les civilisations dites « hydrauliques » situées près des grands fleuves (le Tigre, l'Euphrate, l'Indus, le Yangzi Jiang et le Nil). Selon les tenants de cette approche, les progrès seraient le produit de forces extrinsèques : guerres, pressions démographiques, ambitions territoriales ou luttes pour la suprématie. Ces forces externes ont certainement été des moteurs puissants dans la *sélection* des idées disponibles mais ne peuvent expliquer leur *production*. Par exemple, il est vrai que l'application des connaissances relatives à l'énergie atomique a été accélérée par la confrontation Allemagne-Alliés lors de la Seconde Guerre mondiale, mais toutes les connaissances à la base de la fusion nucléaire doivent peu à la guerre et probablement plus aux discussions amicales entre Niels Bohr et ses collègues dans une brasserie de Copenhague.

Les grands penseurs ont toujours été motivés beaucoup plus par les joies de l'esprit que par les récompenses matérielles. On raconte que Démocrite, l'un des plus grands esprits de l'Antiquité, était hautement respecté par ses concitoyens mais qu'il les inquiétait en même temps. Le voyant assis pendant des jours, immergé dans ses pensées, ils le croyaient malade et mandèrent Hippocrate auprès de lui. Ce dernier, homme sage autant que grand médecin, discuta avec le philosophe des absurdités de la vie et rassura les gens en leur disant qu'il était en parfaite santé : il n'avait aucunement perdu l'esprit, mais il était perdu dans le flot de ses pensées. Les fragments qui nous restent de Démocrite témoignent de l'enchantement qu'il éprouvait dans la réflexion : « Le bonheur ne se trouve pas dans la puissance et l'argent, mais dans la rectitude et la complexité » ; « J'aimerais mieux découvrir une seule vraie cause que de gagner le royaume de Perse. » Voilà un homme qui avait certainement appris à maîtriser sa conscience et connaissait l'expérience optimale dans la réflexion.

Bien souvent, les philosophes sont considérés comme « distraits », ce qui ne signifie pas qu'ils ont perdu l'esprit, mais plutôt qu'ils se sont temporairement coupés de la réalité quotidienne pour s'adonner à leurs réflexions dans leur domaine de prédilection. On raconte que Kant (1724-1804) aurait jeté sa montre dans l'eau bouillante au lieu de l'œuf qu'il tenait dans l'autre main ; son attention était sans doute complètement fixée sur quelque pensée et ne s'intéressait nullement aux contingences du monde concret. Il semble donc évident que les jeux de l'esprit sont extrêmement gratifiants. L'émergence d'une nouvelle idée est source d'enchantement. L'expérience optimale par l'esprit est disponible à tous. La personne qui se familiarise avec les conventions d'un domaine – poésie, calcul, etc. – peut devenir indépendante de la stimulation externe ; elle peut générer et organiser un train de pensées indépendamment de ce qui arrive dans la réalité extérieure. Une personne qui maîtrise un système symbolique a élaboré, à l'intérieur de son esprit, un monde « portatif ».

Il semble que la maîtrise d'un système symbolique peut sauver la vie d'un individu ou d'un groupe. C'est ainsi qu'on explique le fait que l'Islande, par exemple, compte le plus grand nombre de poètes *per capita* au monde. L'apprentissage et la récitation des sagas sont devenus pour eux des moyens de conserver l'ordre dans leur conscience dans un environnement hostile. Depuis des siècles, les Islandais ont conservé et ont ajouté des vers aux épopées racontant les hauts faits de leurs ancêtres. Isolés dans leur longue nuit d'hiver, ils chantent leurs poèmes groupés auprès du feu pendant que les vents de l'Arctique hurlent à l'extérieur. S'ils avaient passé tout ce temps à écouter les sifflements du vent en silence, leur esprit se serait sans doute rempli de terreur et de désespoir. En revanche, en récitant leurs vers cadencés, ils ont maîtrisé le cours de leur existence et ont gardé le contrôle sur leur expérience vécue. Dans quelle mesure les sagas ont-elles aidé les Islandais à survivre ? Il n'y a pas de réponse certaine à cette question.

D'autres personnes ont connu des conditions extrêmes, celles d'un camp de concentration, par exemple. Chez elles, l'usage d'un système symbolique interne est devenu une source de salut. Dans ces conditions de privation extrême, des poètes, des mathématiciens, des musiciens, des psychologues, des historiens ont survécu et ont conservé leur santé mentale au milieu du chaos extérieur[10]. Nous espérons tous ne pas avoir besoin de nos aptitudes intellectuelles pour survivre dans pareilles conditions, néanmoins, ces aptitudes peuvent être fort utiles dans notre vie habituelle. Sans elles, les gens peuvent être captifs des médias, des démagogues ou des exploiteurs de toutes sortes. Sans la capacité de pourvoir à sa propre information, sans son système symbolique portatif, l'esprit sombre facilement dans le chaos.

L'usage des mots

Comment maîtriser un système symbolique? Cela dépend, évidemment, du domaine que l'on veut explorer. Nous avons vu que l'usage des mots était une affaire très ancienne, mais il offre encore aujourd'hui des possibilités nombreuses d'expérience optimale à divers niveaux de complexité. Un premier jeu facile mais stimulant est celui des mots croisés, passe-temps populaire qui ressemble aux anciennes énigmes. Il est peu coûteux et portatif, il présente des défis gradués et la solution produit un sens de l'ordre agréable et un sentiment d'accomplissement gratifiant. Non seulement il occupe l'esprit, mais il offre des possibilités d'expérience optimale à ceux qui attendent à l'aéroport, qui voyagent en train ou qui veulent passer le temps le dimanche matin. S'il est intéressant de faire les mots croisés du journal, il est beaucoup plus stimulant d'en *inventer* soi-même, devenant ainsi indépendant des stimuli externes ou des grilles imposées par un autre. Ce n'est pas si difficile et, avec un peu d'entraînement et un certain investissement d'énergie psychique, il devient possible de connaître un enchantement plus grand.

Un autre usage des mots susceptible d'améliorer la qualité de la vie est l'art perdu de la conversation. Les idéologies utilitaristes des deux derniers siècles ont convaincu les gens que la parole doit transmettre une information utile. Ils valorisent donc la communication concise et précise qui contient des connaissances pratiques, mais ils sont devenus peu enclins ou incapables de parler de sujets hors de leurs champs de spécialisation. Bien peu de gens partageraient l'enthousiasme du calife Ali, qui écrivait : «Une conversation subtile, c'est le jardin d'Éden.» En ne réduisant pas la conversation à son caractère utilitaire, il devient possible d'améliorer grandement la qualité de l'expérience vécue.

Berger et Luckmann[11], deux grands spécialistes de la sociologie phénoménologique, ont expliqué que le sens de l'univers dans lequel nous vivons était maintenu par la conversation. Lorsque je dis à une connaissance : «Belle journée, n'est-ce pas?» je ne transmets pas une information météorologique (elle le sait aussi bien que moi), mais je réalise plusieurs buts non formulés : je reconnais son existence, j'exprime mon désir d'être amical, je réaffirme l'une des règles de base de l'interaction dans notre culture (parler de température est une manière commode et sans danger d'établir un contact) et, enfin, je valorise un trait partagé par tous en disant que la journée est « belle ». Ma remarque inoffensive est un message qui aide mon interlocuteur à conserver l'équilibre et la paix de l'esprit. Sa réponse : « Oui, c'est bien » contribuera à maintenir l'ordre dans mon esprit. Berger et Luckmann affirment que, sans la reformulation constante de l'évidence, les gens se mettraient à douter de la réalité du monde dans lequel ils vivent. Les énoncés superficiels que nous échangeons et les futilités qui fusent à la radio et à la télé sont rassurants : ils confirment que tout va bien, que les conditions habituelles se maintiennent. Malheureusement, les conversations s'arrêtent souvent là. Mais, lorsque les mots sont bien choisis et bien ordonnés, ils génèrent de l'agrément chez la personne qui écoute. Ce n'est pas seulement pour des raisons utilitaires que la richesse du vocabulaire et la fluidité verbale sont parmi les qualités les plus importantes pour le succès en affaires. La bonne conversation enrichit les interactions et contribue à une meilleure qualité de vie. C'est une aptitude que tous peuvent apprendre et cultiver.

L'initiation au jeu de mots peut faire découvrir tout le potentiel des mots et le plaisir qu'il est possible d'en tirer. Les calembours, les doubles sens qui semblent peu sophistiqués aux adultes peuvent fournir un bon terrain d'entraînement pour la maîtrise du langage. Par exemple, l'adulte qui simule une mauvaise compréhension d'une phrase parce qu'il interprète un mot dans son deuxième sens peut amuser l'enfant tout en lui apprenant que le mot en question peut avoir deux sens. Jouer avec le sens des mots [12], changer de cadre de référence, tromper les attentes sont des façons de faire qui désarçonnent un jeune interlocuteur mais lui apprennent les subtilités de la langue et l'initient aux plaisirs de la conversation.

Comme nous l'avons mentionné antérieurement, la poésie représente un usage du langage fort créatif. Elle donne forme à la conscience parce qu'elle transmet les expériences d'une façon condensée et transformée. La lecture de la poésie est à l'esprit ce que l'exercice physique est au corps. Il n'est pas nécessaire que ce soit de la « grande » poésie ; il n'est pas nécessaire d'en lire beaucoup, mais quelques vers ouvrent une fenêtre sur un monde nouveau et font démarrer l'esprit. Ici aussi, il y a lieu d'essayer d'apprendre à composer soi-même au lieu de demeurer un consommateur passif. Le poète et réformateur social Kenneth Koch[13] a démontré que des enfants des ghettos et des femmes âgées peu instruites étaient capables d'écrire de la poésie belle et touchante avec un minimum de pratique. Il est évident que l'acquisition de cette aptitude a fourni une expérience très positive à ces personnes, mais elle a également amélioré leur qualité de vie et accru leur estime d'elles-mêmes.

La lecture et l'écriture de la prose produisent des bénéfices semblables à ceux de la poésie. L'écriture est négligée et dévalorisée de nos jours parce que les techniques de communication – téléphone, télécopieur, ordinateur – sont très efficaces pour *transmettre* l'information. Cependant, ce qu'il faut souligner, c'est que l'écrivain *crée* de l'information. Autrefois, les personnes instruites traduisaient leurs expériences vécues en mots grâce au journal intime et à la correspondance; ce faisant, elles pouvaient réfléchir sur ce qui leur arrivait, elles mettaient de l'ordre dans leur conscience. De nos jours, les poètes et les écrivains amateurs ont cédé la place aux professionnels qui gagnent leur vie par l'écriture. Écrire sans rémunération est considéré comme une perte de temps. Même si les écrivains de grand talent méritent l'opulence et la renommée, il n'est pas moins important d'écrire pour des raisons intrinsèques. Cette activité donne à l'esprit une discipline dans l'expression, constitue un dossier des événements et expériences vécues (qui, autrement, seraient oubliés), permet d'analyser et de comprendre son vécu et, enfin, peut s'avérer une source abondante d'expériences optimales.

On entend dire que les écrivains et poètes souffrent souvent de symptômes sévères de dépression ou d'autres désordres affectifs[14]. Peut-être sont-ils devenus écrivains pour combattre l'entropie psychique qui les menaçait sérieusement, l'écriture devenant pour eux une forme de thérapie qui leur a permis de vaincre la confusion de leurs affects. Il est possible que des auteurs ne puissent vivre l'expérience optimale autrement qu'en créant des mondes de mots. Ici non plus, il ne faudrait pas réduire toute écriture à un mécanisme de défense, comme nous l'avons mentionné antérieurement pour d'autres activités. Cependant, il faut admettre que l'écriture peut aussi devenir une forme de dépendance. L'individu qui se lance à fond dans l'écriture et ne peut trouver d'expériences positives ailleurs limite l'éventail de ses possibilités. L'écriture aide à contrôler l'esprit, il ne faut pas se laisser contrôler par elle.

La familiarité avec l'histoire

Si Mémoire est mère de la culture, sa fille aînée, Clio, est la patronne de l'histoire, responsable du compte-rendu ordonné des événements passés. Même si l'histoire n'a pas les règles claires qui rendent les autres activités mentales (comme la logique, la poésie, la mathématique) si agréables, elle se caractérise par une structure indiscutable établie par la succession irréversible des événements dans le temps. L'observation, l'enregistrement et la conservation en mémoire des événements grands et petits sont des façons anciennes et satisfaisantes de mettre de l'ordre dans la conscience.

En un certain sens, chaque individu est l'historien de sa propre existence[15]. Le poids émotionnel des souvenirs d'enfance détermine en grande partie le type d'adulte que nous serons de même que le mode de fonctionnement de notre esprit. La psychanalyse constitue justement une tentative d'envergure visant à mettre de l'ordre dans l'histoire (parfois dénaturée) de l'enfance. Cette mise en ordre de son passé n'est pas moins importante lors de la vieillesse, période au cours de laquelle, selon Erik Erikson, l'individu a pour tâche de réaliser l'« intégrité »[16]. L'harmonieux assemblage de ce que l'individu a accompli et de ses échecs au cours de sa vie devrait donner lieu à une histoire qui a du sens et qu'il considère comme sienne. Ce rappel du passé n'est pas seulement nécessaire à la création et à la préservation de son identité, il peut devenir un processus fort agréable. N'est-ce pas pour cette raison que l'on écrit un journal intime, que l'on fait des albums, que l'on prend des photographies et collectionnons des souvenirs que nous accrochons dans la maison, celle-ci devenant un « musée[17] » de la vie de la famille ? Ainsi, cette peinture dans le salon est importante parce qu'elle fut achetée lors du voyage de noces, le tapis à l'entrée est un cadeau de grand-maman et le vieux divan a servi lors de l'allaitement des enfants.

147

Un bon dossier du passé peut fortement contribuer à l'amélioration de la qualité de la vie. Il nous libère de la tyrannie du présent et donne la possibilité à la conscience d'y revenir au besoin. Il rend possibles la sélection et la conservation d'événements plaisants et significatifs et permet ainsi de reconstituer ou de « créer » un passé qui aide à affronter le futur. De toute évidence, un passé reconstitué n'est pas littéralement vrai (il ne peut l'être), mais il doit être continuellement révisé, en gardant le contrôle sur ce processus de révision au lieu d'être contrôlé par lui.

Nous n'avons pas tendance à nous considérer comme des historiens amateurs, mais, lorsque nous prenons conscience que l'ordonnancement des événements dans le temps est une nécessité chez tout être conscient, et que cela peut même être agréable, nous pouvons alors faire un meilleur travail. La pratique de l'histoire peut procurer l'expérience optimale de plusieurs façons : écrire son propre journal, faire la chronique de la famille, s'intéresser à son groupe social ou ethnique, connaître l'histoire de sa ville ou se spécialiser sur un thème particulier, comme cet ami de l'Ouest canadien qui est devenu un spécialiste de l'« architecture industrielle » (scieries, forges, anciennes gares, etc.). Trop souvent, l'histoire se réduit à une matière scolaire, à une liste de dates à apprendre. Vue de cette façon, c'est une activité imposée qui n'apporte aucune joie. Mais lorsqu'une personne décide par elle-même, choisit des aspects précis, se concentre sur les sources pertinentes, recueille les détails significatifs et trouve son style personnel, sa manière de faire de l'histoire, elle connaîtra une expérience tout à fait savoureuse.

Les délices de la science

Si nous pouvons devenir un historien amateur, pouvons-nous également devenir un scientifique amateur ? La question se pose puisqu'on répète souvent que la science est une activité hautement institutionnalisée et qu'elle se fait dans les « grandes ligues » : laboratoires très équipés, budgets considérables, équipes imposantes. Si le but est de gagner le prix Nobel ou d'obtenir la reconnaissance des collègues dans l'arène compétitive d'une discipline, il faut adopter cette façon spécialisée et coûteuse de pratiquer la science.

Pourtant, ce modèle onéreux de type de travail à la chaîne n'est pas une description appropriée de ce qui fait le succès de la science. Il n'est pas vrai, en dépit de ce qu'en disent les technocrates dans ce domaine, que les percées dans la science proviennent exclusivement d'équipes où chaque chercheur est spécialisé dans un champ très étroit et dispose d'équipements supersophistiqués ; il n'est pas vrai que les grandes découvertes sont faites seulement dans les centres recevant les subventions les plus importantes. Ces conditions peuvent aider à vérifier les nouvelles théories, mais elles ne font pas nécessairement germer les idées les plus brillantes. Les vraies découvertes viennent plutôt de personnes qui aiment jongler avec les idées et explorer des territoires inconnus.

Même la science « ordinaire » (en comparaison avec la science créative ou « révolutionnaire ») n'existerait probablement pas si elle ne procurait pas l'enchantement à ceux qui y travaillent. Dans son ouvrage classique, *La Structure des révolutions scientifiques*, Thomas Kuhn[18] suggère quelques raisons qui rendent la science si fascinante : « En concentrant l'attention sur un domaine limité de problèmes ésotériques, le paradigme [ou l'approche théorique] force les scientifiques à explorer une partie de la nature en détail et en profondeur, ce qui serait inimaginable autrement. » Cette concentration est rendue possible par des « règles qui limitent à la fois la nature des solutions recevables et les étapes grâce auxquelles elles sont obtenues ». De plus, Kuhn affirme qu'un scientifique qui s'engage dans la science « normale » n'est pas motivé par l'espoir de transformer la connaissance, de trouver la vérité ou d'améliorer les conditions de vie. « Ce qui le stimule, c'est la conviction que, s'il est suffisamment compétent, il résoudra une difficulté que personne n'avait résolue avant lui ou que personne n'avait résolue aussi bien. » Il ajoute enfin que la fascination pour la recherche normale réside moins dans le résultat anticipé que dans la démarche incertaine pour y arriver. « Celui qui réussit se prouve à lui-même qu'il est apte à solutionner des problèmes et c'est ce qui le motive. » Le physicien Dirac, qui a décrit le développement de la mécanique quantique, déclarait en 1920 : « C'était un jeu, un jeu très intéressant. » Ces commentaires ressemblent aux témoignages des alpinistes, des navigateurs, des joueurs d'échecs et de ceux qui s'intéressent aux énigmes lorsqu'ils décrivent l'expérience optimale qu'ils vivent dans leurs domaines respectifs.

Si les chercheurs « ordinaires » sont motivés par les défis intellectuels qu'ils affrontent, les scientifiques « révolutionnaires » – ceux qui remplacent les paradigmes existants par des nouveaux – sont encore plus attirés par l'enchantement que procure la science. L'exemple de l'astrophysicien Chandrasekhar est particulièrement intéressant. C'est sur le lent bateau qui le conduisit de Calcutta à l'Angleterre (en 1933, alors qu'il était encore jeune) qu'il écrivit un modèle de l'évolution stellaire devenu plus tard la base de la théorie des trous noirs. Ses idées étaient si étranges qu'elles mirent du temps à être acceptées par la communauté scientifique. Entretemps, il fut engagé à l'université de Chicago et continua ses recherches dans une relative obscurité. On raconte qu'en 1950 il travaillait à l'observatoire de l'université à William Bay, Wisconsin (à quatre-vingt-dix kilomètres du campus) et que, pendant l'hiver, il parcourait les routes de campagne deux fois par semaine pour donner son cours à deux étudiants seulement ! Quelques années plus tard, ces deux étudiants obtinrent à tour de rôle le prix Nobel de physique. Quant à Chandrasekhar, il obtint le Nobel en 1983.

C'est souvent dans des circonstances surprenantes – et parfois peu facilitantes – que de grands esprits amoureux des idées ont fait des percées importantes[19]. Les deux protagonistes de découvertes étonnantes en superconductivité, K. A. Muller et J. G. Bednorz, travaillaient dans un laboratoire très ordinaire d'IBM à Zurich (Suisse). Pendant des années, ils ne révélèrent à personne l'objet de leur recherche non par crainte d'être volés, mais par peur du ridicule. Ils ont reçu le prix Nobel de physique en 1987. Tonegawa, qui reçut le prix Nobel de biologie (1987), est, selon son épouse, « quelqu'un qui fait les choses à sa façon » ; il travaille seul et préfère les sports individuels, comme la lutte sumo. Il semble bien que les grandes découvertes dépendent moins d'équipements sophistiqués et de grandes équipes que des ressources d'un seul esprit qui prend plaisir à ce qu'il fait.

Ce qui nous intéresse ici est moins la « grande science » que celle pratiquée en amateur ou en dilettante : le délice que des gens ordinaires connaissent en examinant un phénomène naturel et en découvrant ses lois. Pendant des siècles, ceux que nous considérons maintenant comme de grands scientifiques ont pratiqué la science comme un passe-temps qui les fascinait : Copernic (1473-1543) a élaboré sa description du mouvement planétaire pendant qu'il était chanoine à la cathédrale de Frauenburg ; Galilée (1564-1642) s'est amusé, entre autres, à réaliser des expérimentations parfois dangereuses en vue de situer le centre de gravité d'objets solides alors qu'il avait une formation en médecine ; Newton (1642-1727) effectua ses découvertes majeures après avoir reçu son baccalauréat à Cambridge, en 1665, au moment où l'université était fermée à cause de la peste. Il remplit ces deux années en jouant avec ses idées sur la gravitation universelle ; Lavoisier (1743-1794), le fondateur de la chimie moderne, était fonctionnaire à la Ferme générale de France et effectuait ses expériences fascinantes en dehors de son travail ; Galvani (1737-1798), connu pour ses découvertes sur la conductivité électrique des muscles et des nerfs, a pratiqué la médecine toute sa vie ; Mendel (1822-1884) était un moine qui a réalisé ses expérimentations sur la génétique en s'occupant de son passe-temps favori, le jardinage. Michelson, le premier Américain à gagner un prix Nobel en science (1907) pour ses travaux sur la mesure de la vitesse de la lumière, n'avait pas d'autres raisons à donner que celle-ci : « C'était tellement intéressant. » Enfin, Einstein écrivit ses articles les plus importants sur la relativité pendant qu'il était ingénieur à l'Office des brevets de la Suisse (entre 1902 et 1905). Tous ces grands scientifiques et bien d'autres n'étaient pas des « professionnels » dans leur domaine ; ils nous ont fait profiter des fruits de leur génie parce qu'ils étaient passionnés par le travail de l'esprit.

La situation est-elle différente de nos jours ? Il semble bien qu'un amateur – sans doctorat, sans équipe et sans budget – a peu de chances de faire progresser la recherche dans des domaines comme la superconductivité et la spectroscopie nucléaire à résonance magnétique. Cependant, la science n'est pas que cela. Le schème mental fondamental qui rend la science passionnante est accessible à tous. Il implique la curiosité, l'observation attentive, l'enregistrement discipliné des données de même qu'une façon de faire ressortir les associations sous-jacentes au phénomène étudié. À cela s'ajoutent l'humilité nécessaire pour apprendre les résultats de nos devanciers, un certain scepticisme, l'ouverture d'esprit et assez de détachement pour rejeter une croyance ou une idée qui ne sont pas confirmées par les faits.

Définie de cette façon, la science a beaucoup plus d'adeptes[20] qu'on ne pourrait le croire. Certains s'intéressent au domaine de la santé et collectent l'information sur une maladie qui les menace, eux ou leur famille ; d'autres se passionnent, comme Mendel, pour les croisements d'animaux domestiques ou la création de nouvelles fleurs hybrides ; d'autres refont les observations des astronomes anciens avec leur télescope installé sur le toit ; d'autres font des excursions dans des coins reculés à la recherche de minéraux ou de spécimens de cactus rares ; enfin, des milliers d'individus ont développé leurs aptitudes en mécanique à un point tel qu'ils sont parfois très près d'une véritable compréhension scientifique. Qu'est-ce qui pousse ces gens, qui ne deviendront jamais des chercheurs « professionnels » et dont le passe-temps est rarement pris au sérieux ? C'est, semble-t-il, parce que la science, comme bien d'autres activités, apporte de l'ordre dans la conscience, qu'elle est passionnante et contribue à la qualité de la vie.

L'amour de la sagesse

Philosophie signifie « amour de la sagesse ». Certains y consacrent leur vie pour cette raison. Les philosophes professionnels se reconnaîtraient peu dans cette définition, eux qui sont spécialistes du déconstructionnisme, de la logique positiviste, de l'épistémologie, de l'existentialisme ou de la première période de Kant. C'est le destin commun à bien des institutions humaines de débuter comme une réaction authentique à un problème fondamental et d'en arriver, après quelques générations, à se limiter aux problèmes particuliers de l'institution elle-même, oubliant ainsi le but originel. Par exemple, les nations ont créé des forces militaires comme moyen de défense contre des ennemis potentiels. Rapidement, l'armée développe ses propres besoins et ses propres politiques de sorte que le meilleur soldat n'est pas nécessairement celui qui défend le mieux son pays, mais celui qui obtient le plus d'argent pour son institution.

Les philosophes amateurs, contrairement aux professionnels des universités, n'ont pas à se soucier des querelles d'écoles, des politiques éditoriales des revues scientifiques ni de la jalousie entre collègues ; ils peuvent concentrer leur esprit sur les questions fondamentales. La définition et le choix de ces questions sont les premières tâches du philosophe amateur : s'intéresse-t-il aux idées sur l'« être », le « bon » ou le « beau » ? Comme dans tous les domaines du savoir, l'apprenti doit d'abord choisir son domaine puis apprendre ce que d'autres ont pensé en la matière. La conversation, l'écoute sélective et surtout la lecture amèneront le candidat à ce qu'on appelle l'« état de la question ».

Ici encore, il faut insister sur l'importance du contrôle de son apprentissage et de sa démarche à partir du début. Si l'individu se sent obligé de lire tel livre ou de suivre tel cours, l'apprentissage tourne à vide et le plaisir s'envole. Si la décision de suivre le même chemin vient de l'intérieur, émerge de la démarche elle-même, l'apprentissage se fera relativement sans effort et avec joie. Avec les progrès dans le domaine, les questions se précisent et la spécialisation s'impose d'elle-même : l'un s'intéressera à l'ontologie et lira Wolff, Kant, Husserl et Heidegger ; l'autre choisira l'éthique avec Aristote, Thomas d'Aquin, Spinoza et Nietzsche, un autre se dirigera vers l'esthétique en fréquentant Baumgarten, Croce, Santayana, Collingwood. Si la spécialisation est nécessaire en vue de développer la complexité d'un ensemble d'idées, sa raison d'être ne doit pas être oubliée : la spécialisation a pour objectif de mieux penser, elle n'est pas une fin en soi.

En philosophie, comme dans les autres disciplines, l'individu peut passer de l'état de consommateur à celui de producteur (de penseur actif). Si quelqu'un écrit avec l'attente qu'un jour il sera lu avec respect par la postérité, il risque fort d'être déçu de sa folle présomption, mais, s'il note ses idées en essayant de clarifier les questions qui surgissent et de donner sens à sa propre expérience, alors, l'amateur philosophe tirera un grand profit et une joie immense à réaliser cette tâche difficile, mais gratifiante.

Un apprentissage incessant

L'objectif de ce chapitre était de faire état des multiples façons selon lesquelles l'activité mentale procure l'enchantement. Nous avons vu que l'esprit offrait au moins autant de possibilités d'action que le corps. De même que l'usage des membres et des sens est disponible à tous indépendamment du sexe, de l'ethnie, de l'éducation ou de la classe sociale, ainsi en est-il de l'usage de la mémoire, du langage, de la logique et des règles de la causalité qui sont à la disposition de ceux qui désirent prendre le contrôle de leur esprit.

Beaucoup de gens cessent d'apprendre en quittant l'école parce que douze ou vingt ans d'éducation extrinsèquement motivée a laissé un goût amer. Leur attention a été manipulée ou contrôlée par les professeurs et les manuels et ils considèrent le baccalauréat comme le début de la liberté. Malheureusement, la personne qui renonce à l'usage de ses capacités symboliques ne sera jamais vraiment libre. Sa pensée sera dirigée par les opinions des autres : voisins, journalistes, ou publicitaires ; elle est à la merci des « experts ». Idéalement, l'éducation motivée extrinsèquement devrait servir de point de départ à un incessant apprentissage[21] motivé intrinsèquement qui ne vise ni diplôme ni emploi, mais plutôt la compréhension de ce qui arrive autour de soi et en soi. C'est cette activité intellectuelle qui procure tant de joie au penseur et cela tout au long de la vie. Cette expérience intense d'un disciple de Socrate est bien décrite par Platon dans le *Philèbe* :

> « Le jeune homme qui a bu à cette source pour la première fois est heureux comme s'il avait trouvé un trésor de sagesse ; il est véritablement emballé. Il essaiera toutes sortes d'activités intellectuelles : ramasser ses idées pour les mettre ensemble et en faire une seule ou les prendre et les tailler en pièces. Il va se poser des questions à lui-même puis s'adresser aux autres, importunant qui vient à lui, jeune ou vieux, n'épargnant même pas ses parents ni personne disposé à l'écouter… »

Après vingt-quatre siècles, on ne saurait mieux décrire ce qui se produit lorsqu'une personne découvre l'expérience optimale procurée par l'esprit.

8

Le paradoxe travail-loisirs

Introduction

Nos lointains ancêtres passaient la majeure partie de leur temps à la conversation, au repas, à la danse et ne consacraient que trois à cinq heures par jour au travail (nourriture, abris, vêtements et fabrication d'instruments). Lors de la révolution industrielle (il y a environ deux cents ans), les adultes et même les enfants devaient travailler douze heures par jour (six jours par semaine) dans les manufactures ou les mines. De nos jours, les gens consacrent le tiers de leur temps disponible au travail. Le travail est une expérience étrange : il procure des moments de satisfaction intense, il donne de la fierté et contribue à l'élaboration de l'identité. Mais, au travail, les gens disent qu'ils souhaiteraient être ailleurs. Devant les résultats complexes obtenus dans des enquêtes, deux chercheurs allemands[1] en arrivent à des conclusions opposées : Noelle-Newmann est frappée par les aspects positifs du travail et conclut : « le travail rend heureux » ; Strumpel retient plutôt la préférence pour les loisirs et conclut : « le travail rend malheureux ». Un proverbe italien illustre ironiquement la variété des expériences vécues au travail : « Le travail donne à l'homme la noblesse et le rend semblable à la bête. »

Le travail est si universel, si important et si varié qu'il exerce un grand poids sur la qualité de la vie ; il engendre l'enchantement ou son contraire, selon ce qu'on en fait. Thomas Carlyle[2] a écrit :

155

« Béni soit celui qui a trouvé son travail ; ne le laissez pas demander autre chose. » De même, Freud, à qui on demandait la recette du bonheur, répondit par ces simples mots : « Travail et amour. » Dans le chapitre suivant, nous aborderons la question de la relation aux autres (et de la solitude) ; dans celui-ci, nous traitons de l'expérience complexe du travail et des loisirs.

Puni pour son orgueil, Adam est chassé du paradis terrestre et condamné à travailler à la sueur de son front. Ce passage de la Genèse (III, 17) reflète comment la plupart des cultures conçoivent le travail – quelque chose à éviter. Il est vrai qu'il faut une grande quantité d'énergie pour satisfaire nos besoins de base. Aussi longtemps que les individus ne se préoccupent pas trop du raffinement de la nourriture, de la décoration de leur habitation ou de l'acquisition des derniers fruits de la technologie, la nécessité du travail pèse moins lourd sur leurs épaules, comme c'est le cas chez les nomades du désert du Kalahari, par exemple. Mais plus les gens valorisent les biens matériels et plus leurs ambitions s'élèvent, plus il devient difficile de les réaliser ; il faut alors beaucoup de travail physique et mental de même qu'une grande quantité de ressources naturelles en vue de satisfaire des attentes de plus en plus élevées (la spirale hédonique infernale). Pendant de longues périodes au cours de l'histoire, la grande majorité des gens ont dû renoncer aux plaisirs de la vie parce qu'ils devaient réaliser les rêves de ceux qui les exploitaient : construction des pyramides, de la Grande Muraille de Chine, du Taj Mahal ainsi que de nombreux temples, barrages et palais faits par des esclaves au service de ceux qui détenaient le pouvoir. Il n'est donc pas surprenant que le travail ait acquis une bien mauvaise réputation.

Les travailleurs autotéliques

Cependant, il n'est pas nécessaire – et il n'est pas vrai – que le travail ne soit que déplaisant, même s'il peut être exigeant (plus exigeant que l'inactivité). Au contraire, il y a de nombreuses preuves attestant qu'il peut être agréable et à la source de l'expérience optimale. Nous allons voir qu'il y a des personnes qui le rendent agréable (des travailleurs autotéliques) et des emplois plus susceptibles de créer des expériences positives (occupations autoté-liques). Comme exemple de ceux pour qui le travail est une source continuelle d'expérience optimale et pour qui le travail ne se distingue pas des loisirs, nous avons déjà rapporté le cas de Seraphina, cette femme de soixante-six ans qui vit dans le petit village alpin de Pont Trentaz. Elle a toujours adoré s'occuper des animaux, travailler dans le verger, faire du tissage, etc., parce qu'elle se sent libre, travaille à son rythme et est son propre patron.

Mais qu'en est-il du travailleur urbain qui ne connaît pas les conditions du milieu traditionnel ? Nous rencontrons parfois, au sein de l'agitation du travail dans l'industrie, des travailleurs qui, comme Joe Kramer, trouvent gratifiant un travail qui, à première vue, semble loin de l'être. Lorsqu'il fut interviewé, Joe était âgé de soixante ans et travaillait comme soudeur dans un immense atelier d'assemblage de voitures de chemin de fer de Chicago. Environ deux cents personnes travaillaient dans trois espèces de hangars sombres où des plaques métalliques de plusieurs tonnes se promenaient au plafond pour être ensuite soudées au milieu du jaillissement des étincelles. Cet endroit glacé l'hiver devenait un four en été. Le bruit des pièces qui s'entrechoquaient était si intense qu'il fallait se crier dans les oreilles pour être compris. Il n'est pas surprenant que la plupart des travailleurs désiraient avant tout la fin de leur journée de travail.

Joe est arrivé aux États-Unis à l'âge de cinq ans et a quitté l'école en quatrième année. Il travaille là depuis plus de trente ans et n'a jamais accepté d'être contremaître, même si cette promotion lui a été offerte à plusieurs reprises. Il a préféré rester soudeur, se sentant peu à l'aise dans le rôle du patron. Même s'il est demeuré au bas de l'échelle, tout le monde connaît Joe et tout le monde reconnaît qu'il est probablement la personne la plus utile et la plus importante dans toute l'usine. Le directeur affirme qu'avec cinq employés comme lui son atelier serait le plus efficace dans son domaine ; les camarades, pour leur part, disent que, sans lui, l'entreprise devrait fermer.

La raison de sa réputation est simple : Joe connaît toutes les phases du processus, maîtrise toutes les opérations et peut remplacer n'importe qui au pied levé. Plus encore, il peut régler n'importe quelle panne, de la plus grande grue jusqu'à la plus délicate pièce électronique. Ce qui surprend ses collègues n'est pas seulement sa capacité à tout faire, mais sa disponibilité et le plaisir qu'il prend à le faire. Quand on lui demande comment – sans entraînement formel – il a appris à réparer toutes ces machines complexes, sa réponse est désarmante : « J'ai toujours aimé voir comment fonctionnent les choses. Quand le grille-pain de ma mère se brisait, je me demandais : si j'étais ce grille-pain qu'est-ce que j'aimerais qu'on me fasse ? » Alors, il démontait l'appareil, trouvait le défaut et le remontait. Depuis lors, il a toujours utilisé cette approche « empathique » pour aborder des systèmes plus complexes. Il est toujours fasciné par la découverte et la nouveauté. Parvenu au seuil de la retraite, Joe trouve chaque jour du plaisir à son travail.

Joe n'est pas pour autant un fanatique. S'il a transformé un travail exigeant et routinier en une activité génératrice d'expériences optimales, il a fait quelque chose d'aussi remarquable chez lui, dans son modeste bungalow de la proche banlieue. Au cours des années, il a acheté les deux lots vacants de chaque côté de la maison et a fait des jardins avec des terrasses remplies de milliers de fleurs et d'arbustes. Il a installé un système d'arrosage dans la terre en ajoutant des goupillons de sa fabrication qui arrosent en faisant une bruine très fine et produisent des arcs-en-ciel au soleil. Cependant, Joe a un problème avec son jardin d'Éden ; quand il arrive à la maison, le soleil est souvent trop bas pour éclairer son jardin. Comme solution, il s'est fabriqué des projecteurs qui font – en pleine soirée – un jardin enchanté plein d'arcs-en-ciel, suscitant l'admiration des voisins et des passants.

Joe est un exemple parfait et rare de personnalité autotélique : il a une attitude lui permettant de créer une expérience positive intense dans des conditions de travail quasi inhumaines ou dans un environnement urbain peu propice. Dans son usine, Joe semble le seul à percevoir des défis stimulants. Les autres soudeurs interrogés considèrent leur travail comme un fardeau et ils ont hâte de le quitter pour s'arrêter à l'un des bars stratégiquement placés près de l'usine. C'est là qu'ils oublient le poids du jour avec leurs camarades avant d'aller s'affaler avec leur bière devant la télé ; comme hier et comme demain.

Le fait de citer en exemple le style de vie de Joe au lieu de celui de ses camarades est répréhensible pour certains parce que « élitiste ». Les amis ont du plaisir au bar, qui a dit que c'était moins bien que de regarder des arcs-en-ciel dans sa cour ? Tel est l'argument des tenants du relativisme culturel. Cependant, lorsqu'on considère que l'expérience optimale et l'accroissement du soi dépendent d'une complexité croissante, le discours du relativisme culturel ne tient pas. La qualité de l'expérience vécue de ceux qui transforment les conditions de l'environnement, comme Joe le fait, est plus complexe, plus agréable et plus profonde que celle des gens qui se résignent à subir la dure réalité.

Cette façon de voir le travail comme un moyen d'actualiser les potentialités humaines correspond à celle proposée depuis longtemps par divers systèmes religieux et philosophiques. Karl Marx (1818-1883), par exemple, proposait l'idée que les hommes et les femmes construisaient leur être par le travail ; selon lui, il n'y a pas de « nature humaine », si ce n'est celle que nous créons par le travail. Le travail transforme l'environnement par la construction de ponts ou la culture des champs, mais il transforme aussi le travailleur d'animal conduit par ses instincts en une personne consciente, compétente et orientée vers un but.

Dans la culture asiatique, l'expérience optimale a été identifiée par des penseurs anciens (comme le philosophe taoïste Chuang Tzu il y a deux mille trois cents ans) au moyen des concepts *yu* (la bonne façon de suivre le chemin) et *tao* (vagabonder, marcher sans toucher le sol, voler ou « suivre le flot », qui correspond à notre concept d'expérience optimale). Chuang Tzu considère que la bonne façon de vivre consiste en un engagement total, sans considération pour les récompenses externes, bref, que la vie peut être une expérience autotélique totale. Il donne l'exemple de Ting.

Ting était l'humble cuisinier-boucher à la cour du seigneur Wen-hui. On décrit ainsi son travail dans un texte que les écoliers de Hong Kong et de Taïwan doivent apprendre :

> « Ting découpe un bœuf pour le seigneur Wen-hui. À chaque geste de la main, à chaque soulèvement de l'épaule, à chaque déplacement du pied, à chaque poussée du genou – zip ! zoop ! Il descend le couteau avec grâce et tout se fait dans un rythme parfait, comme s'il effectuait la danse d'un champ de mûriers ou marquait la mesure de la musique Ching-shou[3]. »

Le seigneur Wen-hui, fasciné par l'expérience intense (le flot ou le *yu*) que son cuisinier trouvait dans son travail, le complimenta pour son habileté. Ting répondit que ce n'était pas affaire d'habileté : « Ce que je vise, c'est la Manière, ce qui est au-delà de l'habileté. » Il décrivit comment il en était arrivé à cette superbe performance par une compréhension intuitive de l'anatomie du bœuf, lui permettant de découper les pièces avec une parfaite aisance. « La perception et la compréhension s'arrêtent et l'esprit se déplace où il veut. »

L'explication de Ting a induit certains à conclure que l'expérience optimale (le flot) et le *yu* sont des processus différents : l'expérience optimale serait l'exemple de la conception « occidentale », qui veut changer les conditions externes (comme affronter des défis grâce à ses aptitudes) tandis que le *yu* serait représentatif de l'attitude « orientale », qui s'intéresse moins aux conditions objectives qu'au jeu de l'esprit et à la transcendance par rapport aux choses. Mais comment cette expérience transcendantale peut-elle survenir ? Chuang Tzu donne une réponse intéressante à cette question (par la bouche de Ting) :

> « Lorsque j'arrive à un endroit plus complexe, j'évalue les difficultés, je me rappelle de tout surveiller et d'être attentif, de diriger mes yeux sur ce que je fais, de travailler lentement et de déplacer mon couteau avec la plus grande délicatesse jusqu'à ce que, flop ! l'ensemble se sépare… Je demeure immobile un moment et je regarde autour de moi ; je suis tout à fait satisfait et j'hésite à me déplacer ; ensuite, j'essuie le couteau et je le pose. »

Il semble tout à fait envisageable de penser que cette description correspond à l'expérience optimale : présence d'un défi, utilisation de ses aptitudes et concentration intense. Autrement dit, l'expérience mystique du *yu* n'est pas le fruit d'un phénomène surhumain mais provient plutôt de l'attention portée aux possibilités qui se présentent dans l'environnement, ce qui permet le perfectionnement des aptitudes dont l'application devient ensuite spontanée ou quasi automatique. Cette performance ressemble à celle des grands violonistes et des brillants mathématiciens. Il semble bien que l'expérience optimale (de l'Ouest) et le *yu* (de l'Est) se rencontrent. Il est intéressant de noter que, dans un passé lointain (deux mille trois cents ans), la dynamique de l'expérience optimale était fort bien connue.

Les exemples rapportés ici (le soudeur de Chicago, le cuisinier de la Chine ancienne de même que Seraphina et Rico, dont nous avons parlé antérieurement) ont plusieurs points communs : travail difficile que la plupart des gens trouvent ennuyeux et répétitif, transformation de la situation en défi stimulant, développement et application d'aptitudes, concentration intense au point de se perdre dans l'activité et émergence d'un soi plus fort. Ainsi transformé, le travail devient source d'enchantement, comme s'il avait été librement choisi.

Les occupations autotéliques

Joe et Ting de même que Seraphina et Rico sont des exemples de personnalité autotélique. Malgré les limites de l'environnement, ils ont trouvé des possibilités d'exprimer leur liberté et leur créativité ; ils ont rendu leur travail plus complexe et plus riche. L'autre façon de connaître l'expérience optimale est de considérer le travail lui-même et d'en tirer profit ou de le changer en vue de rendre ses conditions plus favorables de façon que même les personnes peu autotéliques y trouveront plaisir.

La chasse est un bon exemple d'un travail qui présente les caractéristiques de l'expérience optimale. Pendant des centaines de milliers d'années, elle a été une activité nécessaire à la survie, mais, depuis lors, elle s'est révélée si agréable qu'une foule de gens la pratiquent pendant leur temps libre. De même, la pêche. La vie pastorale est également un mode d'existence qui favorise la liberté et comporte les caractéristiques favorables à l'expérience optimale. De nos jours, de jeunes Navajos (en Arizona) trouvent de l'enchantement à suivre à cheval leurs troupeaux de moutons. Le travail à la ferme semble plus difficile : il implique plus d'activités répétitives et les résultats se font attendre. Il faut une longue préparation pour semer, et l'attente des résultats ne se fait pas sans une certaine inquiétude relative aux caprices de la météo. Mais de nombreux agriculteurs, qui ont développé une large perspective temporelle, apprécient beaucoup cette vie au cours de laquelle ils ne sont pas enfermés (à l'usine ou au bureau), ni astreints à un horaire rigide, ni soumis aux caprices d'un patron omniprésent.

Au début du XVIIIe siècle, le tissage se faisait à la maison et laissait du temps libre pour travailler dehors quand arrivait la belle saison. Le travail se faisait en famille. Il existe encore, dans le nord de l'Italie, de petites industries familiales comptant quelques métiers qui ont résisté à la vague d'industrialisation qu'a connue l'Europe en ce domaine. Les membres de ces familles considèrent le tissage comme une activité très agréable – plus que voyager, aller en discothèque ou regarder la télévision. Ils expliquent que c'est plaisant parce que toujours nouveau : ils changent les modèles et les tissus, décident quoi acheter et quelle quantité produire, etc. Ils ont des clients à travers le monde avec qui ils ont un contact personnel. Ils n'ont pas à subir l'exploitation qu'ont connue des millions d'adultes et d'enfants lors de la période de l'industrialisation forcenée dénoncée par Karl Marx et bien d'autres.

Parvenu à l'ère postindustrielle, le travailleur typique est assis devant son tableau de bord ou son écran cathodique et surveille le « travail » des robots sur une longue chaîne. Il ne connaît pas les conditions brutales d'autrefois, mais les innovations technologiques incessantes apportent des changements énormes dans le travail qui peuvent le rendre intéressant et stimulant ou générateur de stress. L'existence de certaines lois et les progrès réalisés grâce aux syndicats font prendre conscience que l'expérience du travail peut être transformée, mais, pour un certain nombre, le travail demeure le « châtiment d'Adam ». De toute façon, il serait erroné de penser que tout travail peut procurer l'enchantement ; même les meilleures conditions externes ne garantissent pas l'expérience optimale, car, rappelons-le, cette dernière dépend avant tout de l'évaluation subjective de l'individu.

Nous avons souvent cité l'exemple de la chirurgie comme travail gratifiant et source d'expérience optimale. Ajoutons le témoignage d'un autre chirurgien :

> « C'est très satisfaisant et quand c'est difficile, c'est en plus excitant. C'est très beau de remettre les choses en place, de les faire fonctionner de nouveau, de faire que tout aille bien, proprement.

C'est particulièrement plaisant quand l'équipe travaille bien, d'une façon douce et efficace ; on peut alors apprécier toute l'esthétique de la situation. »

La dernière remarque est intéressante car elle met en évidence l'importance de l'équipe dans le travail spécialisé du chirurgien. Malgré tout, nombre de chirurgiens s'ennuient, bien que leur travail soit très lucratif. Pourquoi ? Parce que le travail de ces derniers est parfois trop spécialisé, trop répétitif et ne présente plus aucune nouveauté ni aucun défi. Couper des amygdales ou des appendices, percer des lobes d'oreilles semaine après semaine n'a rien pour favoriser l'expérience optimale. Cependant, la plupart des chirurgiens connaissent la variété, peuvent faire de l'enseignement et de la recherche, essayer de nouvelles techniques et rencontrer constamment de nouveaux défis, ainsi, outre l'argent et le prestige, ils adorent leur travail pour des raisons intrinsèques. Leur expérience optimale est décrite dans les mêmes termes que celle des athlètes, des artistes ou du cuisinier-boucher du seigneur Wen-hui.

L'amélioration de la qualité de la vie par le travail exige deux stratégies complémentaires : l'une consiste à restructurer l'emploi afin qu'il possède les caractéristiques des activités autotéliques (comme la chasse, le tissage à la maison ou la chirurgie), l'autre est de permettre aux travailleurs de développer une personnalité autotélique (comme Ting et Joe) de façon à reconnaître les possibilités d'action, à utiliser ses aptitudes et à se donner des buts accessibles. Aucune de ces stratégies n'est suffisante, mais ensemble elles devraient favoriser considérablement l'expérience optimale, améliorer la qualité de la vie et faciliter l'accroissement du soi.

Les possibilités et les risques des loisirs

Un des graves problèmes que rencontre la société aujourd'hui provient du fait que nous n'avons pas appris à utiliser notre temps libre à bon escient. Le grand sociologue américain Robert Park faisait remarquer il y a déjà soixante ans : « C'est dans l'usage inapproprié de nos loisirs que survient le plus grand gaspillage de la vie aux États-Unis. » Un groupe de psychiatres y faisait écho en

1958 : « Pour un grand nombre d'Américains, les loisirs sont dangereux. » Qu'est-ce qui justifie ces mises en garde ? Pour comprendre les effets des loisirs sur la société, il convient de considérer les loisirs.

Pour bien des gens, le temps libre est le but le plus désirable. Tandis que le travail est vu comme un mal nécessaire, la possibilité de se détendre et de ne rien faire apparaît comme la voie royale vers le bonheur. On pense qu'il est facile de tirer profit des loisirs, mais les résultats des enquêtes démontrent que ce n'est pas le cas : les loisirs n'améliorent pas la qualité de la vie s'ils ne sont pas utilisés d'une manière adéquate, ce qui ne s'apprend pas automatiquement. Voilà pourquoi un certain nombre s'ennuient et y trouvent moins de joie (ou d'expérience optimale) qu'au travail. Le psychanalyste Ferenczi avait remarqué, au début du siècle, que ses patients éprouvaient des épisodes d'hystérie et de dépression plus souvent le dimanche qu'au cours de la semaine et avait appelé ce syndrome « névrose du dimanche ». Nos recherches avec l'ESM ont également révélé que les gens rapportent plus de symptômes de maladie durant les week-ends. D'autres résultats témoignent de l'apparition de problèmes mentaux au cours des congés et des vacances. Un certain nombre de retraités[4] connaissent aussi une période difficile, surtout s'ils s'étaient fortement identifiés à leur travail.

Sans but, sans interaction, nous perdons souvent motivation et concentration ; l'esprit se met à errer, l'anxiété survient et le chaos s'installe. Dans le but d'éviter cette situation déplaisante, on recourt à des stratégies qui chasseront l'entropie psychique : regarder la télévision, lire des romans Harlequin, consommer drogue et alcool ou s'adonner aux jeux de hasard[5]. Ces tactiques ne règlent rien et laissent l'individu encore plus insatisfait ou déprimé, sans compter que certaines de ces activités font perdre argent et emploi ou conduisent au divorce.

Au cours des siècles, les sociétés ont mis au point des pratiques culturelles qui tiennent l'esprit occupé : des cérémonies religieuses, des danses, des compétitions pouvant durer plusieurs jours : Jeux olympiques chez les Grecs de l'Antiquité, jeux du cirque à Rome, courses de chars à Constantinople lors du déclin de l'Empire byzantin, « basket » chez les Mayas de l'Amérique centrale avant l'arrivée des Espagnols. On pourrait paraphraser Marx en disant que «les jeux sont l'opium du peuple». On raconte qu'en Asie Mineure Atys (roi de Lydie) fit introduire le jeu de balle il y a trois mille ans pour distraire ses sujets victimes de la famine. L'historien Hérodote (484-425 avant J.-C.) rapporte :

> «Le plan adopté contre la famine consistait à organiser des jeux qui seraient assez captivants pour que les gens oublient leur faim une journée entière ; le jour suivant, ils pouvaient manger, mais il n'y avait pas de jeux. Il s'est ainsi passé treize ans.»

Il convient de distinguer les loisirs actifs et les loisirs passifs dans la mesure où ils ont des effets psychiques différents. Par exemple, les adolescents américains[6] connaissent l'expérience optimale (définie ici comme l'occurrence simultanée d'un haut défi avec des aptitudes élevées) 13 % du temps lorsqu'ils regardent la télévision, 34 % lorsqu'ils pratiquent leurs passe-temps favoris et 44 % lorsqu'ils sont impliqués dans des sports ou des jeux divers. Ainsi, les loisirs actifs (sports et jeux) produisent beaucoup plus d'états d'enchantement élevé qu'un loisir passif (comme regarder la télé). Pourtant, ces mêmes adolescents passent quatre fois plus de temps à regarder la télévision qu'à s'adonner aux loisirs actifs. Pourquoi ? Les réponses des participants suggèrent l'explication suivante : même s'ils admettent que le cyclisme, le basket, le piano, etc., sont des activités beaucoup plus stimulantes et plaisantes que de flâner dans les centres commerciaux ou regarder la télé, ils trouvent que les préparatifs (changer de vêtements, s'entendre avec les copains, etc.) sont contraignants et requièrent un investissement initial d'énergie avant que l'activité ne devienne agréable. Malheureusement, ceux qui sont fatigués, anxieux ou non disciplinés s'adonnent à des activités moins exigeantes ou ne font rien du tout[7], se privant ainsi d'un plaisir plus grand, de la possibilité d'améliorer leurs aptitudes et de renforcer leur soi.

Il est bien entendu que le repos n'est pas mauvais ni répréhensible ; s'asseoir, ne rien faire en grignotant et en zappant fait du bien après une dure journée ; tout est une question de dosage. Les loisirs passifs posent problème quand une personne y recourt comme la principale – ou la seule – stratégie en vue d'occuper son temps de loisir. L'abus de loisirs passifs ou d'activités compensatoires dangereuses devient dommageable (et parfois mortel) pour l'individu et la société. Ainsi en est-il des autochtones de plusieurs régions d'Amérique du Nord qui recherchent des compensations dans l'alcool ; des jeunes Inuits qui fuient leur ennui en faisant des courses automobiles sur des routes spécialement aménagées (et qui ne conduisent nulle part) ; des rejetons des magnats du pétrole qui trouvent les promenades à chameau dépassées et font des courses avec leurs Cadillac dans les rues de Riyad. Quand on ne trouve rien de valable à faire, on cherche des stimulations de plus en plus excitantes et de plus en plus dangereuses (un autre exemple de la spirale hédonique infernale).

Certains, confrontés au non-sens de leur emploi, se détournent du monde du travail vers une vie de loisirs qui leur procure une expérience optimale quasi permanente. C'est le cas de ceux qui abandonnent leurs postes pour l'alpinisme, le surfing, la navigation, etc. ; ils feront, à l'occasion, de petites tâches pour se procurer le nécessaire puis repartiront. Un navigateur explique son point de vue :

> « La civilisation moderne a inventé la radio, la télé, les night-clubs et tout un ensemble de divertissements pour exciter nos sens et nous faire oublier l'apparent ennui de la terre, du soleil, du vent et des étoiles. La navigation, c'est le retour à ces anciennes réalités. »

D'autres ont quitté un poste lucratif dans une importante firme pour se tourner vers un travail plus convivial et reprendre contact avec leur famille. Le changement de travail ou l'engagement dans une vie de loisirs peuvent être des ajustements créatifs qui ne s'appliquent pas nécessairement à tous mais qui conviennent à certains.

Une recherche intéressante montre comment l'expérience optimale peut être obtenue par le travail ou les loisirs selon la conception qu'on s'en fait. L'équipe de chercheurs de Milan[8] a interrogé les quarante-six membres des trois générations d'une grande famille de Pont Trentaz, un petit village des Alpes italiennes. Ces gens ont des automobiles et des téléviseurs mais vivent de la ferme traditionnelle. Les psychologues leur ont demandé quand et comment ils connaissaient l'expérience optimale dans leur vie. Comme il est possible de l'observer dans la figure qui suit, les plus âgés invoquent plus souvent le travail comme source d'enchantement, alors que les plus jeunes rapportent plus souvent les loisirs. La génération intermédiaire se situe entre les deux modèles opposés. Ces différences ne sont pas seulement attribuables aux changements économiques et sociaux survenus depuis cinquante ans, mais aussi au développement normal dû à l'âge : les plus jeunes prennent plaisir surtout à partir de stimulations artificielles (télé, danse, course automobile, etc.) tandis que les plus vieux trouvent des défis plus stimulants dans les tâches traditionnelles qui ont toujours eu un sens dans leur vie.

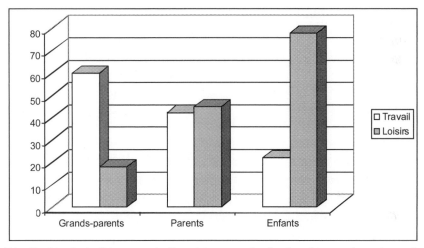

Distribution de la fréquence de l'expérience optimale chez les membres des trois générations d'une famille (n = 46). (Tiré de Delle Fave et Massimini, 1988.)

Il est apparu, au cours des dernières pages de cet ouvrage, que l'utilisation profitable de son temps libre exigeait autant d'attention et d'ingéniosité qu'il en faut au travail. Pour procurer l'expérience optimale et favoriser l'accroissement personnel, les loisirs doivent présenter les caractéristiques que nous connaissons bien maintenant (défi, aptitudes, concentration). Beaucoup de loisirs[9] – sports, jeux, hobbies, lecture, poésie, musique, artisanat, bénévolat, etc. – fournissent d'innombrables possibilités souvent peu coûteuses, qui consomment peu de ressources (électricité, pétrole, papier, métal, etc.), ne polluent pas et contribuent à l'amélioration de la qualité de la vie de l'individu et de la société. Devant la montée de l'industrie des loisirs et la place que prend le divertissement passif, surtout auprès des jeunes, il faut signaler le danger de dépendance que cela comporte. Cette participation vicariante, consistant à célébrer des athlètes, des musiciens et des vedettes multimillionnaires, absorbe une grande quantité d'énergie psychique sans rien fournir en retour. Il y a lieu de penser à une éducation aux loisirs permettant à l'individu – au jeune en particulier – de reprendre le contrôle de sa conscience, de se donner des défis stimulants qui requerront ses aptitudes et, ce faisant, lui permettront de connaître des expériences d'enchantement authentique au lieu de vivre par procuration. L'entreprise en vaut la peine puisque, selon C. K. Brightbill, « l'avenir appartient... à celui qui sait utiliser ses loisirs sagement ».

Paradoxe

Les témoignages rapportés de même que les résultats de nos recherches indiquent la présence d'un étrange conflit interne. Les interviewés disent éprouver leurs expériences les plus positives au travail. Sur cette base, on s'attendrait qu'ils désirent être au travail, que leur motivation au travail soit élevée, mais ce n'est pas le cas. En revanche, pendant leurs périodes (chèrement acquises) de loisirs, les gens rapportent des niveaux de satisfaction ou de bien-être plutôt bas mais désirent, malgré tout, plus de loisirs.

Dans une recherche avec plus de cent sujets (hommes et femmes) au moyen de l'ESM, nous avons recueilli, au cours d'une semaine, quatre mille huit cents réponses écrites à chaud à différents moments de la journée. Dans ce contexte, nous avons noté une expérience optimale chaque fois que le niveau de défi et le niveau d'aptitude étaient au-dessus de la moyenne du sujet. Avec une convention méthodologique aussi lâche, 33 % des réponses indiquaient la présence d'expérience optimale, donc l'existence d'un niveau élevé de défi et d'aptitude. (Il est certain qu'un critère plus exigeant ferait diminuer le nombre d'expériences optimales à 10 % ou même à 1 %.) Comme prévu, plus les gens connaissent l'expérience optimale, mieux ils se sentent, meilleure est leur qualité de vie. Les termes suivants les caractérisent : fort, actif, créatif, concentré et motivé. Cependant, il n'était pas prévu qu'ils rapporteraient plus d'expériences optimales au travail que dans leurs loisirs (comme on peut le voir dans le tableau ci-après). La différence entre la qualité de l'expérience vécue au travail et dans les loisirs est importante et elle est encore plus marquée dans le personnel de direction. Au cours de leurs périodes de loisirs, les sujets parlent souvent d'apathie et se caractérisent par les termes suivants : passif, faible, ennuyeux, insatisfait.

Pourcentage de réponses indiquant la présence de l'expérience optimale* (sur 4 800 réponses au cours d'une semaine)		
	Travail	Loisirs
Directeurs	64	15
Cols-blancs	51	16
Cols-bleus	47	20
Ensemble	54	18

* L'expérience optimale était définie, dans cette recherche, d'une façon lâche : à chaque fois que les niveaux de défi et d'aptitude étaient au-dessus de la moyenne du sujet.

Quand nous demandons : « Désirez-vous, en ce moment, faire quelque chose d'autre ? » les réponses indiquent que les sujets désirent faire quelque chose d'autre à un degré plus élevé quand ils sont au travail, malgré le fait que c'est là qu'ils éprouvent le plus d'expériences optimales. Tel est le *paradoxe* auquel nous faisions allusion au début de cette partie : au travail, les gens rencontrent des défis stimulants, se sentent heureux, créatifs et connaissent de grandes joies ; dans leur temps libre, ils utilisent peu leurs aptitudes, se sentent passifs et insatisfaits ; pourtant, ils voudraient travailler moins[10] et avoir plus de loisirs.

Comment expliquer ce paradoxe ? En premier lieu, on peut dire que les gens semblent très influencés par le stéréotype fortement enraciné selon lequel le travail est *supposé* être non désirable. Il faut considérer également qu'il n'est pas possible de maintenir un haut niveau de défi (et de concentration) sans arrêt, de sorte qu'il faut récupérer, ne rien faire ou réaliser des activités peu exigeantes, même si elles sont moins gratifiantes. Cependant, l'exemple des fermiers plus âgés de Pont Trentaz contredit quelque peu cet argument parce que ces gens – qui travaillent pourtant autant que le travailleur «moderne» moyen – ne désirent pas faire autre chose pendant qu'ils travaillent. Pour ces personnes, la distinction travail-loisirs semble quasi inexistante. C'est un peu la même chose que pour les lauréats du prix Nobel, tel Linus Pauling, qui a déclaré : «Je peux tout aussi bien dire que j'ai travaillé sans arrêt ou que je n'ai jamais travaillé», puisque pour lui le travail était son loisir préféré.

Le problème réside également dans la relation du travailleur avec son travail et dans la perception qu'il a de ses buts. En effet, lorsqu'il a l'impression d'investir son énergie contre son gré[11], ou pour le profit de quelqu'un d'autre, il considère que cette énergie est perdue et que le temps consacré au travail est soustrait à sa vie. Dans ce contexte, l'expérience positive éprouvée momentanément au travail perd de sa valeur parce qu'elle ne contribue pas aux buts à long terme de l'individu. Néanmoins, l'insatisfaction au travail est toute relative : dans une enquête nationale, menée au cours des années 1970, 52 % des Américains se disaient «très satisfaits» de leur travail.

Nos recherches ont révélé trois principales sources d'insatisfaction, le salaire n'entrant pas en ligne de compte. La première plainte se rapporte au manque de variété (provenant surtout des cols-bleus, aux prises avec des tâches routinières). La deuxième provient des conflits interpersonnels (principalement avec les patrons). La troisième raison est l'épuisement[12] provoqué par les exigences de la tâche, le stress et le peu de temps libre (provenant surtout de ceux situés plus haut dans la hiérarchie).

La première cause d'insatisfaction relève surtout des conditions objectives. Pour y remédier[13], il faut changer d'emploi (ce qui est souvent impossible) ou changer sa façon de percevoir la tâche en y trouvant des défis (comme Ting, Joe et Rico). Le problème des conflits interpersonnels peut être résolu par la discussion, l'ouverture de même que par l'acquisition d'aptitudes de communication (ce qui s'impose parfois). Quant au stress, omniprésent de nos jours, il dépend beaucoup moins des conditions objectives (à moins qu'elles ne soient extrêmes) que de la pression que chacun se fait subir. Il y a des centaines de façons d'y remédier (et les livres [14] sur le sujet sont nombreux) : meilleure organisation du travail, gestion adéquate de son temps, délégation des responsabilités, communication ouverte avec les pairs et les patrons, sans parler des facteurs extérieurs à l'emploi : discipline de vie, loisirs adéquats, vie familiale équilibrée, exercice physique, méditation transcendantale, etc.

Pour terminer, il convient de rappeler que les solutions partielles peuvent aider à améliorer sa relation au travail mais qu'elles ne suffisent pas. La vraie réponse face au stress et à l'insatisfaction au travail exige une stratégie générale qui implique un investissement d'énergie en vue de contrôler le flot de sa conscience, d'améliorer la qualité de son expérience vécue, de poursuivre des buts personnels valorisés et de se donner des loisirs appropriés qui seront une véritable *re-création*.

9

La solitude et les relations avec autrui

Introduction

De multiples études ont démontré que la qualité de la vie dépend du travail et des relations avec les autres (le *Liebe und Arbeit* de Freud). La majeure partie de l'information que nous détenons à propos de nous-même comme individu provient de notre communication avec autrui et de la rétroaction émanant du travail, notre soi étant défini, en bonne partie, par ce qui arrive dans ces deux contextes. Dans le chapitre précédent, nous avons traité des possibilités d'expérience optimale au travail ; dans celui-ci, nous allons explorer comment les relations avec la famille et les amis peuvent devenir source d'expériences positives.

Les autres êtres humains sont pour nous les objets les plus importants au monde ; ils font une grande différence pour ce qui a trait à la qualité de notre vie : celle-ci peut être des plus intéressantes ou des plus misérables selon la façon dont nous gérons nos relations avec les autres. Si nous apprenons à rendre nos relations authentiques et intenses, à tirer d'elles des expériences optimales, notre qualité de vie en sera certainement rehaussée[1].

Mais nous valorisons aussi l'intimité et la solitude : nous avons besoin d'être seuls. Cependant, lorsque nous le sommes, nous devenons souvent déprimés ; nous nous sentons isolés, sans défi, désœuvrés. Pour certains, la solitude provoque des symptômes semblables (quoique moins intenses) à ceux de la privation sensorielle[2]. À moins d'apprendre à tolérer, voire à trouver du plaisir à être seul, il sera difficile d'effectuer des tâches qui requièrent de la concentration. Pour cette raison et pour notre propre bien-être, il est essentiel de trouver les moyens de maîtriser notre conscience même quand nous sommes seuls.

Affiliation *versus* solitude

Il est hors de tout doute que l'humain est un « animal social » ; en compagnie des autres, il se sent réel et complet. Dans les sociétés anciennes, la solitude était si intolérable que l'individu faisait tout pour ne pas être isolé. Le bannissement était la punition la plus grande après la mort. L'individu chassé de Rome ou de Florence, par exemple, devenait invisible, il n'existait plus. Dans certains cas, l'ostracisme causait la mort : la personne cessait de prendre soin d'elle-même et mourait. Dans bien des groupements humains (aborigènes d'Australie, fermiers Amish ou cadets de l'armée), la pire sanction est l'exclusion. De nos jours, les résidents des grandes villes aiment la densité des contacts humains. La foule qui circule sur la Cinquième Avenue, à New York, comprend bien des marginaux et des détraqués, mais elle est excitante et renforce le sentiment d'être bien vivant (le vrai New-Yorkais ne pourrait s'en passer).

Les enquêtes ont confirmé à maintes reprises que nous sommes plus heureux avec des amis, en famille ou simplement en compagnie des autres. Quand on demande à des personnes de faire la liste des activités plaisantes qui améliorent leur humeur pour la journée, la réponse la plus fréquente est : « Être avec des gens heureux » ; « Quand les gens s'intéressent à ce que je dis » ; « Quand on me trouve sexuellement attrayante » ; ou simplement : « Être avec des amis. » Les gens déprimés ou malheureux rapportent peu d'événements de ce genre. Un réseau social est précieux : il atténue le stress, réconforte dans la maladie et les revers de fortune, et apporte un soutien émotionnel salutaire.

La psychologie évolutionniste et la génétique comportementale nous apprennent que la compagnie des autres a une grande valeur adaptative ; au cours de l'évolution, elle fut une affaire de survie et il ne serait pas surprenant que cela soit inscrit dans nos gènes. Les babouins se regroupent et se protègent ainsi des léopards et des hyènes qui rôdent dans la savane. Des regroupements semblables ont certainement contribué à la survie de nos lointains ancêtres. Dans la mesure où l'adaptation humaine repose sur la culture, la compagnie des autres devient encore plus importante ; elle assure la transmission des informations nécessaires à la vie et à la survie qui ne dépend plus des réactions instinctuelles, mais de l'apprentissage d'un grand nombre de connaissances.

Paradoxalement, il existe une longue tradition qui privilégie la solitude et qui a fait dire à Jean-Paul Sartre : « L'enfer, c'est les autres. » Par exemple, le sage hindou et l'ermite chrétien ont cherché la paix loin des foules. Un examen attentif fait découvrir les revers du grégarisme. En effet, les gens rapportent que les événements les plus pénibles de leur vie sont ceux impliquant des relations interpersonnelles. Des patrons injustes, des clients impolis rendent malheureux au travail ; un époux impatient, un enfant difficile, une belle-mère envahissante rendent malheureux à la maison. Les autres sont la cause de nos meilleurs et de nos pires moments. Peut-on concilier ces faits ?

Cette apparente contradiction est facile à résoudre. Comme n'importe quelle réalité qui importe vraiment, la relation avec autrui nous fait monter au septième ciel quand elle se passe bien mais nous fait descendre en enfer quand elle se passe mal. En effet, les êtres humains représentent un aspect changeant de notre environnement ; la même personne peut rendre l'autre heureux le matin et enragé le soir [3]. Dans la mesure où l'individu dépend beaucoup de l'affection et de l'approbation des autres, il est extrêmement vulnérable. La personne qui améliore ses relations avec autrui peut bonifier considérablement sa qualité de vie. Ce fait est bien connu de ceux qui écrivent et de ceux qui lisent des livres comme *Comment se faire des amis*. Les hommes d'affaires s'efforcent de mieux communiquer en vue d'être plus efficaces (faire de l'argent) et les débutantes apprennent l'étiquette en vue d'être acceptées dans la « bonne société », mais il s'agit là de motivations extrinsèques. Les autres ne sont pas seulement des instruments au service de nos fins, ils ont de la valeur en eux-mêmes et sont dignes d'intérêt. C'est sur cette base que peut se créer une relation authentique, source d'un grand bonheur.

La flexibilité des relations est impressionnante ; elle permet de transformer une interaction déplaisante en une autre qui sera tolérable ou même excitante. Tout dépend de l'interprétation de la situation, du sentiment présent et de la façon de traiter les autres. Prenons l'exemple de Mark (le fils de l'auteur), qui revenait de l'école à l'âge de douze ans. Il traversait un parc plutôt désert lorsqu'il fut soudainement abordé par trois jeunes gaillards provenant du ghetto voisin. « Ne bouge pas ou il te descend », dit l'un en montrant l'autre qui cache une main (possiblement armée) dans la poche de son manteau. Les voleurs prennent tout ce que possède Mark : de la monnaie et sa montre-bracelet Timex. « Maintenant, continue. Ne cours pas. Ne te retourne pas. » Après quelques pas, Mark se retourne et leur crie : « Écoutez, je veux vous parler. » Il s'approche du trio, leur demande de lui remettre sa montre-bracelet, qui n'a pas de valeur pour eux, mais qui est importante pour lui « parce qu'elle m'a été donnée par mes parents, à mon anniversaire ». Les trois autres sont furieux mais décident de voter sur la question. Le résultat donne deux à un en faveur du retour de la montre à son propriétaire. Mark est donc fièrement entré à la maison avec sa montre au bras ! Ce sont les parents qui mirent plus de temps à s'en remettre. D'un point de vue adulte, c'est folie que de prendre un tel risque à cause de la valeur sentimentale d'une vieille montre. Cependant, l'épisode illustre un point important : une situation sociale peut être transformée. Au lieu de jouer le rôle de « victime », Mark a changé les règles et a fait une demande raisonnable. Il est évident qu'il a eu de la chance, car il aurait pu être battu ; mais il est également évident que les relations humaines sont malléables[4].

Avant de discuter sur la façon de rendre les relations avec autrui plus susceptibles de produire l'expérience optimale, il convient de faire un détour par le royaume de la solitude. Après avoir tenté de comprendre comment celle-ci affecte notre esprit, peut-être pourrons-nous saisir un peu mieux pourquoi l'affiliation est si indispensable au bonheur. L'adulte moyen passe seul près du tiers de sa vie éveillée. Nous savons peu de chose sur cette tranche de vie importante, sinon qu'elle est détestée.

La solitude pénible

La plupart des gens éprouvent un sentiment de vide presque intolérable quand ils sont seuls, sentiment qui s'aggrave encore s'ils n'ont rien à faire. Adolescents, adultes et personnes âgées rapportent tous que leurs pires expériences vécues sont survenues dans des moments de solitude. Avec d'autres personnes, les gens sont plus heureux, plus éveillés et plus chaleureux que lorsqu'ils sont seuls, que ce soit sur la chaîne de l'usine ou devant la télévision. Par exemple, le dimanche matin est le pire moment de la semaine pour la personne seule parce que rien ne requiert son attention et qu'il n'y a rien à faire. Au cours de la semaine, l'énergie psychique est dirigée par les routines : travail, achats, émissions favorites, etc., mais quoi faire le dimanche matin après avoir parcouru le journal ? Pour certains, ces heures demeurent pénibles jusqu'à ce qu'une décision se prenne : tondre le gazon, visiter un ami, regarder un match à la télé, etc. Le nouveau but oriente l'attention et atténue la déprime. Pourquoi la solitude est-elle si pénible ? En l'absence de stimulation externe, de projet ou de rétroaction, l'esprit – nous le savons – a peine à garder l'ordre en lui-même ou à orienter l'attention ; surviennent alors les pensées chaotiques, l'entropie psychique.

Laissé seul, l'adolescent typique s'inquiète : « Que fait ma petite amie actuellement ? Est-ce que je suis en train de devenir zinzin ? Est-ce que je finirai mes maths à temps ? Est-ce que les deux crétins avec lesquels je me suis disputé hier vont me sauter dessus ? » À moins d'apprendre à maîtriser sa conscience, un flot de pensées désagréables envahira également l'esprit des adultes : santé, investissements, famille, travail, disputes conjugales, autant de préoccupations qui attendent à la porte de la conscience pour y pénétrer dès que la vigilance se relâche. Dans ce contexte, on comprend pourquoi la télévision exerce une si grande fascination. Même si l'on trouve cette activité peu gratifiante (on se sent plutôt passif, irritable et triste devant la télé), au moins, l'écran clignotant apporte un certain ordre dans la conscience et chasse les préoccupations. Cependant, cette façon d'éviter la dépression constitue un gaspillage parce que toute l'énergie investie rapporte bien peu.

Certains combattent la terreur de la solitude au moyen de tactiques plus extrêmes, comme les pratiques obsessionnelles, le comportement sexuel compulsif, l'alcool et la drogue. Arrêtons-nous quelque peu sur cette dernière. Sous l'influence des substances chimiques, le soi prend congé de la responsabilité de la direction de son énergie psychique ; il laisse se dérouler le flot des pensées ou le film des images fournies par la drogue, mais tout ce qui arrive est hors de son contrôle. Si ces substances provoquent l'expérience optimale, c'est à un niveau de complexité très bas puisqu'elles *réduisent* la perception nécessaire à l'ajustement adéquat entre défi et aptitudes (caractéristique fondamentale de l'expérience optimale). L'expérience agréable est plutôt un simulacre d'expérience optimale qui suppose l'*augmentation* des possibilités (défis) et l'utilisation des aptitudes correspondantes. Certains seront en désaccord avec cette description parce qu'on a répété pendant trente ans que les drogues étaient censées favoriser l'« expansion de la conscience »[5] et, dès lors, rehausser la créativité. Les résultats des recherches démontrent que, si les drogues altèrent le contenu et l'organisation de la conscience, elles n'augmentent pas la maîtrise sur ses fonctions. Or c'est précisément ce contrôle qui permet de réaliser quelque chose de créatif. Il est entendu que les psychotropes font surgir une panoplie d'images mentales qui n'apparaissent pas dans des conditions normales, mais ils n'améliorent pas la capacité de les ordonner. Les artistes qui ont fait des essais avec des produits hallucinogènes en vue de créer des vers aussi mystérieusement obsédants que *Kubla Khan* de Coleridge (1772-1834) (vers censés avoir été composés sous l'effet de l'opium[6]), ont découvert que la *composition* d'une œuvre d'art exige un esprit sobre. La drogue peut faire naître images, pensées et sentiments inhabituels qui pourront être utilisés par la suite, mais le danger réside dans la possibilité de devenir dépendant et de perdre la capacité de contrôler son esprit (aptitude indispensable à la création).

Le véritable test concernant la capacité de contrôler la qualité de son expérience vécue réside dans ce que fait un individu durant ses moments de solitude. Il est relativement facile d'occuper son esprit par le travail, la compagnie des autres ou les loisirs. Mais qu'arrive-t-il lorsque l'individu est seul et que la noirceur s'étend dans l'esprit ? C'est alors qu'une quête frénétique de distractions s'engage. Certains, comme nous l'avons vu, recourent à ce qu'on pourrait appeler des activités de « remplissage » (drogue, sexualité débridée, jeux de hasard, etc.). Ceux, au contraire, qui entreprennent des activités qui exigent concentration et aptitudes ne font pas que se défendre contre une anxiété ontologique ou un ennui intolérable, ils se donnent la possibilité de vivre l'expérience optimale, de développer leur soi et de mener une vie créative.

Apprendre à utiliser le temps passé seul de manière pertinente est particulièrement important au cours des jeunes années. Les adolescents qui ne peuvent apprivoiser la solitude se disqualifient eux-mêmes face aux tâches de la vie adulte qui exigent une sérieuse préparation mentale[7]. Le scénario typique de l'adolescent qui arrive de l'école est familier à bien des parents : il dépose (ou lance) ses livres dans sa chambre, prend une collation, téléphone à un ami puis allume (au maximum) l'appareil stéréophonique ou regarde la télévision. S'il est tenté d'ouvrir un livre, ce n'est pas pour longtemps ; l'étude exige de la concentration et la distraction ne tarde pas. Typiquement, les fantômes reviennent lorsque la concentration s'affaiblit. Pour éviter cet état déplaisant, l'adolescent s'adonnera à n'importe quelle activité peu exigeante ; donc, retour vers la télé ou bavardage avec un ami pour tuer le temps. L'individu peu apte à se concentrer devient, dans la société d'aujourd'hui, laquelle exige le traitement d'informations complexes, handicapé en comparaison de celui qui vivait il y a quelques générations quand on pouvait exercer de nombreux métiers et gagner honorablement sa vie sans avoir à apprendre à lire ni à écrire. Aujourd'hui, les adolescents qui ne possèdent pas de langages symboliques abstraits, et qui n'ont pas la « discipline » pour acquérir les aptitudes complexes nécessaires, auront peu de chances de survivre dans un environnement compétitif impliquant le traitement de l'information. De plus, ils n'auront pas l'habitude de découvrir des défis susceptibles de les faire grandir.

Le bon emploi des moments de solitude vaut également pour les adultes. Beaucoup s'imaginent qu'à trente ans (à quarante ans, surtout), ils ont tout ce qu'il faut dans la vie et peuvent se mettre, dès lors, sur pilote automatique. Tel n'est pas le cas. Équipés d'un minimum de discipline, ces gens accumulent l'entropie avec les années qui passent. S'ajoutent à cela des échecs au travail, des problèmes de santé et les inexorables imprévus du destin si bien que la paix de l'esprit est perdue. Surviennent alors les réactions régressives dont on a parlé : recherche d'excitation intense, divertissements douteux, drogue, alcool, etc. Pour éviter la déchéance, la médiocrité et pour accéder à une agréable cohabitation avec sa solitude, il faut, comme nous l'avons vu dans les chapitres précédents, déployer l'énergie nécessaire pour créer l'ordre dans la conscience et rendre possible l'expérience optimale.

La solitude apprivoisée[8]

Si la majorité des gens abhorre la solitude, certains vivent seuls par choix. Pour éprouver les délices de la vie solitaire, l'individu doit construire ses propres routines mentales de façon à conserver l'ordre dans sa conscience et vivre l'expérience optimale sans l'assistance de la civilisation. Voici l'exemple de Dorothy, qui vit par choix sur une petite île dans la région isolée des lacs et des forêts du nord du Minnesota (près de la frontière canadienne). Infirmière habitant une grande ville, Dorothy déménagea dans cet endroit sauvage après la mort de son conjoint, les enfants étant alors adultes. Au cours des trois mois d'été, des pêcheurs en canot s'arrêtent pour bavarder, mais durant les longs mois d'hiver elle est complètement seule. Elle a suspendu des rideaux épais aux fenêtres de sa cabane afin de ne pas être énervée par les loups qui viennent coller le nez aux vitres et l'observer au petit matin. Elle a personnalisé son environnement à un haut degré : bacs à fleurs, statuettes de jardin, petites affiches clouées aux arbres contenant des poésies burlesques, des plaisanteries cocasses ou des personnages amusants, sans parler des outils qui jonchent le sol ; un vrai décor kitsch. Ce que Dorothy appelle sa « junk » crée, au milieu de cette nature indomptée, un environnement qui lui est familier ; elle a introduit son style, a imposé ses préférences, combattant ainsi le chaos.

La structuration de son temps est encore plus importante que celle de l'espace. Dorothy a une routine stricte chaque jour de l'année : se lever à cinq heures, ramasser les œufs, traire la chèvre, couper du bois, faire le déjeuner, laver, coudre, pêcher et ainsi de suite. Elle s'habille impeccablement, sachant que cette habitude contribue à imposer un ordre à sa vie. Elle occupe ses longues soirées à la lecture et à l'écriture. On trouve, d'ailleurs, des livres sur tous les sujets sur les tablettes couvrant les murs de ses deux pièces. Elle effectue une sortie occasionnelle pour des achats ; c'est tout. Dorothy aime les gens mais préfère maîtriser son propre monde dans la solitude.

Survivre dans la solitude exige un strict ordonnancement de la conscience qui prévienne l'entropie destructrice. Suzanne a quitté le Massachusetts pour aller vivre dans une cabane, à quarante kilomètres du village le plus proche (Manley, Alaska : soixante-deux habitants). Elle n'a pas le temps de se sentir seule avec ses cent cinquante huskies qu'elle doit entraîner et nourrir. Elle connaît ses chiens par leur nom, connaît les parents de chacun, leur tempérament, leurs préférences alimentaires et leur état de santé. Elle fait également des excursions en traîneau qui peuvent durer jusqu'à onze jours. Suzanne déclare qu'elle préfère cette façon de vivre à toute autre. Ses habitudes exigent une attention continuelle accaparée par l'organisation judicieuse de ses tâches qui l'occupent quinze heures par jour et font de sa vie une expérience optimale continuelle.

Un navigateur en solitaire a raconté une anecdote qui illustre bien jusqu'où l'on peut aller pour lutter contre la confusion mentale. Dans une traversée de l'Atlantique, il rencontra près des Açores (à environ mille deux cents kilomètres des côtes portugaises) un autre navigateur sur son voilier. Quelle chance de parler à un camarade, en pleine mer ! L'homme était en train de nettoyer le pont enduit d'une substance jaune qui dégageait une odeur infecte.

> — Qu'est-il arrivé à votre bateau ?
> — Ce sont des œufs pourris.
> — Comment est-ce possible, en plein océan ?
> — Ben, c'est que le frigo est cassé et les œufs se sont gâtés. Parce qu'il n'y avait pas de vent depuis plusieurs jours et que j'étais en train de devenir fou, j'ai brisé les œufs sur le pont plutôt que de les jeter à la mer. Je les ai laissés sécher pour que ce soit plus difficile à nettoyer, mais je n'avais pas prévu une telle puanteur.

Habituellement, le navigateur en solitaire est fort occupé sur son embarcation car sa survie dépend des manœuvres qu'il fait pour s'adapter au vent et à la mer. C'est cette concentration constante qui rend la navigation à voile si gratifiante. Mais, quand le cafard s'y met, il faut alors prendre des décisions héroïques ou tout au moins inhabituelles pour trouver un défi, maintenir l'ordre dans sa conscience, bref, survivre.

On pourrait considérer que Dorothy, Suzanne, les navigateurs ou d'autres ermites « fuient la réalité », comme le font ceux qui s'adonnent à la drogue, et que, dans les deux cas, l'esprit évite les pensées et les sentiments déplaisants. Cette façon de penser ne tient pas compte de la *manière* d'affronter la solitude. D'un côté, un individu profite de sa solitude pour tendre à des buts qu'il ne pourrait réaliser autrement et pour développer de nouvelles aptitudes, de sorte qu'il jouit d'un grand enchantement. D'un autre côté, un individu cherche à fuir la solitude à tout prix et, pour éviter la panique, recourt à des tactiques ou à des distractions régressives ; il n'en sort pas grandi. La vie simple sur une petite île déserte et l'excursion en traîneau à chiens peuvent sembler des entreprises primitives comparées aux activités des play-boys et des yuppies qui inhalent de la cocaïne, mais, en termes d'organisation psychique, le premier style de vie est infiniment plus complexe que le second, donc plus susceptible d'apporter la maîtrise de sa conscience, de faciliter la croissance personnelle et l'expérience optimale à long terme. Il est évident qu'il n'est pas nécessaire, pour bien profiter de sa solitude, de voguer en solitaire ou de « danser avec les loups » en Alaska, mais ces exemples illustrent des façons créatives de l'affronter positivement. D'autres doivent le faire au cœur des grandes villes et certaines personnes s'en tirent plutôt mal, comme l'expérience pathétique racontée par Amos Kollec dans son film *Sue perdue dans Manhattan* (2000).

L'expérience optimale en famille

Les relations familiales sont à l'origine des expériences les plus intenses et les plus significatives. Un grand nombre d'hommes et de femmes seraient d'accord avec l'énoncé de Lee Iacocca[9] : « J'ai eu une merveilleuse carrière, mais, en comparaison de ma famille, elle importe bien peu. »

Au cours de l'histoire du monde, les êtres humains ont passé leur vie dans le groupe familial[10], de sorte qu'ils ont connu une intimité spéciale avec ses membres. Les sociobiologistes y voient une base génétique : la loyauté serait reliée au nombre de gènes partagés ; ainsi, les frères devraient s'entraider plus que les cousins, etc. Il y a certainement des facteurs biologiques à l'attachement familial ; les mammifères n'auraient pas survécu autrement. Cependant, il faut reconnaître que les types de liens familiaux ont été incroyablement variés dans les différentes cultures et à travers les différentes époques.

Les relations entre époux et entre parents et enfants sont fortement déterminées par la structure familiale (monogame, polygame, matrilinéaire, patrilinéaire) ou par la façon dont se transmet l'héritage (entièrement au premier-né ou divisé également entre les fils). Ces facteurs exercent non seulement une influence sur l'économie d'une société, mais sur les relations, les sentiments, les attentes et les responsabilités des membres de la famille. Si la programmation génétique prédispose à l'attachement familial, le contexte culturel intervient fortement sur l'intensité et la direction de cet attachement.

Puisque la famille constitue le premier et le plus important environnement social, la qualité de la vie dépend grandement de la qualité des relations entre ses membres. Malgré l'intensité des liens forgés par la biologie et la culture, il est évident que les sentiments éprouvés par les enfants les uns envers les autres varient considérablement. Certaines familles sont chaleureuses, d'autres sont stimulantes, d'autres encore créent une menace constante pour le soi de leurs membres, d'autres enfin sont tout simplement ennuyeuses. Le nombre de crimes commis dans les familles (meurtres, mauvais traitements, abus sexuels[11], etc.) est encore plus élevé que ne l'indiquent les statistiques. « Ceux que nous aimons le plus sont ceux qui ont le plus de pouvoir de nous faire mal », écrit John Fletcher (1597-1625), auteur dramatique britannique. La famille peut rendre quelqu'un heureux ou malheureux ; cela dépend beaucoup de l'énergie psychique que les membres investissent dans les relations mutuelles et dans les buts de chacun.

Quand un couple se forme, les partenaires doivent accepter des contraintes ; tous les aspects de la vie doivent être négociés. Jusqu'à un certain point, il faut une harmonie des goûts, des intérêts et surtout une attention portée à l'autre. Bref, se marier (ou décider de vivre ensemble) requiert une réorientation radicale et permanente des habitudes attentionnelles. Lorsque l'enfant paraît, le couple doit s'adapter encore une fois aux multiples changements qu'il apporte : heures de sommeil, sorties moins fréquentes, vie au travail et économie pour son éducation. Tous les changements exigés peuvent être frustrants ; le célibataire d'hier ne pourra peut-être plus rêver à sa Mercedes sport et à ses voyages aux Caraïbes. Tout cela peut engendrer des conflits internes (entropie psychique) ou des querelles conjugales. Il est clair que l'entrée en ménage entraîne des modifications profondes, car les changements de priorité amènent un changement du soi.

Il y a quelques décennies, les membres de la famille pouvaient demeurer ensemble pour des raisons extrinsèques : l'homme avait besoin d'une femme pour s'occuper de la maison et des enfants, la femme avait besoin d'un gagne-pain et les enfants avaient besoin d'un toit. Les « valeurs familiales » de l'époque étaient le reflet de la simple nécessité, le tout enveloppé de considérations religieuses et morales. Trop souvent, la famille « tenait » par la contrainte mais était tiraillée par des conflits. La « désintégration » récente de la famille résulte de la disparition des pressions externes et des changements sociaux (changements dans le monde du travail qui s'est ouvert aux femmes, par exemple) beaucoup plus que de la baisse de l'amour et de la moralité.

Il y a de grandes possibilités de joie et de croissance dans la vie de famille et les récompenses intrinsèques ne sont pas moins présentes qu'autrefois. Il est certain que des contraintes externes existent toujours, mais les familles qui s'adaptent et persévèrent sont plus susceptibles d'aider leurs membres à se développer que celles qui restent ensemble contre leur gré. Le problème fondamental est celui de l'adaptation des membres entre eux et de l'adaptation du couple et de la famille à l'environnement, aux conditions de vie et aux valeurs de la société.

Couramment, on parle du mariage comme la fin de la liberté et comme une « prison dorée ». Il est certain qu'il comporte son lot de responsabilités, confrontant les buts personnels et la liberté d'action, mais on oublie que ces obligations et règles ne sont pas différentes, en principe, de celles existant dans les jeux. Tout règlement interdit certains comportements, réduit certaines possibilités, mais encadre les individus, concentre l'attention sur un but et les actions qui y conduisent et permet l'enchantement associé à ce jeu. Le philosophe romain Cicéron (106-43 avant J.-C.) a écrit que, pour être libre, il faut être soumis à un ensemble de lois ; l'acceptation des limites est libératrice. Par exemple, la personne qui décide d'investir dans son mariage en dépit des problèmes et des attirances qui pourraient survenir, est libérée de la pression constante d'essayer de maximiser son profit émotionnel. Le choix volontaire – et non sous l'influence de la tradition – évite des remises en question inutiles ou la recherche d'une herbe plus verte ailleurs, de sorte que l'énergie disponible sert à vivre vraiment (à connaître l'expérience optimale) au lieu de chercher comment vivre. Essayons de voir comment les conditions de l'expérience optimale peuvent s'appliquer à la vie de famille.

Un but commun. Pour connaître l'expérience optimale, la famille doit avoir un but. Les raisons extrinsèques ne sont pas suffisantes : « Les autres se marient » ; « Il est naturel d'avoir des enfants » ; « La vie à deux représente une économie ». Ces raisons, comme on le sait, ne maintiendront pas une vie de famille très agréable. Pour orienter l'énergie psychique des parents et des enfants, il faut une tâche commune. Il s'agit d'abord de buts généraux à long terme – trouver son style de vie, construire la maison idéale, fournir la meilleure éducation aux enfants, transmettre certaines valeurs dans une société moderne sécularisée, etc. Ces grands objectifs exigent des interactions qui augmenteront la complexité[12] des membres de la famille : la *différenciation*, selon laquelle chaque personne est encouragée à développer ses traits de caractère, ses aptitudes et ses buts uniques, et l'*intégration*, selon laquelle chaque personne entretient des liens étroits avec les autres. Il faut, en outre, l'apport constant d'objectifs concrets à court terme comme l'achat d'un divan, la préparation d'un pique-nique, la planification des vacances ou simplement jouer au Scrabble en famille par un dimanche pluvieux. Sinon, comment est-il possible de conserver l'unité de la famille et de maintenir l'intérêt de ses membres ? Ici aussi, il y a lieu de favoriser la réalisation des projets individuels et surtout de les harmoniser. La famille pourra aller au rallye de motocyclettes au cours d'un week-end (projet de Rick) et se rendre à l'aquarium le dimanche suivant (désir d'Erika) pour que les deux adolescents y trouvent leur compte et aient la possibilité de découvrir du nouveau en s'intéressant au projet de l'autre.

Rétroaction. Dans le but de maintenir la communication entre les membres de la famille et éventuellement de corriger le tir, l'activité familiale doit fournir une rétroaction claire. Si le mari ne sait pas ce qui irrite son épouse (ou vice versa), il n'est pas possible de réduire une tension grandissante qui fait naître l'entropie. Dans la vie familiale, les conflits sont d'autant plus probables que les buts de chacun sont différents (et parfois incompatibles). Seule une communication ouverte constante permet l'harmonisation des intérêts, sinon, la relation de couple (ou la vie de famille) éclate. De plus, la rétroaction informe les membres des résultats de l'activité. Par exemple, l'auteur et son épouse ont amené (une fois ou deux par an) les enfants au zoo parce qu'il s'agit d'une activité éducative fort agréable. Mais lorsque l'aîné eut atteint l'âge de dix ans, les visites cessèrent parce que la vue d'animaux sauvages limités à un espace aussi réduit affligeait profondément l'enfant. Dans d'autres cas, les jeunes ne se gênent pas pour dire que telle activité est « plate ». Certains parents forcent leurs enfants adolescents à suivre la famille malgré tout, d'autres les abandonnent à leurs propres loisirs avec leurs pairs ; la stratégie la plus profitable – et la plus difficile – consiste plutôt à trouver ensemble des activités qui maintiennent l'unité de la famille.

Équilibre défi-aptitudes. Quand un homme rencontre une femme, les possibilités d'action (les défis) sont claires et nombreuses au cours de la période de fréquentation/séduction. Ensuite, selon les aptitudes des partenaires, les défis deviennent plus complexes, la relation s'approfondit : quels sont les intérêts de l'autre, quelle sorte de personne est-elle, que pense-t-elle de tel ou tel problème politique, social ou autre ? Il y a beaucoup de choses à découvrir. Avec le temps, les défis deviennent rares, les réactions deviennent prévisibles, les jeux sexuels sont moins excitants, tout devient routine. Pour retrouver l'enchantement, il faut trouver ensemble de nouveaux défis. Ils peuvent être fort simples : varier les habitudes journalières ou hebdomadaires, trouver de nouveaux sujets de discussion, se lier à de nouveaux amis, visiter de nouveaux endroits et surtout connaître l'autre plus en profondeur. Surviendront ensuite des défis ou des questions plus profondes qui impliquent une vie à deux « pour la vie », la venue d'enfants, etc. Seul l'investissement de temps et d'énergie apportera l'approfondissement de la relation et augmentera la qualité de la vie à deux [13].

Cette même recherche de l'équilibre entre défis et aptitudes s'avère nécessaire dans la relation parents-enfants. Généralement, les choses vont bien au cours de l'enfance : du berceau au parc, au terrain de jeu, à la garderie, à l'école primaire. Parvenu à dix-sept ans, c'est, pour beaucoup, l'âge des études supérieures. Mais que faire entre douze et dix-sept ans ? Voilà une question que se posent bien des parents et leurs enfants adolescents. Que peut faire aujourd'hui un adolescent fort, intelligent et plein de vie qui demeure dans une banlieue cossue ou dans un bas quartier [14] ? Livrés à eux-mêmes et à leur sous-culture, les jeunes s'adonnent trop souvent au vandalisme, à la délinquance, à la drogue, à la promiscuité sexuelle, etc. Que peuvent faire les parents devant le vide urbain ou devant les loisirs artificiels, coûteux et polluants ? D'abord, la situation sera plus facile si les parents s'intéressent et s'engagent dans des activités variées et complexes : musique, cuisine, lecture, jardinage et toutes sortes de hobbies susceptibles d'intéresser leurs enfants. De plus, il y a beaucoup à faire par le biais de la discussion [15]. Si les parents partagent leurs idéaux et leurs rêves de même que leurs frustrations, les enfants auront tendance à clarifier leurs propres ambitions au lieu de se conformer bêtement à celles de leurs pairs. L'échange quotidien (à propos du travail, de l'école, des événements), au cours duquel l'adolescent est considéré comme un jeune adulte dont l'opinion est valorisée et discutée, rend la vie de famille plus agréable que celle où le père végète devant la télé avec sa bière.

Les communautés inventives peuvent offrir une foule de défis grâce aux centres de loisirs et communautaires, à de petits travaux et au bénévolat, sans parler du travail à temps partiel, qui peut être utile sous la surveillance des parents. La création d'un environnement qui fournit aux jeunes des activités (familiales et extrafamiliales) adéquates est une des tâches les plus pressantes pour les parents aujourd'hui.

Beaucoup de tensions et de drames pourraient être évités si la famille offrait aux adolescents l'acceptation, le contrôle et la confiance dont ils ont besoin. Dans un pareil climat[16], l'individu ne se préoccupe pas constamment d'être accepté, d'être aimé, d'être populaire et ne se sent pas obligé de céder face aux attentes des autres ; il connaît les limites et les conséquences de la transgression, mais il sait que, quoi qu'il arrive, il peut compter sur une acceptation inconditionnelle, sur une base affective stable. La famille qui a des projets communs, des canaux de communication ouverts et qui fournit constamment des possibilités d'action dans une atmosphère de confiance crée une vie agréable et fait surgir l'expérience optimale.

Beaucoup de parents – les hommes surtout – entretiennent l'illusion que la vie de famille prendra soin d'elle-même et que la meilleure stratégie consiste à se relaxer et à laisser faire. Absorbé par son travail et souvent épuisé, le père vit dans une foi superstitieuse à l'égard de sa famille. Un jour, il découvre que ses grands enfants sont des étrangers ou que son épouse est partie ou est devenue alcoolique. Comme toute entreprise, la famille exige un investissement psychique constant en vue d'assurer sa survie et son bien-être. Le musicien ne peut cesser de pratiquer, l'athlète perd sa forme s'il ne s'entraîne pas, le président ou le directeur doit s'occuper constamment de sa société. Sans une attention constante, toute activité complexe tourne au chaos. Pourquoi en serait-il autrement de la famille ?

Les relations amicales

Aristote écrivait : « Sans amis, personne ne choisirait de vivre, même s'il avait tous les autres biens », et Francis Bacon reprenait : « La pire solitude, c'est d'être dénué d'une amitié sincère. » Comparées aux relations familiales, les amitiés sont plus faciles à goûter parce que nous les choisissons et nous les construisons sur la base d'intérêts communs et de buts complémentaires. À la maison, il y a des tâches ennuyeuses (vaisselle, ménage, poubelle, etc.) tandis qu'avec les amis il est possible de se limiter à ce qui est agréable. Il n'est donc pas surprenant que les résultats des recherches démontrent avec régularité que les gens font part de leurs humeurs les plus positives en présence de leurs amis. Cette conclusion vaut pour les adolescents, pour les adultes ainsi que pour les retraités qui déclarent être plus heureux avec leurs amis qu'avec leurs conjoints.

Les relations amicales prennent plusieurs formes, des plus destructrices aux plus complexes. La camaraderie, qui procure une forme de validation à un soi insécure, peut être plaisante, mais, dans notre optique, elle est moins profitable que celle qui favorise l'accroissement. Les rencontres dans les bars, cafés, pubs, bistrots, partout à travers le monde fournissent depuis toujours une atmosphère agréable pour bavarder avec nos connaissances. Dans ce contexte, chacun sent son existence confirmée par l'attention des autres et par les échanges à propos de tout et de rien. Ce type d'interaction préserve l'individu de la solitude déstabilisante d'un esprit passif, mais il ne stimule pas l'accroissement car les propos sont comme programmés et hautement prévisibles. Les rencontres comportent peu des bénéfices de la véritable amitié ; mais bien des gens sont véritablement dépendants de ces contacts journaliers dans la mesure où ils reçoivent peu de soutien affectif à la maison et trouvent la solitude insupportable.

Des adolescents deviennent si dépendants de leur groupe de pairs qu'ils feront n'importe quoi pour y demeurer. Il y a quelques années, à Tucson (Arizona), les lycéens d'une classe de terminale savaient tous qu'un de leurs pairs plus âgé avait tué quelques-uns uns de leurs camarades et avait brûlé les corps dans le désert, mais personne n'avait rapporté cet acte aux autorités policières, qui ont découvert les crimes par hasard. Ces adolescents, de bons enfants de banlieue issus de la classe moyenne, ont expliqué qu'ils ne pouvaient divulguer les meurtres par peur d'être rejetés par les autres.

En revanche, le jeune qui se sent accepté à la maison sera moins dépendant du groupe et contrôlera mieux ses relations avec ses pairs. L'histoire de Christopher est intéressante à ce propos. À quinze ans, il était timide, tranquille, affublé de grosses lunettes et avait peu d'amis. Il se sentait assez proche de ses parents pour leur dire qu'il en avait assez d'être laissé de côté et qu'il voulait devenir populaire à l'école. Christopher adopta une stratégie bien planifiée : il se procura des lentilles, se mit à porter des vêtements à la mode, s'informa sur la musique populaire et agrémenta sa coiffure d'une mèche blonde. Devant le miroir, il essaya de changer sa « personnalité » en pratiquant une démarche relaxée et un sourire de commande. Assisté de ses parents, Christopher fit des progrès dans la poursuite de son but. Vers la fin de l'année, il était invité dans plusieurs groupes ; l'année suivante, il remporta une compétition musicale ; il attira les filles qui collaient sa photo dans leurs casiers. L'album des terminales énuméra ses succès, comme celui de *sexy guy* de l'année ! Il avait donc réussi à changer sa personnalité sociale en manipulant (d'une certaine façon) la perception que les autres avaient de lui ; intérieurement, il demeurait sensible et généreux. Il ne déprécia pas ses camarades et n'eut pas la « grosse tête » avec sa popularité. Christopher doit son succès à son mode d'approche ; il a œuvré pour atteindre son objectif avec le détachement et la discipline d'un athlète ou d'un scientifique. Il ne s'est pas laissé submerger par la tâche mais s'est donné des défis progressifs et réalistes. Il a transformé le monstre de la popularité en activités agréables qui lui ont apporté fierté, estime de soi et enchantement.

Dans le contexte des relations amicales surviennent également les expériences les plus intenses. Ces dernières se produisent lorsque sont présentes les conditions de l'expérience optimale : buts communs, rétroaction réciproque, nouveaux défis. Le partage des pensées et des sentiments intimes exige l'attention, l'ouverture et la sensibilité. Comme dans les autres domaines, l'amitié provoque un bonheur intense quand il y a investissement d'énergie psychique. En réalité, c'est quelque chose de rare mais de très précieux.

Les aptitudes impliquées dans l'amitié sont de deux sortes : instrumentales et expressives[17]. Les aptitudes *instrumentales* sont celles que nous apprenons en vue de faire face aux exigences quotidiennes ou de négocier efficacement avec l'environnement. Elles comprennent les aptitudes de survie et les connaissances spécialisées. Ceux qui n'ont pas appris à connaître l'expérience optimale dans ce qu'ils entreprennent considèrent les tâches instrumentales comme extrinsèques, parce que imposées de l'extérieur. Les aptitudes *expressives* se réfèrent aux actions qui extériorisent les expériences subjectives : chant, danse, peinture peuvent exprimer les sentiments tout comme une remarque humoristique ou un sport pratiqué avec un ami. Celui dont la vie se limite aux activités instrumentales, sans connaître l'expérience des activités expressives, devient comme un robot programmé qui mime le comportement humain.

Dans le cours de la vie habituelle, il y a peu de possibilités de vivre le sentiment de plénitude que fournissent les activités expressives. Au travail, il faut jouer son rôle avec compétence : être un mécanicien habile, un juge perspicace ou un serveur affable ; à la maison, d'autres rôles occupent chacun : être une mère dévouée, un fils respectueux ; entre les deux, l'individu prend le métro et demeure impassible. Il n'y a qu'avec les amis qu'il est possible de se laisser aller, d'être soi-même, de laisser libre cours à son soi. Avec la diminution des pressions extrinsèques à l'égard du mariage, il y a de plus en plus de couples qui connaissent cette amitié ; plusieurs personnes affirment que leur conjoint est leur meilleur ami.

L'amitié sera source d'enchantement à condition de miser sur l'expression de soi. Celui qui s'entoure d'amis qui confirment simplement son personnage public, qui ne questionnent pas ses rêves ou ses désirs, qui ne le poussent pas à essayer de nouvelles façons d'être, celui-là rate les possibilités qu'offre l'amitié. Le véritable ami est celui avec lequel il est possible d'être parfois cinglé ou « pas en forme » ; c'est quelqu'un avec qui partager son idéal d'accroissement de même que les risques qu'on a le goût de prendre. Si la famille assure la protection affective de base, l'amitié implique la nouveauté. Par exemple, les gens se rappellent des vacances en famille ; avec les amis, ils rapportent des souvenirs associés à l'excitation, à l'aventure, à la découverte.

De nos jours, il est difficile de maintenir les amitiés. La grande mobilité et la spécialisation étroite (entre autres) rendent difficiles les relations durables. Bien des gestionnaires haut placés, des professionnels de toutes sortes déplorent l'isolement et la solitude qu'ils connaissent. Ils se rappellent – avec une larme à l'œil – leurs rencontres passées au collège, au lycée, à l'université, mais ils n'ont jamais revu tous ces camarades qui ne présentent plus, à présent, que l'intérêt du souvenir. Ici aussi, les choses n'arrivent pas naturellement. S'il est plus facile de lier amitié au collège, la création ou le maintien de relations amicales au cours de l'âge adulte exigent l'investissement d'une énergie considérable, c'est le prix de l'amitié authentique et de l'expérience formidable qu'elle permet.

L'ouverture à la communauté

L'individu peut appartenir à un réseau de relations plus large s'il souscrit aux aspirations d'une communauté, d'un groupe ethnique, d'un parti politique, d'un pays, voire – comme Gandhi et mère Teresa – de l'humanité entière. Le mot grec *politikos* se référait aux affaires qui dépassaient le bien-être personnel et familial. Dans son sens noble, la politique se rapporte à la chose publique et offre des activités complexes qui constituent des défis stimulants à un niveau plus large que celui de la famille. Malheureusement, ceux qui se lancent dans la sphère publique (politiciens, militants, philanthropes, etc.) n'atteignent pas toujours un haut niveau de complexité et n'agissent pas toujours pour des raisons louables.

Dans le domaine de la vie publique, les défis sont très élevés et exigent une quantité énorme d'énergie. Cependant, les bénéfices rejaillissent sur la société. L'action de certains individus[18] peut changer un pays ou influencer le monde entier. Les hommes politiques peuvent rechercher richesse et popularité pour eux-mêmes, mais, dans la mesure où ils travaillent pour le bien commun, ils peuvent réaliser de grandes choses contribuant au bien de leur pays et leur procurant, certainement, une expérience intense peu commune. Ici encore, l'expérience optimale est liée aux conditions habituelles (défi, aptitudes adéquates, concentration, rétroaction).

Puisque l'énergie psychique est limitée, on ne peut pas s'attendre que tous s'engagent dans la chose publique. Certains sont aux prises avec des conditions hostiles à leur survie, d'autres sont impliqués dans un certain nombre de défis (dans le domaine professionnel, par exemple), mais on peut penser qu'il y aura toujours des gens capables et prêts à investir leur énergie psychique pour affronter divers problèmes sociaux. Le concept d'expérience optimale est, ici, fort utile car il permet de comprendre qu'en aidant les autres, en travaillant pour le bien de la communauté les gens améliorent leur qualité de vie. L'application de la théorie de l'expérience optimale à la sphère sociale donne une idée de ce que devraient être les institutions pour favoriser le bonheur du plus grand nombre. Ce n'est pas la rationalité économique[19] seule qui doit déterminer la « ligne de base » de l'effort humain (qui ne se mesure pas en dollars) ; le vrai niveau de base s'établit en termes de qualité et de complexité de l'expérience vécue.

Comme les tenants de l'approche humaniste l'ont prêché depuis longtemps, une communauté ne doit pas être jugée sur sa richesse et son avance technologique, mais sur sa capacité d'aider ses membres à profiter de plusieurs aspects de leur vie et à développer leur potentiel dans la poursuite de leurs ambitions. Une bonne école est celle qui transmet l'enchantement d'apprendre sans cesse ; une bonne usine (ou une entreprise quelconque) est celle qui améliore la qualité de vie de ses employés et de ses clients ; la vraie fonction politique ne consiste pas tant à apporter puissance et richesse qu'à rendre possible une existence complexe et pleine de défis, donc actualisante et agréable.

Cependant, aucun changement social n'adviendra s'il n'y a pas, d'abord, un changement dans la conscience individuelle. « Réforme-toi toi-même. Il y aura une canaille de moins dans le monde », répondait Carlyle à un jeune homme qui lui demandait comment réformer le monde. Ce conseil semble toujours valable.

10

La victoire sur le chaos

Introduction

Malgré ce qui a été dit dans les précédents chapitres, le lecteur peut encore penser qu'il doit être facile d'être heureux quand on a la chance d'être beau, riche et en bonne santé. Mais comment améliorer la qualité de la vie quand les choses ne tournent pas rond, quand le destin est injuste ? La capacité de faire la différence entre plaisir passager et enchantement profond aidera-t-elle celui qui manque d'argent avant la fin du mois ? C'est bien de penser aux défis et à la complexité quand on a une profession intéressante et lucrative, mais pourquoi essayer d'améliorer un travail fondamentalement déshumanisant ? Comment les malades, les pauvres et les victimes de l'adversité peuvent-ils contrôler leur conscience ? Ne faudrait-il pas d'abord améliorer leurs conditions matérielles[1] pour que l'expérience optimale puisse améliorer quelque peu leur qualité de vie ? L'expérience optimale pourrait être considérée comme le glaçage sur un gâteau fait d'ingrédients fiables comme la richesse et la santé ; ce serait en quelque sorte une décoration. Ne faut-il pas une base solide constituée d'avantages réels pour rendre la vie satisfaisante ? *Rien n'est plus opposé à la thèse défendue dans ce livre.* L'expérience subjective n'est pas seulement une des dimensions de la vie, c'est *la* vie elle-même. Les conditions matérielles sont secondaires, elles affectent l'individu indirectement, par l'intermédiaire de l'expérience vécue. L'expérience optimale et même le plaisir affectent la qualité de la vie directement. La santé, l'argent et les conditions matérielles peuvent améliorer la vie, mais pas nécessairement. À moins d'apprendre à contrôler son énergie psychique, les avantages externes sont inutiles.

En revanche, des personnes qui ont souffert durement en arrivent non seulement à survivre, mais à profiter de la vie et à connaître l'enchantement. Comment est-il possible que des êtres atteignent l'harmonie intérieure et croissent en complexité alors qu'ils ont subi les pires malheurs? Dans le présent chapitre, nous explorerons cette question en examinant comment des tragédies peuvent être transformées, comment affronter le stress et comment un soi autotélique peut créer l'ordre à partir du chaos.

La transformation des tragédies

Il peut sembler idéaliste de proclamer qu'une personne qui maîtrise sa conscience peut être heureuse quoi qu'il arrive. Il y a certaines limites à la douleur, à la faim ou à la privation que le corps peut endurer. Cependant, cet énoncé du Dr Franz Alexander[2] est profondément vrai :

> « L'esprit gouverne le corps. Voilà le fait le plus fondamental que nous connaissions à propos du processus de la vie, même si la biologie et la médecine en ont peu tenu compte. »

Le courant de la médecine holistique, le livre de Norman Cousins[3] (qui raconte sa victoire sur une maladie terminale) et les descriptions du Dr Bernie Siegel à propos de l'autoguérison ont déjà remis en question l'approche matérialiste de la santé qui a prévalu jusqu'à récemment. Selon la perspective adoptée ici, il convient de souligner qu'une personne qui a appris à vivre l'expérience optimale est capable de tirer profit de la vie même dans des situations susceptibles de provoquer le désespoir[4]. Voyons quelques exemples[5]. L'équipe du professeur Massimini[6] (université de Milan) a accumulé des cas quasi incroyables de personnes qui connaissent l'expérience optimale et mènent une vie heureuse en dépit des sévères handicaps dont elles ont été victimes. Il y a d'abord les jeunes paraplégiques qui ont perdu l'usage des membres inférieurs à la suite d'un accident. Les interviews ont fait voir qu'une grande proportion[7] de ces personnes considèrent ce dernier comme un événement à la fois très négatif et très *positif*. S'il est évalué comme positif, c'est que l'événement tragique a fourni à la victime de nouveaux buts clairs tout en réduisant les choix contradictoires et secondaires. Le patient qui apprend à affronter de nouveaux défis découvre souvent le but fondamental qui lui manquait auparavant. Se créer une nouvelle vie est source de fierté et d'enchantement. La personne « détourne » l'accident : d'une source d'entropie elle fait un moyen de croissance, l'occasion d'un ordre intérieur.

Lucio, un bon vivant qui travaillait dans une station-service, avait vingt ans lorsqu'un accident de motocyclette entraîna une paralysie de ses membres inférieurs. Il aimait jouer au rugby, écouter de la musique, mais fondamentalement sa vie tournait en rond, sans projet. À la suite d'une pénible récupération, les expériences agréables ont augmenté en nombre et en complexité. Il est allé à l'université, a obtenu un diplôme en langues et a travaillé ensuite à son compte comme conseiller dans le domaine des impôts. Ses études furent une source constante d'expériences optimales de même que son travail ; il aime la pêche et le tir à l'arc (il est, d'ailleurs, champion régional du tir à l'arc en fauteuil roulant). Voici un extrait de son interview :

> « Devenir paraplégique a été pour moi une nouvelle naissance. J'ai dû tout réapprendre : m'habiller, par exemple, et surtout utiliser mon jugement. J'ai eu à composer avec l'environnement, à l'utiliser sans tout contrôler… il a fallu de l'engagement, de la volonté et de la patience. Pour ce qui est de l'avenir, je veux continuer de m'améliorer, dépasser les limites de mon handicap… voilà ce qu'est devenu mon projet de vie. »

Franco a également été victime d'un accident qui provoqua la paralysie de ses membres inférieurs et a eu des problèmes urologiques qui ont nécessité plusieurs interventions chirurgicales. Avant son accident, il était électricien et aimait son travail, mais sa source d'intenses expériences positives provenait de la danse acrobatique le samedi soir. Inutile de dire que la paralysie des jambes fut, pour lui, un coup particulièrement pénible. Franco est devenu conseiller auprès d'autres paraplégiques. Son désir est d'aider les victimes à lutter contre le désespoir et de les assister au cours de la rééducation : « Je voudrais être utile aux autres et les aider à accepter leur situation. » La tragédie ne l'a pas diminué, elle fut plutôt l'occasion d'un enrichissement, une source d'expériences plus complexes. Au moment de l'interview, Franco était fiancé à une jeune femme paraplégique, elle aussi, qui reprenait vie en quelque sorte après une longue période de résignation passive à la suite de son accident.

Le témoignage du Dr Jacques Voyer[8] constitue également une source d'inspiration. Il a été atteint de paralysie des membres inférieurs à la suite d'un mauvais plongeon à l'âge de vingt et un ans. Il a fait des études en médecine, s'est spécialisé en psychiatrie et travaille maintenant à l'hôpital Royal Victoria (Montréal) où il accompagne des malades en phase terminale avec une équipe de bénévoles. Cet homme adore son travail et respire la joie de vivre. Voici un extrait de son interview :

> « Je n'ai pas choisi de passer ma vie en fauteuil roulant, mais après une tragédie il faut faire un deuil et s'adapter à la nouvelle réalité… En fauteuil roulant, on n'a pas moins de dispositions au bonheur… Je ne le dis pas trop, mais je suis *très* heureux… le bonheur, ça se savoure… »

Plusieurs interviews ont été réalisées avec des aveugles (de naissance ou suite à un accident). On trouve, ici encore, des personnes qui considèrent l'absence de vision comme quelque chose de *positif* qui a enrichi leur vie. Pilar, une femme de trente-trois ans, a perdu la vue à douze ans. Cet événement lui a permis de quitter une famille pauvre ou régnait la violence et d'avoir une vie gratifiante et pleine de sens. Elle aime son travail, écoute de la musique, rencontre des amis et « profite de ce qui arrive ». Parmi les conséquences positives de la perte de la vue, elle signale : « cela m'a rendue plus mature… je ne vois pas les problèmes avec pathos, comme c'est souvent le cas chez mes camarades ».

Paolo a trente ans au moment de l'interview ; il est devenu aveugle six ans auparavant. Il ne considère pas que ce soit une expérience positive que d'être aveugle, mais il identifie quatre effets positifs : « 1) J'accepte mes limites, mais j'essaie de les dépasser ; 2) j'essaie de changer les situations que je n'aime pas ; 3) je ne veux pas répéter certaines erreurs passées ; 4) je ne me fais pas trop d'illusions ; je m'efforce d'être tolérant envers moi-même et envers les autres. » Il ne faut pas penser que les défis de Paolo se limitent à son for intérieur, c'est un individu très actif : il participe aux tournois d'échecs pour aveugles, il pratique des sports, écoute de la musique et joue de la guitare. Récemment, il est arrivé septième à un concours de natation pour handicapés en Suède et a gagné un tournoi d'échecs en Espagne. Il se propose d'écrire prochainement un manuel en braille pour l'apprentissage de la guitare classique. Son épouse est également aveugle et active : elle est entraîneur d'une équipe d'athlétisme de femmes aveugles. Pour Paolo, les réalisations extraordinaires comptent pour peu en regard de l'expérience positive de la maîtrise de sa vie intérieure.

Certaines personnes ont connu l'expérience optimale malgré les conditions extrêmement difficiles de l'emprisonnement ; ce faisant, elles ont assuré leur survie physique et psychique. Christopher Burney, prisonnier des nazis pendant la Seconde Guerre mondiale, a subi de longs séjours solitaires dans de petites cellules. Il donne un compte-rendu détaillé du processus permettant de vivre une expérience positive même dans l'adversité.

> « Lorsque l'éventail des expériences est soudain restreint et qu'il reste peu de nourriture pour l'esprit et le cœur, il faut s'intéresser aux choses disponibles et se poser à leur sujet toute une série de questions souvent absurdes. Est-ce que cela fonctionne ? Comment ? Qui l'a fait et avec quoi ? Quand et où ai-je vu quelque chose de semblable ? Est-ce que cela me rappelle quelque chose ?... *Ainsi, un merveilleux train de combinaisons et d'associations surgissent dans mon esprit.* La longueur et la complexité de ces pensées font oublier leur humble origine. »
> (Cet homme détaille ensuite les objets sur lesquels il se concentrait : son lit, sa couverture, les toilettes, les fenêtres, les fissures des murs de la cellule, etc.)

Bien d'autres survivants d'un emprisonnement prolongé dans des conditions terribles ont fait preuve de la même ingéniosité. Eva Zeisel, cette céramiste emprisonnée dans la trop fameuse prison de la Loubianka à Moscou, par la police de Staline, a conservé sa santé mentale en se demandant comment se fabriquer un soutien-gorge avec le matériel disponible, en jouant aux échecs contre elle-même (dans son imagination), en entretenant des conversations imaginaires, en faisant de la gymnastique, en composant des poèmes et en s'efforçant de les retenir. Un compagnon de Soljenitsyne (dans la prison de Lefortovo) avait dessiné la carte du monde sur le plancher de sa cellule et s'imaginait qu'il traversait l'Asie et l'Europe vers l'Amérique à raison de quelques kilomètres par jour. Albert Speer, l'architecte favori de Hitler tombé en disgrâce et emprisonné, s'imaginait faire le trajet de Berlin à Jérusalem en se représentant, en imagination, les événements, les endroits, les décors et les péripéties du voyage.

Un pilote américain, prisonnier pendant des années au Vietnam du Nord où il perdit trente-six kilos, se hâta, après sa libération, d'aller jouer au golf! À la grande surprise de ses amis et malgré sa grande maigreur, il joua une excellente partie. Il expliqua que pendant sa détention il s'imaginait jouer ses dix-huit trous chaque jour en changeant d'endroit et en travaillant systématiquement l'approche de chaque trou. Sa discipline lui avait permis de sauvegarder sa santé mentale et même son habileté physique[9].

L'importance du contrôle de son énergie psychique malgré l'oppression des forces externes apparaît également dans le témoignage de Soljenitsyne[10] :

> « Parfois, dans une colonne de prisonniers découragés, au milieu des cris des gardiens armés, je me sentais envahi par une vague de poésie et d'images... Dans ces moments, je me sentais libre et heureux... Certains prisonniers essayaient de s'échapper en franchissant les barbelés. Pour moi, il n'y avait pas de barbelés. Le décompte des prisonniers demeurait le même, mais moi je n'étais plus là. »

L'équipe de Milan a également rencontré des itinérants, comme on en trouve dans toutes les grandes villes. La plupart des gens adoptent une attitude ambiguë à leur égard : ils sont désolés devant ces « marginaux » qui n'ont pas une vie « normale » et que l'on diagnostique parfois comme « psychopathes ». De fait, un certain nombre de sans-abri sont impuissants et ont été vidés de leur énergie par des catastrophes diverses. Cependant, il est surprenant de découvrir comment certains d'entre eux ont réussi à transformer des conditions difficiles en une existence qui fournit des expériences optimales. Parmi de nombreux exemples, citons plus longuement un récit représentatif.

Reyad est un Égyptien de trente-trois ans qui dort régulièrement dans les rues de Milan, mange dans les cuisines populaires et lave la vaisselle dans des restaurants quand il a besoin d'argent. À la suite de la description de l'expérience optimale par l'intervieweur, il lui répond :

> «Cela décrit ma vie depuis plus de quinze ans. Après la guerre de 1967 (contre Israël), j'ai décidé de quitter l'Égypte et de traverser l'Europe en stop. Avant cette date, je vivais centré sur moi; ce voyage devenait pour moi une recherche d'identité. Les gens de mon entourage me trouvaient fou de partir. Mais la meilleure chose dans la vie est de se connaître... Depuis lors, mon idée a toujours été la même : me découvrir. J'ai rencontré pas mal de difficultés : j'ai traversé le Liban en guerre, la Syrie, la Jordanie, la Turquie, la Yougoslavie avant d'arriver ici [Italie]. J'ai vu des désastres naturels, j'ai dormi sur le bord de la route sous les orages et le tonnerre, j'ai été impliqué dans des accidents, j'ai vu mourir des amis, mais ma concentration n'a jamais flanché... Cette aventure dure depuis longtemps et elle continuera le reste de ma vie...
>
> «Toutes ces expériences m'ont fait voir que le monde ne vaut pas grand-chose. La seule chose qui compte pour moi, maintenant et pour toujours, c'est Dieu. Quand je prie, je me concentre, je mets de l'ordre dans mes pensées et je peux me calmer, dormir et ne pas devenir cinglé. Je crois que la destinée gouverne la vie et qu'il ne sert à rien de se battre...
>
> «Les automobiles, les téléviseurs et les beaux habits sont secondaires. Ce qui compte c'est de prier le Seigneur. Nous sommes comme le lion de la fable : il court après un troupeau de gazelles, mais il n'en attrape qu'une à la fois. Je voudrais être comme cela et non comme ces Occidentaux qui en veulent toujours plus... Si j'ai encore vingt ans à vivre, je veux profiter de chaque moment et non pas me tuer à essayer d'avoir plus... Je veux vivre en homme libre, je peux me contenter de peu; si je n'ai rien aujourd'hui, cela importe peu... Demain, je peux gagner 1 million et attraper une

maladie mortelle. Comme Jésus l'a dit : que sert à l'homme de gagner l'univers s'il perd son âme ? J'essaie de me conquérir moi-même et je me fous de perdre le monde.

« J'ai entrepris ce voyage comme un poussin qui sort de son œuf et j'ai marché dans la liberté… J'aurais pu trouver du travail chez moi et dormir sur mes deux oreilles, mais j'ai décidé de dormir avec le pauvre, parce qu'il faut souffrir pour devenir un homme. Être un homme, ce n'est pas seulement se marier et faire l'amour ; être un homme, c'est être responsable, savoir quand parler, savoir quoi dire et savoir se taire. »

Reyad a parlé encore longtemps, mais l'essentiel de son discours se résume à sa quête spirituelle inlassable. Comme les prophètes qui erraient dans le désert à la recherche de l'illumination, il y a deux mille ans, ce voyageur a orienté sa vie vers un but d'une hallucinante clarté : maîtriser sa conscience en vue d'établir une connexion entre Dieu et lui. Quelles sont les causes de son renoncement aux « bonnes choses de la vie » et de la poursuite de son rêve ? Est-il né avec un déséquilibre hormonal ? Ses parents l'ont-ils traumatisé ? Ces questions ne nous intéressent pas ici. Le sujet n'est pas d'expliquer pareil destin mais de reconnaître que – la vie de Reyad étant ce qu'elle est – cet homme a transformé des conditions difficiles en une existence pleine d'enchantement, ce que bien des gens vivant dans le confort et le luxe ne peuvent atteindre.

L'affrontement du stress

« Quand un homme sait qu'il sera pendu dans une quinzaine de jours, son esprit se concentre de façon remarquable », écrivait Samuel Johnson en 1777. Cette phrase s'applique bien aux cas présentés. Une catastrophe majeure qui empêche un but central dans la vie peut détruire le soi, qui utilise toute son énergie pour ériger une barrière autour des buts restants en vue de les défendre contre d'autres assauts éventuels, ou le désastre peut fournir un nouveau but, plus clair, plus urgent : relever les défis qu'il a suscités. Si la seconde voie est adoptée, la tragédie ne détruit pas la qualité de la vie, elle peut l'enrichir, comme ce fut le cas pour Lucio, Paolo et bien d'autres. Même la perte d'une faculté aussi fondamentale que la vision n'appauvrit pas nécessairement la conscience de la personne éprouvée ; c'est souvent le contraire qui arrive. Qu'est-ce qui fait la différence ? Comment se fait-il qu'un même coup dur détruise une personne et fasse progresser une autre ?

La réponse à cette question fait partie de ce que les psychologues appellent *affrontement du stress* [11]. Il est évident que certains événements causent plus de tension psychique que d'autres : la mort d'un être cher (époux, enfant) vient en tête de liste avec une magnitude bien supérieure à une hypothèque sur la maison, ce qui est plus stressant que de recevoir une contravention. Il est également évident que la même source de stress rend une personne misérable alors qu'une autre s'en tire fort bien. Les manières de réagir au stress s'appellent «aptitude d'affrontement» ou «style d'affrontement» (*coping style*) [12].

L'aptitude à réagir efficacement face au stress repose sur trois sortes de ressources : 1) le soutien externe provenant principalement du réseau social (une maladie sera moins pénible si l'on a une bonne assurance et une famille aimante) ; 2) les ressources psychiques de l'individu, comme l'intelligence, le niveau scolaire et les traits de personnalité pertinents (le déménagement dans une autre ville et la nécessité de se faire de nouveaux amis seront plus pénibles à l'introverti qu'à l'extraverti) ; 3) les stratégies d'affrontement du stress. C'est ce dernier facteur qui nous intéresse ici.

Le psychiatre George Vaillant [13] distingue deux grandes façons de réagir au stress : la façon positive qu'il appelle «stratégie mature» (et que d'autres appellent stratégie de transformation) et la façon négative, «défense névrotique» (ou stratégie régressive). Inventons le cas de Jim, analyste financier, afin d'illustrer les deux façons de réagir à la perte d'emploi. Selon les enquêtes, la perte d'emploi se situe à peu près au milieu de l'échelle du stress (entre la pire calamité et l'événement le plus bénin), étant entendu que son impact varie considérablement selon l'âge et les aptitudes de l'individu, ses économies et les conditions du marché du travail. Face à sa mise à pied, Jim peut se retirer en lui-même, dormir tard et éviter d'y penser ; il peut retourner sa colère contre sa famille, ses amis ou noyer son chagrin dans l'alcool. On aura reconnu les défenses immatures. Jim peut s'efforcer de rester calme, d'analyser son problème sereinement et de réévaluer ses priorités. À la suite de cet examen du problème, il peut envisager de déménager (à un endroit où sa profession est plus demandée) ou de se réorienter (ce qui peut exiger l'acquisition de nouvelles aptitudes). Il s'agit, alors, de stratégies matures. Plus fréquemment, les deux types de stratégie sont utilisés : l'individu enrage et se saoule le premier soir, survient une querelle conjugale, puis, après quelques jours, le calme revient et le problème est examiné sérieusement. Les gens diffèrent considérablement dans l'utilisation des stratégies d'adaptation. Le paraplégique devenu champion au tir à l'arc, l'aveugle qui participe aux tournois d'échecs, quoique éprouvés par des tragédies qui dépassent même l'échelle du stress, ont maîtrisé de façon peu commune les stratégies efficaces. D'autres, confrontés à un stress beaucoup moins intense, se résignent à une vie passive de victime, à une vie sans complexité.

On dit de ceux qui transforment les tragédies en expériences positives qu'ils bénéficient de « résilience »[14]. Cette aptitude et ce courage qui permettent de traverser les moments difficiles sont des qualités fort admirées[15]. C'est ce que faisait remarquer Francis Bacon en reprenant le discours du philosophe stoïcien Sénèque (qui a vécu de l'an 4 à l'an 65) :

> « Les bonnes choses qui relèvent de la prospérité sont désirées, mais les bonnes choses qui proviennent de l'adversité sont admirées. »

Parmi les exemples de personnes admirées, ceux que nous avons interrogés ont cité une dame âgée qui, malgré sa paralysie, est toujours chaleureuse et prête à écouter les problèmes des autres ; l'animateur d'un camp de jeunes qui a gardé son calme et a organisé un sauvetage efficace quand il a découvert qu'il manquait un baigneur ; une directrice d'entreprise qui, malgré des pressions ridicules et sexistes, s'est imposée dans un contexte de travail difficile ; le Dr Semmelweis (1818-1865), médecin hongrois, qui a toujours insisté, malgré les moqueries de ses collègues, pour que les obstétriciens se lavent les mains lors de l'accouchement (ce qui a sauvé la vie de bien des femmes). La raison invoquée pour justifier l'admiration est constante : ce sont des personnes qui se sont battues pour ce à quoi elles croyaient et ne se sont pas laissé écraser par l'opposition des autres. Elles ont fait preuve de courage et de force.

L'on a raison d'admirer cette qualité, parce que, de toutes les vertus et de toutes les aptitudes, celle consistant à transformer l'adversité en source d'enchantement est la plus utile pour la survie. En admirant cette aptitude et ce courage, l'on se donne une chance de faire de même si l'occasion se présente. Cependant, en parlant de courage et de stratégies matures, on décrit ce qui se passe, mais on n'explique rien (comme ce médecin de Molière qui dit que le sommeil est causé par la « force dormitive »). Il convient donc de chercher à comprendre le processus, même si notre ignorance est grande en la matière.

Le pouvoir des structures dissipatives

L'aptitude à créer de l'ordre à partir du chaos n'est pas propre aux processus psychiques. Selon certaines conceptions de l'évolution, les formes complexes de vie dépendent de la capacité d'extraire l'énergie du chaos, de recycler les déchets en une structure ordonnée. Le prix Nobel de chimie (1977), Ilya Prigogine, appelle les systèmes physiques qui retiennent l'énergie (qui autrement serait perdue) des « structures dissipatives »[16]. Par exemple, tout le règne végétal sur notre planète est une énorme structure dissipative se nourrissant de la lumière, qui, autrement, serait un sous-produit inutile de la combustion du soleil. Les êtres humains utilisent également l'énergie perdue en vue de réaliser leurs buts. La première invention technologique majeure fut celle du feu. Auparavant, des feux pouvaient surgir au hasard : volcans, éclairs et combustion spontanée de gaz ici et là. En apprenant à maîtriser le feu, les hommes ont utilisé cette énergie pour chauffer leurs grottes, cuire leurs aliments et, ensuite, forger le métal. Plus tard sont venus les engins à vapeur, l'électricité et la fusion nucléaire qui sont fondés sur le même principe consistant à tirer profit d'une énergie qui serait perdue ou contraire à nos projets. Sans cette transformation des forces du désordre en quelque chose d'utile, l'humanité n'aurait pas survécu.

La psyché fonctionne sur la base d'un principe semblable. L'intégrité et le développement du soi dépendent de l'aptitude à convertir des événements neutres ou destructeurs en éléments positifs. Un licenciement peut être un cadeau du ciel s'il fournit l'occasion de trouver un autre emploi plus conforme à ses aptitudes ou à ses ambitions. Dans une vie, les chances que ne surviennent que des bonnes choses ou que nos désirs soient toujours satisfaits sont infimes. Tôt ou tard, l'individu est confronté à des événements qui s'opposent à la réalisation de ses objectifs : problèmes quotidiens, grave maladie, échec financier et approche inévitable de la mort. Des événements de cette sorte représentent une rétroaction négative qui provoque du désordre dans la conscience, menace le soi et nuit à son fonctionnement. Si le traumatisme est sévère, la personne peut perdre la capacité de se concentrer sur ses buts (le contrôle fléchit) ; un choc encore plus grave lui fait « perdre l'esprit » (avec les divers symptômes de la maladie mentale). Dans les cas moins sérieux, le soi menacé survit mais cesse de se développer ; tremblant sous la menace, il se retire derrière des défenses massives et végète dans un état de constante suspicion. C'est pour cette raison que le courage, la résilience, la persévérance et l'utilisation de stratégies matures – ces structures dissipatives de l'esprit – sont si essentielles. Sans elles, l'individu souffrirait constamment d'une pluie de météorites psychiques ; grâce à elles, les événements les plus négatifs peuvent devenir des défis qui rendront le soi plus fort et plus complexe.

Le développement de stratégies matures se fait généralement vers la fin de l'adolescence[17]. Au cours des périodes précédentes, les jeunes dépendent largement d'un réseau social qui apporte le soutien et aplanit les difficultés. Quand un jeune adolescent subit un revers (aussi insignifiant qu'une mauvaise note, un bouton au visage ou un ami qui l'a ignoré à l'école), il lui semble que le monde s'écroule, que la vie n'a plus de sens. Un peu d'encouragement ou une écoute empathique font revenir la bonne humeur rapidement ; un appel téléphonique, l'écoute d'un disque préféré peuvent également chasser les préoccupations et restaurer l'ordre dans l'esprit. Vers dix-sept ou dix-huit ans, les grands adolescents peuvent mettre en perspective les événements désagréables et ne se laissent pas détruire par les difficultés. C'est à cet âge que la plupart d'entre nous acquièrent la maîtrise de leur conscience. L'acquisition de cette aptitude provient en partie du simple passage du temps (ayant survécu à une déception antérieure, l'individu ne crie pas au drame aussi facilement) et en partie de l'observation d'autres personnes qui ont affronté des problèmes semblables (apprentissage « vicariant »). Le fait de savoir que ses problèmes sont partagés par d'autres apporte une perspective à l'égocentrisme d'un jeune.

Les aptitudes permettant d'affronter le stress sont à leur sommet lorsqu'un jeune homme ou une jeune femme ont développé un sens du soi solide. Fondé sur le choix personnel de buts importants, pareil sens de l'identité n'est pas détruit par les frustrations ou les déceptions. Certains tirent leur force d'un but qui implique l'identification à la famille, au pays, à la religion ou à une cause ; d'autres ont grandi grâce à la maîtrise d'un système harmonieux de symboles comme l'art, la musique, etc. Srivivasa Ramanuya, le jeune mathématicien génial indien, avait investi tellement d'énergie dans la théorie des nombres que la pauvreté, la maladie et la douleur ne pouvaient le distraire de ses calculs ; les mauvaises conditions stimulaient même sa créativité. Sur son lit de mort, il s'émerveillait encore de la beauté des équations qu'il découvrait ; la sérénité de son esprit reflétait l'ordre des symboles qu'il utilisait.

Pourquoi certaines personnes sont-elles écrasées par le stress alors que d'autres deviennent plus fortes ? La réponse est simple : l'accroissement personnel et l'enchantement sont le fruit de la capacité de transformer une situation désespérée en défi, en expérience optimale. Cette transformation se fait en trois étapes, que nous allons maintenant expliquer.

Une assurance non centrée sur soi. Logan[18] a observé, chez ceux qui avaient survécu à des épreuves physiques très dures – explorateurs solitaires de l'Arctique, détenus de camps de concentration –, une attitude fondamentale selon laquelle ils considéraient que leur destinée était entre leurs mains. Ils étaient convaincus que leurs ressources personnelles leur permettraient de déterminer leur sort. Ils étaient confiants, mais en même temps non centrés sur eux-mêmes, non préoccupés par leur ego. Leur énergie n'était pas orientée vers la maîtrise de l'environnement mais plutôt sur la façon de composer avec lui. Il s'agit donc d'une attitude selon laquelle l'individu ne se voit pas en opposition avec l'environnement; ses buts et ses intentions n'ont pas préséance sur tout le reste; il essaie plutôt de s'adapter au système dans lequel il se trouve. Curieusement, cette humilité consistant à reconnaître que ses buts doivent parfois se subordonner à une entité plus grande et qu'il faut parfois jouer selon des règles qui ne sont pas celles qu'on préfère est la marque d'une personnalité forte.

Supposons qu'un beau matin vous soyez particulièrement pressé et que votre voiture refuse de démarrer. Dans pareil cas, certaines personnes sont hors d'elles-mêmes et si obsédées par leur but (arriver au bureau à temps) qu'elles en perdent tous leurs moyens; elles tournent frénétiquement la clé de contact et frappent le volant dans leur exaspération; leur ego frustré les empêche complètement de trouver une solution intelligente. Une autre approche consiste à reconnaître le problème, que le véhicule suit ses propres lois et que le moteur ne démarrera pas même si je frappe le tableau de bord. Ensuite, il devient possible de trouver une solution (prendre un taxi, annuler le rendez-vous, faire venir le mécanicien, etc.). Fondamentalement, il faut un certain niveau de confiance en soi-même, en son environnement et en la manière d'interagir avec ce dernier. C'est ce que fait un bon pilote d'avion en difficulté : il a confiance en ses aptitudes et il sait que, quoi qu'il arrive, il ne peut forcer l'appareil à lui obéir; il se voit plutôt comme l'instrument qui associe harmonieusement les propriétés de l'avion et les conditions atmosphériques. De fait, il est plus qu'un instrument, il est une composante du système atmosphère-avion-personne et c'est en obéissant aux lois de ce système qu'il pourra réaliser son but (assurer sa survie et celle des passagers).

Une attention portée sur l'extérieur. Il est difficile de porter attention à l'environnement si l'on est centré sur l'intérieur, si notre énergie psychique est absorbée par les préoccupations et les désirs de l'ego. Ceux qui transforment le stress en défi agréable passent peu de temps à penser à eux-mêmes, à essayer de satisfaire ce qu'ils croient être leurs besoins ou à réaliser des désirs socialement conditionnés. Ils sont plutôt attentifs et ouverts à l'information provenant du contexte. L'attention est réglée par le but de l'individu mais demeure vigilante face aux événements extérieurs de façon à pouvoir en tenir compte. Une telle attitude d'ouverture permet à l'individu d'être objectif, conscient des possibilités présentées et de sentir qu'il fait partie d'un monde plus large. L'alpiniste Yvon Chouinard décrit bien cette attitude :

« Les cristaux apparaissent dans le granit avec un relief frappant. Les formes variées des nuages ne cessent de nous attirer. Une fois, j'ai remarqué de petits insectes sur le mur de pierre, si petits qu'ils étaient à peine visibles. Je les ai observés pendant quinze minutes, suivant leur mouvement et admirant leur rouge brillant. Comment pourrait-on s'ennuyer avec tant de belles choses à voir et à sentir ! Cette union avec cet environnement formidable et cette perception pénétrante nous procurent une sensation qui peut durer des années[19]. »

Cette union avec l'environnement n'est pas seulement une composante de l'expérience optimale, mais aussi un mécanisme indispensable pour affronter l'adversité. D'abord, les frustrations ont moins de chances de brouiller la conscience si l'attention est détournée du soi ; les effets destructeurs du stress sont amoindris. Ensuite, la personne qui porte attention à l'environnement fait partie de ce dernier et – comme nous l'avons expliqué – appartient au système, de sorte qu'elle peut mieux s'adapter à une situation problématique. Revenons à l'exemple du véhicule qui ne démarre pas. Si vous êtes uniquement préoccupé par le retard au bureau, votre esprit est plein d'images désagréables et de pensées hostiles à l'endroit de votre véhicule qui vous résiste. Vous n'êtes pas à l'écoute de la voiture, qui essaie de vous dire que la pile est morte, que la démarreur est défectueux, etc.

Un ancien collègue a rapporté une histoire (remontant à ses années dans l'aviation) qui illustre bien comment peut être dangereuse une préoccupation excessive qui nous coupe d'une perception adéquate de la réalité extérieure. Durant la guerre de Corée (1950-1953), son unité était engagée dans un entraînement de routine de saut en parachute. On découvrit qu'il manquait un parachute pour droitier et que l'un d'eux devrait utiliser un parachute de gaucher. « C'est la même chose, mais la corde qui ouvre le parachute pend à gauche. Vous pouvez la tirer avec n'importe quelle main, mais c'est plus facile avec la main gauche », dit simplement le sergent. Les membres de l'équipe ont sauté d'une hauteur de trois mille mètres. Tout s'est bien déroulé, sauf pour l'un d'entre eux qui s'est écrasé sur le sol. Le parachute ne s'était pas ouvert. L'enquête révéla que ce parachutiste était celui qui avait reçu le parachute pour gaucher. Son uniforme était complètement déchiré du côté droit au niveau de la poitrine et même sa chair avait été labourée par ses doigts. Le parachute était en bon état. Le problème provenait de la fixation du soldat, qui avait cherché la corde du côté habituel. Sa peur intense l'avait empêché de sauver sa vie, qui était littéralement au bout de ses doigts.

Dans une situation dangereuse, il est naturel de mobiliser son énergie psychique, de l'orienter vers l'intérieur et de l'utiliser comme défense contre la menace. Cependant, cette réaction innée compromet la plupart du temps l'affrontement efficace du stress. Cette façon de faire aggrave le trouble intérieur, réduit la flexibilité de la réaction et, ce qui est pire, isole la personne, la laissant seule avec ses frustrations. En revanche, si l'individu demeure en contact avec ce qui se passe à l'extérieur, de nouvelles possibilités peuvent surgir, de sorte qu'il aura un choix de réactions et ne sera pas coupé du cours de la vie.

La découverte de nouvelles solutions. Il y a deux façons d'affronter une situation qui crée de l'entropie psychique. La première consiste à se centrer sur l'obstacle qui empêche la réalisation du but poursuivi, de l'enlever et de restaurer ainsi l'harmonie dans la conscience (approche directe). La seconde consiste à considérer l'ensemble de la situation, y compris soi-même, à vérifier si d'autres buts ne seraient pas plus appropriés et, ainsi, à trouver différentes solutions possibles (approche indirecte). Supposons que, dans votre société, la vice-présidence vous revienne. Cependant, il semble fort possible qu'un collègue (ayant un bon contact avec le P.-D.G.) obtienne le poste. Vous avez deux options : essayer de convaincre le patron que vous êtes le candidat idéal (première approche) ou considérer un ensemble d'autres possibilités : changer de secteur ou de département dans l'entreprise, changer de carrière ou réduire vos objectifs de carrière en investissant plus d'énergie et de temps à l'endroit de la famille, de la communauté ou de votre propre bien-être (deuxième approche). Aucune solution n'est la « meilleure » en tant que telle ; la bonne décision sera celle qui convient à vos buts et maximise votre bonheur dans la vie.

Presque chaque situation offre des possibilités d'accroissement. Nous avons vu que des événements aussi tragiques que la perte de la vue ou la paralysie peuvent être transformés en défi, en source de complexité et de joie. Cependant, ces transformations exigent qu'une personne soit ouverte à la perception de possibilités inattendues. La plupart des gens sont si rigidement fixés aux ornières de la programmation génétique et des conditionnements sociaux qu'ils ignorent toute possibilité de choisir d'autres façons de faire. Laisser conduire sa vie par les directives de la génétique ou de la société ne comporte pas trop d'inconvénients quand tout va bien, mais lorsque surviennent des frustrations, ce qui est inévitable, l'individu doit formuler de nouveaux buts [20], trouver de nouvelles activités qui favoriseront l'expérience optimale, sinon, il gaspillera son énergie en conflits intérieurs.

Comment découvrir ces stratégies efficaces? Si quelqu'un a confiance en ses ressources personnelles sans être centré sur son soi, s'il s'ouvre à l'environnement et s'implique dans le système qu'il forme avec lui, il trouvera une solution à ses problèmes et profitera de ces occasions pour se réaliser. La découverte de nouveaux buts est semblable, à bien des égards, au processus de création d'un artiste original. Si l'artiste conventionnel peint à partir d'un canevas préfabriqué, le peintre original commence avec un but plus flou, modifie la peinture en réaction aux couleurs, à ses émotions et au progrès de l'action elle-même, et, ainsi, le produit fini est le fruit de la démarche et n'est pas prévisible. Étant attentif et ouvert à ce qui survient en cheminant, l'artiste original se dépasse constamment et crée de grandes œuvres [21].

Nous vivons tous avec des notions préconçues de ce que nous voulons dans la vie, ce qui inclut les besoins fondamentaux, dont la satisfaction assure la survie, et les désirs inculqués par la culture. Si nous sommes chanceux, nous pouvons, sur cette base, reproduire l'image idéale correspondant à l'époque et à l'endroit où nous vivons. Mais est-ce la meilleure utilisation de notre énergie psychique? Qu'arrive-t-il si nous ne pouvons réaliser ces fins? Nous ne deviendrons jamais conscients de toutes les autres possibilités à moins de porter attention (comme le peintre original) à ce qui se passe autour de nous et d'évaluer les événements sur la base de l'impact réel qu'ils ont sur nous au lieu de les jauger à l'aune de nos idées préconçues. Sur la base de ce que nous éprouvons vraiment, nous pouvons découvrir qu'il peut être plus satisfaisant d'aider une autre personne que de lui nuire, de s'amuser avec un enfant de deux ans plutôt que de jouer au golf avec le président de notre entreprise.

Le soi autotélique (résumé)

Dans ce chapitre, nous avons souligné que l'adversité peut être transformée en défi, en source de joie. La personne riche, puissante et en bonne santé n'a guère plus de chances de maîtriser sa conscience que celle qui est malade, pauvre et opprimée. La différence entre celui qui profite de la vie et celui qui est dominé par les événements provient de la combinaison de facteurs externes et internes (sa façon d'interpréter les choses). Le soi « autotélique » est justement celui qui traduit les menaces potentielles en défis stimulants et qui maintient ainsi son harmonie intérieure. On peut dire que la personne qui ne s'ennuie pas, est peu anxieuse, s'engage dans ce qu'elle fait et connaît l'expérience optimale fréquemment possède un soi autotélique (littéralement un « soi qui a ses propres buts »). Cela signifie que les buts de cette personne ne proviennent pas directement des besoins biologiques ni des conventions sociales mais émergent du soi. On dira qu'elle a des buts « congruents [22] » avec le soi. Les façons de développer un soi autotélique sont simples et découlent directement de la théorie de l'expérience optimale.

Se donner des buts. La première condition de l'expérience optimale consiste à se donner des buts à long terme et à court terme. La sélection du but suppose l'identification d'un défi, buts et défis étant corrélatifs. Dans la mesure ou défis et buts structurent un système d'action, il faut acquérir les aptitudes pertinentes. Pour développer ces aptitudes et réussir dans l'action il faut également être attentif à la rétroaction. Ce qui caractérise fondamentalement la personne qui a un soi autotélique, c'est qu'elle a vraiment choisi le but à atteindre. Ce qu'elle fait n'est pas le produit du hasard ni le résultat de forces externes, mais le fruit de sa propre décision, bref, son action est congruente et contrôlée par le soi[23]. Même si elle s'engage fortement pour atteindre le but, elle peut modifier ce dernier s'il n'a plus de sens. Ainsi, le comportement de la personne autotélique est à la fois ferme et flexible[24].

S'immerger dans l'activité. Après avoir choisi un système d'action, la personne qui a un soi autotélique s'implique à fond dans ce qu'elle fait, que ce soit un voyage en avion, un jeu ou laver la vaisselle. L'engagement exige l'équilibre entre les exigences de l'activité et les aptitudes de l'individu. La poursuite d'ambitions trop élevées engendre de l'anxiété, provoque l'échec et vide le soi de son énergie ; en revanche, le choix de buts faciles entraîne la stagnation et laisse le développement et la complexité à leur plus bas niveau. L'engagement exige également la concentration afin de garder l'esprit dans la bonne voie, d'orienter l'énergie et de ne pas être à la merci de toutes les distractions.

Porter attention à ce qui se passe. Les athlètes sont bien conscients de l'importance du maintien d'une attention constante dans l'activité ; la moindre défaillance fait perdre la médaille ou subir le knock-out. Pour demeurer dans un système complexe (un système d'action, par exemple), il faut un apport constant d'énergie psychique : le parent qui n'écoute pas attentivement son enfant mine sa relation avec lui, l'avocat qui a la moindre absence perd sa cause et le chirurgien ne peut se permettre de distraction sans mettre en danger la vie du patient. Il est clair que la concentration porte sur l'action, sur la poursuite du but ; elle ne se laisse pas distraire par les préoccupations à propos du soi ou de l'image projetée (« de quoi ai-je l'air ? »). Paradoxalement, l'émergence du soi survient grâce à l'oubli du soi.

Apprendre à profiter de l'expérience immédiate. Le soi autotélique – lequel permet d'apprendre à se donner des buts, à développer ses aptitudes, à être attentif à la rétroaction, à se concentrer et à s'engager – est celui qui ouvre à la joie de vivre (même quand les circonstances sont défavorables) et au bonheur dans les petites choses : la sensation de la brise par une journée chaude, le reflet des nuages sur la façade d'un édifice en verre, l'observation d'un enfant qui s'amuse avec son chiot, etc.

Terminons ce chapitre en éclairant ce résumé par l'histoire du poète hongrois György Faludy, qui a su plus qu'on ne saurait l'imaginer transformer des conditions difficiles en expériences positives d'une touchante beauté grâce à un soi autotélique puissant. À l'occasion de l'édition complète de son œuvre, il y eut à Budapest une cérémonie officielle en son honneur. Il se présenta avec ses quatre-vingts ans, sa chevelure blanche, sa peau ridée, son sourire « auto-ironique » et surtout avec des yeux brillants de curiosité et d'enthousiasme. Ses vers sont concis, nerveux, mais d'une douceur profonde. Au cours de sa vie, il a connu plus de souffrance que quiconque, mais il a contribué plus que quiconque à mettre de la beauté dans le monde.

À neuf ans, Faludy décida de devenir poète pour jouer avec les mots, la seule chose qu'il pouvait bien faire, à son dire. Pourquoi ? Par peur de la mort. La terreur de ne pas s'éveiller le lendemain le poussa à créer avec les mots un monde où il se sentirait en sécurité, un monde qui pourrait lui survivre. Un peu plus vieux, il écrivit comme un possédé. Il aima l'écriture par-dessus tout, et ceux qui le lisent sont profondément marqués pour la vie.

Faludy connut vite des obstacles parce qu'il était juif et ne cantonna pas son imagination dans les limites de la sensibilité bourgeoise de l'entre-deux-guerres. Inscrit sur la « liste noire » et ne pouvant publier ses vers, il se mit à la traduction de Villon et Verlaine. La censure le laissa libre, ne voulant pas s'opposer, après tout, à la poésie française classique. Enhardi par son succès, il se mit à publier ses propres poèmes sous le nom de Villon ; l'intelligentsia de Budapest, connaissant la ruse, apprécia d'autant plus les vers audacieux d'un des leurs.

Après l'invasion de la Hongrie par les troupes de Hitler, les collaborateurs locaux l'arrêtèrent avec les autres Juifs et l'expédièrent dans un camp de concentration. Il s'en échappa, traversa la moitié de l'Europe en guerre et se rendit en Afrique du Nord. Les Français qui collaboraient avec les nazis le reconnurent rapidement et l'envoyèrent dans un camp qui venait d'être vidé de ses prisonniers, tous morts du choléra. Il survécut à cet emprisonnement jusqu'à ce que les troupes des Alliés libèrent l'Afrique du Nord. De là, il émigra au Canada puis aux États-Unis.

Il traduisit alors plusieurs livres des plus grands poètes : que ce soit du chinois, du sanskrit, du grec, du latin, de l'italien, de l'allemand, du français, de l'anglais et autres langues. Ces poèmes étaient aussi frais et brillants que s'ils avaient été écrits en hongrois ; ils conservaient même la saveur de la culture et de l'époque de leur composition. Cependant, son génie des langues ne fut pas très utile en Amérique du Nord. Même s'il fut professeur invité dans plusieurs universités de la côte est, il ne se sentit jamais aussi à l'aise avec l'anglais qu'avec sa langue maternelle.

Après la Seconde Guerre mondiale, il décida donc de rentrer chez lui où avait été instaurée une république socialiste. Ce régime fut encore plus réfractaire à sa poésie que l'ancien. Aussi, à la suite de la publication d'une attaque allégorique contre Staline, Faludy fut arrêté, torturé et envoyé dans un des camps communistes « punitifs » d'où peu de gens sont revenus. Il y survécut pendant plus de trois ans et, après la mort de Staline, put rentrer chez lui.

C'est précisément dans cet environnement redoutable, où les prisonniers doivent travailler du lever au coucher du soleil, manger des bouillons dégoûtants, se vêtir de haillons, que la muse de Faludy se mit réellement à chanter. Les vers composés dans cette prison sont parmi les plus lyriques jamais écrits. Ils portent sur les aspects les plus concrets, les plus réalistes et les plus pénibles de la vie dans cet enfer : la faim, le froid et la brutalité. Cependant, ces récits détaillés sont écrits d'une façon si concise et si élégante que leur contenu tragique est transformé en sublime. Et c'est précisément l'intention du poète : conserver sa santé mentale et celle de ses compagnons en essayant de donner sens à une existence intolérable. Dans une situation aussi extrême, le poète rebelle gardait espoir grâce à certains souvenirs, à certains acquis de la civilisation et à l'amour pour son épouse.

Un des aspects touchants de la poésie de Faludy est que, originellement, elle ne fut pas écrite (puisqu'il n'y avait ni crayon ni papier dans le camp). Au début, Faludy apprenait par cœur chacun de ses poèmes ; ensuite, pour éviter de les perdre pour cause d'oubli ou de mort, il trouva des camarades prisonniers qui les mémorisèrent. Quelque temps avant sa libération, il composa une longue élégie pour sa femme. Chaque partie était mémorisée par un compagnon différent. Certains furent libérés avant lui et allèrent visiter son épouse en vue de donner des nouvelles et de réciter leur « partie » du poème. Ils terminaient tous de la même façon : « C'est tout ce que j'ai appris. Dans quelque temps, un autre viendra vous dire les vingt vers suivants. »

Une nouvelle fois libéré, il dut s'enfuir encore à l'Ouest à cause de la révolution hongroise et de la répression communiste de 1956. Il publia les vers de captivité qu'il avait retenus grâce à des aides mnémotechniques (par exemple, le premier poème commençait par un A, le deuxième par un B et ainsi de suite). Peu après, il reçut des lettres d'un peu partout à travers le monde (du Brésil à la Nouvelle-Zélande) apportant des « corrections », ses compagnons de captivité les ayant copiés dès leur libération (ces corrections furent incorporées dans l'édition des œuvres complètes).

La vie de Faludy est un exemple édifiant pour deux raisons complémentaires. En premier lieu, elle est très particulière et ne ressemble en rien à la vie de la majorité des gens : qui a un tel don pour les langues ? Qui a autant souffert ? Qui a triomphé d'autant d'obstacles ? Cependant, malgré – ou plutôt à cause de – son caractère unique, cette vie illustre comment il est possible de développer ou d'actualiser les potentialités de son soi. En second lieu, même s'il n'est pas un saint à la manière des chrétiens ni un sage à la manière de Confucius, il a appris à créer l'ordre dans sa conscience à partir du chaos et à trouver l'expérience optimale au milieu des difficultés. De plus, il a apporté de l'harmonie à ses compagnons (et à tous ses lecteurs) et a offert de la beauté au monde.

Richard Logan[25], qui a étudié les comptes-rendus de ceux qui ont connu des situations difficiles, conclut que leur survie repose sur leur capacité de transformer les conditions objectives insupportables en expérience subjective contrôlable. Ces personnes ont su concentrer leur attention sur de menus détails, découvrant ainsi toutes sortes de possibilités de pensées et d'actions, et elles se sont donné des buts appropriés à leur situation précaire. Selon Logan, le trait qui semble le plus important chez ces survivants est un « individualisme détaché » : un dessein dominant qui n'est pas préoccupé de son ego, caractéristique importante d'un soi autotélique.

Le contrôle des états momentanés de la conscience ne suffit pas, il faut également un contexte d'ensemble dans lequel situer les événements de la vie quotidienne, les buts multiples et variés. Si une personne connaît des expériences optimales multiples mais sans lien entre elles, il lui sera difficile à la fin de sa vie de regarder en arrière et de *trouver un sens* aux événements passés. La dernière tâche de la psychologie de l'expérience optimale consiste donc à expliquer comment faire de la totalité de sa vie une expérience optimale continue, comment unifier les buts en un style de vie.

11

Fournir un sens à sa vie

Introduction

Il n'est pas rare d'observer de grands athlètes qui s'engagent profondément dans leurs activités et en tirent un grand plaisir pour ensuite devenir moroses et hostiles en dehors de l'aire de jeu. Il en est de même pour bien des artistes. On a souvent dit que Picasso devenait fort désagréable lorsqu'il déposait ses pinceaux. Bobby Fisher, le génie des échecs, semblait impuissant et inapte partout sauf à ce jeu. De nombreux exemples comme ceux-ci démontrent que l'expérience optimale est associée à une activité et qu'elle ne survient pas nécessairement dans les autres domaines de la vie. Même l'enchantement dans le travail et l'amitié ainsi que l'utilisation des défis comme moyen de développer de nouvelles aptitudes n'assurent pas une expérience optimale constante. Les expériences optimales *à la pièce*, non reliées pour faire sens, laissent place au chaos. Pour vivre l'expérience optimale avec intensité et dans la durée, il faut réaliser une autre condition dans la maîtrise de la conscience. Il s'agit de tenter de convertir l'ensemble de sa vie en une expérience optimale unifiée.

L'individu qui choisit un projet suffisamment difficile et englobant et investit son énergie à développer les aptitudes permettant de réaliser ce projet verra ses actions et ses sentiments s'harmoniser et les différents aspects de sa vie fusionner. Ainsi, chaque activité aura du *sens* dans le présent aussi bien qu'en regard du passé et de l'avenir[1].

Tout cela n'est-il pas trop naïf? N'a-t-on pas dit que Dieu était mort (Nietzsche), que l'existence n'avait pas de but, que le hasard gouvernait notre destin et que toutes les valeurs étaient relatives et arbitraires? Il est vrai que la vie n'*a pas* de sens, si l'on entend un but suprême inscrit dans la nature humaine qui serait valide pour tous. Mais cela ne veut pas dire qu'on ne peut pas lui en *donner* un. Une bonne part de ce que nous appelons culture et civilisation inclut les efforts que les humains ont faits, généralement contre l'adversité, pour donner un sens à leur vie et à celle de leurs descendants. C'est une chose de reconnaître que la vie en elle-même n'a pas de sens, c'est une tout autre chose que de l'accepter avec résignation; le premier fait n'implique pas le second.

D'un point de vue individuel, c'est moins le but ultime en lui-même qui importe que l'orientation qu'il donne à l'énergie psychique tout au long de la vie. En tant qu'ils fournissent des objectifs clairs, des règles d'action précises, qu'ils stimulent la concentration et l'engagement, un large éventail de buts[2] peuvent donner sens à la vie de quelqu'un. Les musulmans, par exemple, trouvent le sens de leur vie dans la religion. Ils sont généralement confiants parce qu'ils croient profondément que leur vie est « entre les mains de Dieu ». Une confiance semblable a déjà existé dans notre culture, mais, aujourd'hui, la plupart d'entre nous doivent découvrir le sens de leur vie sans l'aide de la foi traditionnelle.

Question de sens

On peut définir le concept de *sens* en faisant appel à trois thèmes : projet, engagement et harmonie.

Projet. Ceux qui trouvent que leur vie a du sens ont généralement un but qui canalise leur énergie et donne sens à leur vie : ils ont un projet de vie. Pour connaître l'expérience optimale, l'individu doit concentrer son attention sur un but et s'engager dans l'activité qui y conduit; de cette manière, certaines personnes peuvent orienter leur énergie psychique tout au long de leur vie. Les expériences optimales associées à des buts spécifiques se rencontrent, si bien que ces personnes se distinguent par un projet de vie unifié et connaissent l'expérience optimale qui lui est associée. Par exemple, Napoléon a consacré sa vie à la conquête du pouvoir, provoquant ainsi la mort de centaines de milliers de soldats français ; mère Teresa, pour sa part, a investi son énergie dans l'aide aux plus démunis, poussée par sa foi et son amour pour Dieu. D'un point de vue strictement psychologique, tous deux avaient un projet de vie unique et ont connu l'expérience optimale. D'un point de vue éthique, la différence est profonde : elle repose sur les conséquences du projet. Il est possible d'affirmer que Napoléon a apporté le chaos à nombre de vies, tandis que mère Teresa a réduit l'entropie dans la conscience de beaucoup. Cependant, nous ne voulons pas juger, ici, la valeur objective des actions ; nous nous proposons, plus modestement, de décrire l'ordre subjectif qu'apporte à la conscience individuelle un projet de vie unifié. Ainsi, nous pouvons apporter à la vieille question : « Quel est le sens de la vie ? » une réponse fort simple : le sens de la vie est celui que nous lui donnons ; il provient d'un projet de vie unifié.

Engagement. Il n'est pas suffisant de se donner un projet englobant qui unifie tous les buts spécifiques ; encore faut-il se mettre en marche à la poursuite de la fin envisagée. C'est en ce sens qu'on parle d'intention ferme, de résolution ou d'engagement[3]. Ce qui importe, ici, est moins le succès – la réalisation du projet – que la démarche, l'effort, le progrès vers la cible. L'engagement dans l'action est primordial. Comme l'observait Hamlet : « Quand la couleur originale d'une résolution s'affadit dans les flots pâles de la pensée…, les plus grandes entreprises… perdent le nom d'action. » En effet, il est fort triste de voir quelqu'un qui sait exactement ce qu'il devrait faire mais ne peut rassembler ses forces pour le faire. Blake, avec son franc-parler habituel, a écrit : « Celui qui désire sans agir baise avec la peste. »

Harmonie. Le troisième aspect est la résultante des deux autres. Lorsque quelqu'un sait ce qu'il veut et travaille pour l'atteindre, ses sentiments, ses pensées et ses actions sont congruents, et il connaît l'harmonie intérieure. Quoi qu'il fasse, quoi qu'il arrive, celui qui éprouve cette harmonie intérieure ne consume pas son énergie dans le doute, le regret, la culpabilité et la peur, mais l'utilise efficacement. Cette congruence fondamentale engendre la force intérieure et la sérénité que nous admirons chez ceux qui sont en accord avec eux-mêmes.

Le projet de vie, l'engagement et l'harmonie créent l'unité, donnent sens à la vie et la transforment en une expérience optimale incessante. La personne qui atteint cet état ne manque de rien, ne craint rien, pas même la mort. Chaque moment de sa vie est agréable et a un sens. Cette situation est certainement désirable, mais comment y arriver? Reprenons les trois thèmes mentionnés.

Le projet de vie

Il est possible d'observer, dans la vie de bien des gens, un projet unifiant qui oriente tout ce qu'ils font dans leur vie de tous les jours – un but qui, comme un champ magnétique, attire l'énergie psychique et fournit une destination à tous les buts secondaires[4]. Ce projet englobant définit les défis qu'une personne affrontera en vue de transformer sa vie en une expérience optimale continue. Sans un tel projet, même la conscience la mieux ordonnée manque de sens.

L'histoire humaine témoigne d'une recherche incessante de buts ultimes qui pourraient donner sens à la vie. La philosophe Hannah Arendt[5] rapporte qu'à l'époque de la Grèce antique les hommes recherchaient l'immortalité à travers des exploits héroïques tandis qu'au temps de la chrétienté les hommes et les femmes espéraient la vie éternelle par une vie sainte. Selon cette philosophe, la question des fins ultimes doit englober le thème de la mort, doit donner aux gens un sens qui dépasse le tombeau[6]. Les héros grecs voulaient susciter l'admiration de leurs semblables et espéraient que leurs exploits seraient racontés d'une génération à l'autre dans des chants et des récits; ils survivraient dans la mémoire de leurs descendants. Au contraire, les saints renonçaient à leur individualité de façon à fondre leurs pensées et leurs actions dans la volonté de Dieu, espérant vivre en union avec Lui pour toujours. Dans la

219

mesure où ils consacrent toute leur énergie psychique à un projet de vie englobant – à une mission – qui prescrit un ensemble cohérent de comportements jusqu'à la mort, le héros et le saint changent leur vie en une expérience optimale unifiée. Les gens ordinaires, pour leur part, organisent leur vie en s'inspirant de ces modèles, et trouvent un sens à leur destinée plus ou moins clair, plus ou moins adéquat selon les cas.

Chaque culture porte en elle des systèmes de signification dont nous nous inspirons pour orienter notre vie. Sorokin[7] divise les grandes époques de la civilisation occidentale en trois types qui auraient alterné depuis vingt-cinq siècles, certains pouvant durer des centaines d'années, d'autres seulement quelques décennies. Il appelle ces phases de la culture : sensorielle, idéologique et idéaliste, chacune fournissant un ensemble de priorités qui justifient les buts que l'on se donne pour sa vie.

Les cultures dites *sensorielles* pivotent autour des réalités destinées à satisfaire les sens. Elles sont épicuriennes, utilitaires et s'intéressent d'abord aux besoins concrets. Dans ces cultures, l'art, la religion, la philosophie et le comportement quotidien glorifient les buts en termes d'expériences concrètes. Selon Sorokin, la culture sensorielle prévaut entre 440 et 200 (environ) avant J.-C. et redevient prédominante au XIXe siècle avec le développement des démocraties de type capitaliste. Dans ces sociétés, les gens choisissent leurs buts et justifient leurs actions sur la base du plaisir et de principes concrets plutôt que sur des idées abstraites. Leurs défis se rapportent à la vie concrète qu'ils veulent rendre plus facile, plus confortable et plus agréable.

Les cultures dites *idéologiques* s'intéressent peu au monde sensible et valorisent plutôt les fins non matérielles et surnaturelles, les principes abstraits, l'ascétisme et les idées. L'art, la religion, la philosophie et le comportement quotidien tendent à être subordonnés à cet ordre non matériel. Les gens se tournent vers la religion ou l'idéologie ; ils ne se donnent pas comme défi de rendre la vie plus facile, mais plutôt d'atteindre la clarté intérieure et de vivre selon leurs convictions. Selon Sorokin, cette culture a prédominé en Grèce de 600 à 500 avant J.-C. et en Europe occidentale de 200 avant J.-C. à 500 après J.-C. ; à cela, il faut ajouter l'interlude récent et cruel du parti nazi en Allemagne, des régimes communistes d'URSS et de Chine de même que l'islam intégriste en Iran.

Un exemple simple illustre la différence entre cultures sensorielle et idéologique. Dans les deux cas, la forme physique et la beauté du corps sont valorisées, mais les raisons sous-jacentes sont différentes. Dans une culture de type sensoriel comme la nôtre, le corps est prisé en termes de santé et de plaisir tandis que dans une culture de type idéologique le corps devient le symbole d'une perfection métaphysique associée, par exemple, à la «race aryenne» ou à la «valeur romaine». Dans la première, une affiche d'un beau corps jeune provoque une réaction sexuelle généralement associée à des fins commerciales; dans la seconde, la même affiche prend un sens idéologique et est utilisée à des fins politiques. Il est entendu que, dans une société donnée, les deux types de culture peuvent coexister. Par exemple, le style de vie yuppie, fondé surtout sur les principes de la culture sensorielle, s'est répandu en même temps que le fondamentalisme religieux qui existe dans plusieurs États américains (ce qu'on appelle la *Bible Belt*). Les deux formes proposent des valeurs et des buts qui aident les gens à donner sens à leur vie. Non seulement les cultures, mais les individus incarnent également certains systèmes de valeurs dans leur conduite : des hommes d'affaires comme Lee Iacocca ou H. Ross Perot qui ont poursuivi des buts concrets dans leur domaine représentent les meilleurs traits de la culture sensorielle tandis que Hugh Hefner, fondateur de *Playboy*, représente des aspects plus primitifs de la même culture. Par ailleurs, des idéologues et des défenseurs du fondamentalisme religieux (proposant une foi aveugle en la divine Providence) représentent la culture idéologique. Certains autres constituent parfois d'étranges combinaisons, comme ces «télévangélistes» qui exhortent les gens à poursuivre des buts idéologiques élevés et qui, dans leur vie privée, s'adonnent à la luxure et à l'exploitation des autres.

Les cultures dites *idéalistes* réussissent à intégrer les principes des deux autres en sauvegardant les avantages et en neutralisant les inconvénients de chacune. Elles combinent harmonieusement l'acceptation de l'expérience sensorielle et la révérence à l'endroit des fins idéologiques et spirituelles. Sorokin estime qu'en Europe de l'Ouest cette culture a prédominé à la fin du Moyen Âge et à la

Renaissance avec, comme point culminant, les deux premières décennies du XIVᵉ siècle. Inutile de dire que cette approche représente la civilisation idéale puisqu'elle évite les excès du matérialisme et le fanatisme souvent associé aux systèmes idéologiques.

La classification de Sorokin est discutable, mais elle est utile parce qu'elle illustre certains principes selon lesquels les femmes et les hommes peuvent gouverner leur vie. L'option sensorielle est très populaire ; elle suppose que l'individu réagisse aux défis concrets et organise sa vie en termes d'expérience optimale portant sur des buts concrets. Elle compte des avantages : les règles sont faciles à comprendre et la rétroaction est claire, le caractère désirable de la santé, de l'argent, du pouvoir et du plaisir sexuel étant peu contesté. L'option idéologique comporte également ses avantages : les buts de cet ordre sont inaccessibles, mais l'échec est presque impossible à prouver, l'adhérent pouvant utiliser la rétroaction en vue de démontrer qu'il a raison, qu'il est un élu, etc. L'approche idéaliste semble bien la plus satisfaisante en vue d'unifier la vie en une expérience optimale continuelle. Cependant, il n'est pas facile de travailler à l'amélioration des conditions matérielles tout en poursuivant des buts spirituels, particulièrement dans une civilisation matérialiste comme la nôtre.

Au lieu de considérer le contenu des défis ou des buts que se donnent les gens, il est possible d'en examiner la complexité. Dans ce contexte, ce n'est pas le fait d'être matérialiste ou idéaliste qui importe, mais le fait que les entreprises soient différenciées ou intégrées. Comme nous l'avons expliqué dans la dernière partie du chapitre 2, la complexité d'un système dépend de ses traits et de ses potentialités uniques (aspect différenciation) et de leurs relations (aspect intégration). Dans ce cadre, une approche sensorielle réfléchie, qui implique une grande variété d'expériences concrètes et qui est cohérente avec les autres aspects du soi, serait préférable à un idéalisme spontané ; mais l'inverse est aussi vrai.

Les psychologues qui se sont penchés sur le sujet estiment que le développement du concept de soi et d'un projet de vie se fait par étapes[8]. Au début, la personne cherche à préserver le soi, à protéger le corps et à éviter la désintégration des buts fondamentaux. À ce stade, le sens de la vie correspond à la survie, au confort et au plaisir. Lorsque l'intégrité du soi physique est assurée, la personne peut élargir son horizon pour que le sens qu'il donne à sa vie embrasse les valeurs de la communauté (famille, voisinage, groupe religieux ou ethnique). Cette étape contribue à la complexité du soi, même si elle implique généralement la conformité aux normes et aux standards conventionnels. L'étape suivante comporte un certain individualisme réflexif : la personne trouve de nouvelles bases aux valeurs présentes en elle, ne se conforme plus aveuglément aux diktats de la société et développe une conscience autonome. À ce stade, le principal but de la vie porte sur l'accroissement ou l'actualisation du potentiel. À la dernière étape, la personne se détourne d'elle-même et recherche l'intégration aux autres et aux valeurs universelles. À ce stade, la personne très individualisée désire fusionner ses intérêts avec ceux d'une réalité plus grande, comme Siddharta[9] laissant la rivière contrôler son bateau.

Dans ce scénario, le sens se construit grâce à un mouvement dialectique entre le soi et l'Autre. D'abord, l'énergie psychique est dirigée vers la satisfaction des besoins de l'organisme, ce qui procure le plaisir. Ensuite, l'individu dirige son attention vers les buts et les valeurs de la communauté, l'ordre intérieur étant alors procuré par la religion, le patriotisme et le respect porté à autrui. Troisièmement, l'attention revient sur le soi, l'individu s'efforçant d'identifier puis de dépasser ses limites personnelles ; c'est l'autoactualisation. À cette étape, l'enchantement plus que le plaisir devient la source principale de récompense. C'est également à ce point que peuvent survenir un changement de carrière et l'inconfort face à ses propres limites ; c'est la crise du mitan de la vie. L'individu devient alors prêt pour la dernière transformation : l'inclusion de son projet de vie dans un système plus large pouvant être une cause, une idée, une entité transcendantale.

Il est entendu que l'ascension dans cette spirale de complexité croissante élimine progressivement bien des gens. Un certain nombre n'auront jamais la possibilité d'aller au-delà du premier stade, absorbés qu'ils sont par l'urgence de la survie. La majorité pourra s'installer confortablement dans le deuxième stade où le bien-être de la famille, de la corporation, de la communauté ou du pays constitue une source de sens. Beaucoup moins nombreux seront ceux qui atteindront le stade de l'individualisme réfléchi centré sur le développement de soi. Enfin, très très peu de gens émergent assez haut pour s'unir à des valeurs universelles. Ce scénario ne décrit pas tant ce qui se passe ou ce qui arrivera, mais caractérise plutôt ce qui *peut* arriver si une personne réussit à maîtriser sa conscience.

La description de ces quatre stades représente le plus simple des modèles décrivant l'émergence du sens le long d'une échelle de complexité ; d'autres modèles identifient six ou même huit stades de développement. Le nombre de stades importe peu ; la plupart des théories reconnaissent plutôt l'importance de la tension dialectique entre différenciation et intégration. Dans cette perspective, la vie personnelle apparaît comme une série de « jeux » – avec des buts et des défis – qui changent à mesure que la personne évolue. La complexité requiert une énergie orientée vers le développement de ses aptitudes en vue de devenir autonome, conscient de son unité et de ses limites ; en même temps, l'intégration exige de l'énergie en vue de reconnaître et de comprendre les forces qui dépassent l'individu et de trouver les façons de s'y adapter. De toute évidence, nous ne sommes *pas obligés* de suivre ces plans, mais, si nous ne le faisons pas, nous risquons de le regretter.

L'engagement

Un projet de vie donne la direction aux efforts mais ne rend pas nécessairement la vie plus facile. Les buts peuvent provoquer toutes sortes de problèmes ; par exemple, quelqu'un peut être tenté d'abandonner en vue d'adopter un scénario plus facile. Le changement ou l'abandon d'un but peuvent procurer une vie plus confortable, mais, au bout du compte, celle-ci pourra sembler vide et sans signification.

Les Pèlerins qui ont fondé les États-Unis ont décidé que la liberté de conscience était sacrée et nécessaire au maintien de leur intégrité personnelle. Ils croyaient que rien ne comptait plus que de contrôler leur relation avec l'Être suprême. Ce but ultime, nécessaire au maintien de l'ordre dans leur vie, n'était pas un choix nouveau, d'autres groupes l'avaient fait : les Juifs de Massada, les premiers martyrs chrétiens, les cathares du sud de la France à la fin du Moyen Âge. Comme ces groupes, les Pèlerins américains n'ont pas laissé les persécutions émousser leur décision. Ils ont suivi leurs convictions et ont agi *comme si* leurs valeurs étaient plus importantes que le confort et la vie elle-même. Agissant ainsi, leurs buts *devinrent* pleins de sens et de valeur, indépendamment de ce qu'ils avaient pu être au début. Ayant été valorisés grâce à l'engagement, les buts adoptés par les Pèlerins donnèrent un sens à leur existence.

Aucun but n'aura un impact à moins d'être pris au sérieux. Chaque but implique des conséquences, de sorte que, si l'on n'est pas prêt à en tenir compte, il perd sa valeur. Par exemple, l'alpiniste qui veut escalader un pic difficile sait qu'il court un danger et qu'il sera exténué, mais s'il abandonne trop facilement son entreprise deviendra sans valeur. C'est la même chose pour l'expérience optimale ; elle implique une relation mutuelle entre but et effort : le but justifie l'effort au début ; mais, ensuite, c'est l'effort qui justifie le but. Quelqu'un se marie parce qu'il trouve important de partager sa vie avec un autre, mais, s'il ne se comporte pas comme si cela était vrai (s'il ne maintient pas son engagement), le couple perdra sa valeur avec le temps.

À tout bien considérer, il semble que l'humanité n'ait pas manqué de courage face à ses résolutions : des milliards de parents – à toutes les époques et dans toutes les cultures – se sont sacrifiés pour leurs enfants et, ainsi, ont donné sens à leur vie. D'autres ont consacré toutes leurs énergies à défendre leurs terres et leurs biens. D'autres encore ont tout sacrifié pour leur religion, leur pays ou leur art. Tous ceux qui ont agi ainsi de façon constante, malgré les échecs et les douleurs, se sont tissé une vie qui a pu être similaire à un long épisode d'expérience optimale : un ensemble d'expériences intenses, ordonnées, cohérentes, source d'enchantement et pleine de sens. Cependant, avec la complexité des cultures, il devient plus difficile de maintenir pareil degré d'engagement. Devant autant de buts en lice, qui peut dire lequel est digne qu'on y consacre sa vie ? Il y a quelques décennies, la femme savait parfaitement que le bien-être de sa famille était son but ultime ; il y avait bien peu d'autres possibilités. De nos jours, les femmes peuvent se lancer dans les affaires, enseigner à l'université, devenir artistes et même être soldats et le choix d'être épouse et mère n'est plus une priorité évidente. Ce même embarras affecte tout le monde : avec la mobilité, nous changeons d'endroit, de carrière, de style de vie et de religion.

La richesse des choix possibles augmente la liberté individuelle à un degré qu'on ne pouvait imaginer il y a cent ans, avec l'inévitable conséquence qu'elle augmente l'incertitude. Cette dernière mine l'engagement, ce qui a pour effet de dévaloriser le choix. La liberté ne contribue pas nécessairement à l'émergence d'un sens de la vie. Lorsque les règles du jeu sont trop flexibles, la concentration flanche et les possibilités d'expérience optimale diminuent. L'engagement à l'égard d'un but – ainsi qu'aux règles qu'il entraîne – se maintient plus facilement quand les choix sont peu nombreux et clairs. Cela ne veut pas dire qu'il faille retourner aux valeurs rigides et limitées d'autrefois (ce serait impossible), mais qu'il nous revient de maîtriser les défis de la liberté et de la complexité qui nous ont été donnés comme un héritage pour lequel nos ancêtres se sont battus si fort. Si nous le faisons, la vie de nos descendants en sera enrichie, sinon, nous courons le risque de gaspiller nos énergies à la poursuite de buts contradictoires et sans signification.

Mais, entre-temps, *où* investir son énergie psychique ? Il n'y a personne qui puisse dire : « Voici un but qui donnera sens à ta vie. » Chacun doit découvrir son projet de vie par lui-même. Par essais et erreurs de même que par une intense recherche, il est possible de sortir du bourbier des buts conflictuels et de choisir celui qui orientera l'action. « Connais-toi toi-même » – la devise inscrite au fronton du temple de Delphes – est un ancien remède dont la valeur a été oubliée, mais qui demeure encore d'actualité. Cependant, chaque génération doit redécouvrir son sens et chaque individu doit se l'appliquer à lui-même. Aussi convient-il de traduire ce conseil selon les termes des connaissances courantes et de découvrir une méthode d'application contemporaine.

Le conflit interne résulte de désirs et de buts contradictoires. La résolution de ce conflit exige l'identification des exigences essentielles puis la mise en priorité de ces dernières. Cette démarche se réalise de deux façons : par l'action (*vita activa*) et la réflexion (*vita contemplativa*)[10].

Immergé dans la *vie active*, l'individu atteint l'expérience optimale par l'engagement total dans la poursuite de buts externes et concrets. Ce fut le cas de nombreux hommes d'action, comme Winston Churchill et Dale Carnegie, qui se sont donné un projet de vie, l'ont poursuivi avec acharnement sans conflit interne apparent et sans douter de leurs priorités. Des hommes d'affaires éminents, des professionnels expérimentés et des artisans talentueux ont eu confiance en leur jugement et en leur compétence de sorte qu'ils se sont lancés dans l'action avec la spontanéité d'un enfant. Si l'entreprise est suffisamment exigeante, la personne peut connaître l'expérience optimale continuelle de telle manière qu'il n'y a pas place pour l'entropie. Dans pareil cas, l'harmonie est maintenue indirectement non par la résolution du conflit entre buts, mais par une poursuite si intensive du projet de vie choisi que toute compétition potentielle est exclue. Ainsi, l'action crée l'ordre intérieur, mais elle a aussi ses inconvénients. La personne qui se dédie totalement à la réalisation d'un but concret ou pragmatique élimine, certes, tout conflit interne, mais élimine, à des fins pratiques, les autres options possibles. Par exemple, le jeune ingénieur qui veut devenir directeur de son département y consacre toutes ses énergies pendant des années sans hésitation ; il peut même y réussir et se demander ensuite : « Mais pourquoi ? » Il s'est épuisé, il n'a pas vu grandir ses enfants et, pendant cette course, il n'a pas envisagé d'autres possibilités (une carrière moins glorieuse qui lui aurait laissé du temps avec sa famille, par exemple). Ainsi, le but poursuivi l'a enflammé pendant quelques années, mais il n'était pas assez large, pas assez puissant pour soutenir son action pendant toute sa vie.

C'est dans pareil contexte qu'apparaissent les avantages de la réflexion (*vita contemplativa*). Une approche adéquate pour avoir une vie heureuse et équilibrée exige une réflexion détachée de même qu'une évaluation réaliste des options et de leurs conséquences. Que ce soit sur le divan du psychanalyste ou selon une méthode personnelle (comme l'examen de conscience)[11] des jésuites exigeant de revoir leurs actions chaque jour en vue de vérifier si elles sont toujours dans la ligne des buts à long terme), la recherche de la connaissance de soi ne peut que favoriser l'harmonie intérieure.

Idéalement, l'action et la réflexion devraient se compléter et se soutenir. L'action en elle-même est aveugle, la réflexion impuissante. Avant d'investir une grande quantité d'énergie dans une entreprise, il vaut la peine de se poser les questions fondamentales : est-ce quelque chose que je veux vraiment ? Est-ce quelque chose que j'aimerai faire ? Est-ce que j'aimerai encore cela dans un certain temps ? Est-ce que le prix à payer – pour moi et pour les autres – en vaut la peine ? Serai-je capable de vivre sans problème avec cette décision ? La personne perdue dans l'action n'envisage même pas ces simples questions ; elle est si emportée par ses buts externes qu'elle ne cherche pas ce qu'elle veut vraiment, ne considère pas ses sentiments (ni ceux des autres) et ne planifie pas son avenir. En revanche, la personne qui a l'habitude de la réflexion n'a pas besoin d'une longue introspection pour découvrir si telle action lui convient ou non ; elle saura intuitivement que telle promotion engendrera trop de stress ou que cette amitié, si attirante soit-elle, mettra en cause son mariage.

Il est relativement facile de maintenir l'ordre dans l'esprit pour de courtes périodes ; n'importe quel but réaliste peut y parvenir : un jeu captivant, une urgence au travail ou un interlude heureux à la maison orientent l'attention et provoquent l'expérience optimale. Mais il est plus difficile de maintenir cet état toute sa vie durant. Il faut alors investir son énergie dans des buts si importants qu'ils justifient l'effort même quand les ressources sont épuisées, quand les obstacles surviennent et que les possibilités d'une vie confortable diminuent. Cependant, lorsque l'individu choisit bien ses buts, qu'il a le courage de persévérer dans leur poursuite et qu'il s'engage à fond dans l'action, il n'a pas le temps d'être malheureux ; il tisse un sens à la trame de sa vie et regroupe pensées, sentiments et actions en un tout harmonieux.

L'harmonie

L'organisation de la vie à l'aide d'un projet et d'un engagement a pour conséquence l'harmonie intérieure et l'ordre dynamique des contenus de la conscience. On pourrait se demander pourquoi cet ordre intérieur est si difficile à réaliser. Pourquoi doit-on travailler si durement à faire de sa vie une expérience optimale cohérente ?

Les gens ne naissent-ils pas en paix avec eux-mêmes – la nature humaine n'est-elle pas naturellement en harmonie ?

À l'origine, avant le développement de la conscience autoréflexive[12], la condition humaine était sans doute dans un état de paix interne qui n'était dérangé que par les affres de la faim, de la sexualité, de la douleur et du danger. Les différentes formes d'entropie qui nous causent tant d'angoisse – désirs insatisfaits, attentes déçues, solitude, frustration, culpabilité – semblent être des envahisseurs récents de l'esprit ; ce sont des sous-produits de l'incroyable accroissement de la complexité du cortex cérébral et de l'enrichissement de la culture. Les formes d'entropie représentent le côté négatif de l'émergence de la conscience. La vie des animaux, vue d'un œil humain, semble harmonieuse la plupart du temps, car la perception de ce qu'ils ont à faire correspond généralement à ce qu'ils sont capables de faire. Quand le lion a faim, il se met à rôder, trouve une proie, satisfait sa faim puis se repose au soleil. Il n'y a pas lieu de croire qu'il soit peiné par des ambitions insatisfaites ou qu'il éprouve du stress sous la pression des responsabilités. Les aptitudes des animaux correspondent aux exigences concrètes de leur esprit. Ce dernier contient seulement l'information concernant ce qui se trouve dans l'environnement en relation avec leur état corporel (tel que déterminé par l'instinct). Ainsi, le lion affamé perçoit uniquement ce qui l'aide à attraper une gazelle et, rassasié, il se concentre sur la chaleur du soleil. Son esprit ne considère pas les autres possibilités du moment, n'imagine pas toutes les options agréables et n'est pas troublé par la crainte de l'échec ni par la peur de l'avenir. Les animaux souffrent, tout comme les humains, lorsque leurs besoins biologiques sont frustrés. Les chiens élevés en compagnie des humains sont même perturbés lorsqu'ils sont laissés seuls. Cependant, les bêtes ne causent pas leur propre souffrance ; elles ne sont pas assez évoluées pour éprouver confusion ou désespoir lorsque leurs besoins sont satisfaits ; elles semblent en harmonie avec elles-mêmes.

L'entropie psychique propre à la condition humaine suppose l'anticipation de quelque chose de plus qu'on ne peut faire. Cela n'est possible qu'à l'esprit qui contient plus d'un but ou qui cultive des désirs opposés ou à l'esprit qui considère non seulement ce qui est, mais ce qui pourrait être. Plus un système est complexe, plus il y a place pour des possibilités variées et plus les difficultés peuvent surgir. Cela s'applique à l'évolution de l'esprit : de même qu'il a augmenté sa capacité de traiter l'information, de même il a augmenté son potentiel de conflit interne. Quand il y a trop d'exigences, de possibilités ou de défis, l'individu est anxieux, quand il n'y en a pas assez, il s'ennuie.

Si l'on applique l'idée de l'évolution biologique à l'évolution sociale, il est probable que, dans les cultures moins développées, où le nombre et la complexité des rôles sociaux sont réduits, où les buts et les possibilités d'actions sont limités, la chance de vivre l'expérience optimale soit plus grande. Le mythe du « sauvage heureux » est fondé sur l'observation de populations sans écriture qui semblent connaître une sérénité enviable au visiteur venu d'une société plus complexe. Cependant, le mythe ne raconte que la moitié de l'histoire : affamé ou blessé, ce « primitif » n'est pas plus heureux que nous ; et il peut se retrouver dans cette condition plus souvent que nous. L'harmonie intérieure que connaissent les membres d'une société technologiquement peu avancée représente le côté positif d'un nombre de choix limité ; comme la confusion dans l'âme des modernes est la conséquence des possibilités illimitées. Goethe a bien illustré ce dilemme dans le marché conclu entre le docteur Faust – archétype de l'homme moderne – et Méphistophélès : le bon docteur gagne la connaissance et la puissance, mais le trouble envahit son âme.

Il est possible d'observer la façon dont l'expérience optimale fait partie de la vie de l'enfant avant l'arrivée de la conscience de soi ; il agit spontanément avec un abandon total et un total engagement. L'ennui n'est pas naturel à l'enfant ; il l'apprend d'une manière difficile en réaction à une restriction arbitraire de ses choix. Cela ne veut pas dire que les enfants soient toujours heureux. Ils souffrent parfois intensément de la maladie, de la pauvreté, de la négligence ou de la cruauté des parents de même que des accidents inévitables de la vie ; un enfant n'est pas malheureux sans raison. Il n'est pas surprenant que bien des gens soient nostalgiques de leur enfance, comme Ivan Illitch – ce héros de Tolstoï –, qui trouve que la sérénité de l'enfance et l'expérience totale de l'ici et maintenant sont de plus en plus difficiles à trouver avec les années. C'est l'harmonie des systèmes simples : les désirs sont modestes, les choix sont clairs et limités ; elle est fragile et existe par défaut ; avec l'accroissement de la complexité, les possibilités d'entropie augmentent.

Quelques facteurs rendent compte de la complexité croissante de la conscience. Au niveau de l'espèce, l'évolution biologique du système nerveux central a libéré l'esprit de l'emprise de l'instinct et des réflexes et lui a fait le cadeau suspect de la possibilité de choisir. Au niveau de l'histoire humaine et de la culture, le développement des langues, des systèmes de croyances, des technologies, etc., constitue un autre puissant facteur de différenciation. À mesure que les systèmes sociaux deviennent plus complexes, passant des tribus de chasseurs aux regroupements monstres des villes modernes, les rôles deviennent plus nombreux et plus spécialisés et font naître des pensées et des actions opposées chez la même personne de même que des aptitudes et des intérêts divergents chez des personnes différentes (le fermier, l'ouvrier d'usine, le prêtre et le soldat ne voient pas le monde de la même façon). Au niveau du déroulement de la vie individuelle, les buts contradictoires et les possibilités d'actions incompatibles augmentent sans cesse avec l'âge. Les options généralement peu nombreuses et cohérentes des jeunes années font place à une cacophonie de valeurs, de croyances, de choix et d'actions disparates qui rendent l'expérience optimale plus difficile.

Personne ne préférera pour autant une conscience moins complexe (celle du lion repu, celle de l'homme préhistorique qui accepte son destin ou celle de l'enfant immergé dans le présent) ; elle n'offre pas un modèle convaincant pour la condition humaine. L'harmonie fondée sur l'innocence est hors de portée ; une fois cueilli le fruit de l'arbre de la connaissance, le retour au paradis terrestre n'est plus possible.

Création du sens

Au lieu d'endosser l'unité ou l'ordre fournis par la programmation génétique ou par les normes sociales, le défi de chacun consiste à créer l'harmonie à partir de la raison et de ses choix. Les philosophes tels Heidegger, Sartre et Merleau-Ponty ont reconnu cette tâche comme fondamentale et l'ont appelée *projet de vie*[13], ce qui signifie, comme nous le savons, que les actions de l'individu sont dirigées vers un but (sont intentionnelles), procurant forme et sens à sa vie. Les psychologues utilisent des termes variés[14] comme tâche, entreprise, perspective d'avenir, thème de vie, but personnel (dont nous avons souvent parlé) et projet, ce dernier terme ayant été retenu dans le présent chapitre.

Le projet (ou projet de vie), comme un jeu, prescrit les règles à suivre et les actions à poser en vue de connaître l'expérience optimale et de vivre une vie agréable. Grâce à lui, tout ce qui nous arrive a du sens, pas nécessairement positif, mais du sens malgré tout. Si quelqu'un investit toutes ses énergies en vue d'avoir 1 million de dollars avant trente ans, tout ce qui lui arrive le rapproche ou l'éloigne de cet objectif ; la rétroaction est claire ; ses pensées et ses actions sont organisées par ce projet et sont senties comme signifiantes. Même chose pour celui dont l'ambition est de trouver à tout prix un traitement contre le cancer ; il sait si ce qu'il fait le rapproche ou l'éloigne de son but ; ce qu'il doit faire est clair et tout ce qu'il fera aura du sens. Quand l'énergie psychique se concentre sur un projet de vie, la conscience connaît l'harmonie. Cependant, tous les projets de vie n'ont pas la même valeur, la même pertinence, la même efficacité.

Les philosophes existentialistes distinguent les projets authentiques et les projets inauthentiques[15]. Le projet *authentique* est celui qui provient d'une décision libre et d'une évaluation rationnelle de son expérience vécue. Quel que soit le choix, il est l'expression de ce qu'est la personne, de ce qu'elle croit et de ce qu'elle ressent. Le projet *inauthentique* est celui que la personne adopte parce qu'elle sent qu'elle doit le faire (décision fondée sur un « il faudrait » ou un « je devrais »), parce que c'est ce que tout le monde fait ou qu'il n'y a pas d'autre possibilité. Le premier est motivé intrinsèquement, le second par des forces externes. Une distinction semblable identifie le projet *découvert*, lorsque la personne écrit elle-même le scénario de sa vie à partir de son expérience personnelle et de son choix éclairé, et le projet *accepté*, lorsqu'elle prend un rôle prédéterminé à partir d'un scénario écrit par d'autres. Les deux types de projet donnent sens à la vie et entraînent leurs propres inconvénients.

Les projets *acceptés* fonctionnent bien si l'ordre social est sensé, sinon, la personne est entraînée vers des buts pervers. Adolf Eichmann[16], le fonctionnaire nazi qui a calmement et méticuleusement organisé le transport de milliers de personnes vers les chambres à gaz, était un homme pour qui les règles de la bureaucratie étaient sacrées. Il a probablement éprouvé l'expérience optimale en préparant les horaires complexes des trains, en livrant le « stock » disponible à l'endroit prévu et transporté au moindre coût. Il ne s'est jamais demandé si ce qu'il faisait était correct ou non ; il suivait les ordres et sa conscience était en paix. Le sens de sa vie lui était fourni par une institution fortement organisée ; rien d'autre n'importait. En temps de paix, un homme ordonné comme Eichmann pourrait être un pilier estimé de la communauté. La fragilité d'un tel type de projet apparaît lorsque des hommes déments et sans scrupules s'emparent du pouvoir ; dans pareils cas, les meilleurs citoyens deviennent des instruments de crime sans changer leurs buts et sans même réaliser l'inhumanité de leurs actions.

Les projets *découverts* sont fragiles pour une autre raison : ils sont les produits d'un combat personnel et, en conséquence, revêtent moins de légitimité sociale ; ils sont souvent nouveaux et très personnels, de sorte qu'ils sont évalués par les autres comme destructeurs ou anormaux. Certains projets de vie puissants sont fondés sur des buts fondamentaux, mais librement choisis et construits d'une façon originale. Malcolm X[17] a suivi, pendant ses jeunes années, l'exemple de ses pairs élevés dans les bas quartiers (batailles et vente de drogues) et s'est retrouvé en prison. C'est là qu'il a découvert, à travers la lecture et la réflexion, un ensemble d'autres buts qui pourraient lui procurer dignité et estime de soi. Il s'est donné une identité tout à fait nouvelle en s'inspirant de réalisations humaines antérieures. Au lieu de persévérer dans une vie de délinquant et de proxénète, il s'est donné un projet de vie plus complexe et a amélioré la vie de nombreux marginaux, noirs et blancs.

L'exemple de E, interviewé par un membre de notre équipe, montre comment un projet de vie peut être découvert, même s'il n'est guère nouveau. E a grandi dans une famille pauvre d'immigrants au début du XXe siècle. Ses parents ne connaissaient que quelques mots d'anglais et savaient à peine lire et écrire. Ils étaient intimidés par le rythme de vie new-yorkais mais n'en admiraient pas moins l'Amérique. En utilisant une bonne partie de leurs épargnes, ils achetèrent un vélo à E pour ses sept ans. Quelques jours plus tard, alors qu'il se promenait dans le voisinage à vélo, E fut heurté par une voiture qui ne s'était pas arrêtée. L'enfant souffrit de sérieuses blessures et son vélo fut cassé. Le conducteur était un médecin aisé ; il conduisit l'enfant à l'hôpital et lui demanda de ne rien dire, lui promettant de revenir, de payer les dépenses et d'acheter un nouveau vélo. E et ses parents pensèrent avoir fait une bonne affaire, mais le médecin ne revint jamais. Les parents durent payer la note élevée de l'hôpital et le vélo ne fut jamais remplacé. Cet événement aurait pu fort bien laisser des séquelles permanentes chez E. On aurait compris qu'il soit devenu cynique, cherchant son intérêt personnel envers et contre tous. E tira plutôt de cette expérience une leçon positive, en se donnant un projet qui apporta un sens à sa vie et aida un grand nombre d'autres personnes. Il est certain que, pendant plusieurs années, E et ses parents restèrent amers et suspicieux à l'égard des étrangers. Le père de E, considérant sa vie comme un échec, se mit à boire et se retira, conséquence de la pauvreté et de la résignation. Vers l'âge de quatorze, quinze ans, E étudia la Constitution américaine et la Charte des droits. Il relia ces principes à son expérience et acquit la conviction que la pauvreté et l'aliénation de sa famille provenaient de l'ignorance de leurs droits et des règles du jeu de même que de l'absence de représentation auprès du pouvoir. Il décida de devenir avocat non seulement pour améliorer sa vie, mais aussi pour éliminer les injustices comme celle dont il avait souffert. Il fut admis à la faculté de droit, fit partie d'une étude fameuse, devint juge et, au sommet de sa carrière, devint conseiller du président en matière de politique à l'endroit des défavorisés. Jusqu'à la fin de sa vie, ses pensées, ses sentiments et ses actions furent unifiés par le projet choisi à l'adolescence. Il était convaincu que sa vie avait du sens et il adorait rencontrer des défis sur la route qu'il avait choisie.

L'exemple de E illustre les caractéristiques de la découverte d'un projet de vie. En premier lieu, c'est une *réaction à une souffrance personnelle éprouvée dans son jeune âge*. Il s'agit souvent de quelqu'un qui a subi une injustice, est devenu orphelin, a été abandonné, etc. Cependant, ce qui importe n'est pas l'événement lui-même, mais l'interprétation qu'on en fait. Si un père est un alcoolique violent, les enfants peuvent trouver plusieurs explications : c'est un homme de peu qui devrait mourir, les hommes sont faibles et violents, la pauvreté a rendu mon père ainsi et mon seul salut est de devenir riche, son comportement s'explique en bonne partie par la résignation et le manque d'éducation. Seule cette dernière explication peut faire naître un projet de vie qui ait du sens comme celui de E. En second lieu, le problème doit être *interprété comme un défi possible*. Si un enfant abusé par un père violent pense que le problème est inhérent à la nature humaine et que les hommes sont tous violents, il ne peut alors rien faire ; comment changer la nature humaine ? Mais si, comme dans le cas de E, l'individu considère que le malheur provient du fait d'appartenir à une minorité exploitée, il devient possible d'acquérir les aptitudes appropriées en vue d'affronter le défi. La transformation des conséquences d'un événement traumatique en un défi qui donne sens à la vie est un exemple de ce que nous avons appelé dans le chapitre précédent une *structure dissipative*, ou la capacité à tirer l'ordre du désordre. En dernier lieu, un projet de vie négentropique se limite rarement à la réponse à un problème personnel, il constitue plutôt un défi qui se *généralise à plusieurs autres personnes*, voire à l'humanité entière. Par exemple, E attribue son problème non seulement à l'impuissance de sa famille, mais à celle de tous les immigrants vivant la même situation que ses parents. Dès lors, la solution qu'il trouve profitera non seulement à lui-même (et à sa famille), mais à beaucoup d'autres. Cet altruisme impliqué dans la solution est typique d'un projet de vie négentropique ; il apporte l'harmonie dans la vie des autres.

Gottfried, un autre homme interrogé par un membre de notre équipe, fournit un exemple semblable. Gottfried était très proche de sa mère et se souvient de ses jeunes années comme d'années ensoleillées et chaleureuses. Lorsqu'il atteignit l'âge de dix ans, sa mère mourut d'un cancer après avoir enduré de grandes souffrances. Le jeune enfant aurait pu devenir déprimé ou cynique au cours de sa vie ultérieure, mais il considéra la maladie comme un ennemi personnel et jura de l'attaquer. Il se dirigea vers la médecine et se spécialisa dans la recherche en oncologie. Il contribua, par les résultats de son travail, à augmenter les connaissances en la matière et à libérer éventuellement l'humanité de cette maladie. Ce cas illustre encore comment une tragédie personnelle s'est transformée en défi, a provoqué le développement d'aptitudes et a amélioré la vie de beaucoup de gens.

Depuis Freud, les psychologues ont essayé d'expliquer comment les traumatismes vécus en bas âge provoquent des troubles psychiques chez les adultes. L'approche inverse est plus difficile mais plus intéressante ; elle cherche à comprendre comment le malheur d'une personne devient incitatif. Si l'on pense que les événements externes déterminent la vie psychique, on considérera que la réaction névrotique au trauma est normale et que la réaction constructive est une « défense » ou une « sublimation ». Mais si l'on pense que nous avons la possibilité de choisir dans notre façon de réagir aux événements externes, dans le sens que nous attribuons au malheur, on considérera la réaction constructive comme normale et la névrose comme un échec, l'individu s'étant révélé incapable de transformer le problème en défi et de connaître l'expérience optimale.

Qu'est-ce qui fait la différence entre ceux qui trouvent un projet de vie cohérent et ceux qui s'étourdissent dans une vie vide de sens ? La réponse n'est pas simple, parce que la découverte d'un projet harmonieux, à partir du chaos apparent d'une expérience, est influencée par un grand nombre de facteurs, à la fois internes et externes. Une personne sera plus encline à trouver que la vie n'a pas de sens si elle est née handicapée, pauvre et opprimée, mais, ici encore, ce n'est pas nécessairement le cas, comme l'illustre la vie du philosophe italien Antonio Gramsci, qui a laissé sa marque sur la pensée européenne moderne. Antonio Gramsci[18] naquit bossu dans une misérable cabane de paysans. Pendant son enfance, son père fut emprisonné injustement et sa famille eut grand-peine à survivre. La santé du petit Antonio fut si fragile que, pendant des années, sa mère le couchait dans ses plus beaux habits, pensant le trouver mort le lendemain. Quel début prometteur ! Malgré toutes ces difficultés, Gramsci réussit à survivre et même à se donner une instruction suffisante pour devenir instituteur. Il continua de s'instruire sans cesse car il avait décidé de s'attaquer aux conditions sociales qui avaient détruit la santé de sa mère et l'honneur de son père. Il devint professeur d'université, député à l'Assemblée nationale et un des leaders antifascistes les plus vigoureux. Jusqu'à la fin de sa vie, même dans l'une des prisons de Mussolini, il écrivit des essais inspirés sur ce que pourrait être le monde si nous cessions d'avoir peur et d'être cupides.

Il y a tellement d'exemples comme ceux-ci qu'il n'est pas possible de conclure à une relation causale directe entre le désordre externe au cours de l'enfance et le désordre interne plus tard dans la vie : Thomas Edison, inventeur du télégraphe, fut un enfant malade, pauvre et considéré comme déficient par un de ses enseignants ; Eleanor Roosevelt[19] fut une jeune fille solitaire et névrotique ; Albert Einstein connut de jeunes années remplies d'angoisse et de déception ; pourtant, ils[20] s'inventèrent une vie riche, utile et pleine de sens. La stratégie utilisée par eux et par bien d'autres est si simple et si obvie qu'il est presque gênant de la mentionner. Elle consiste à profiter de l'ordre réalisé par les générations passées pour éviter le désordre dans son propre esprit. Une grande quantité de connaissances et d'informations ordonnées sont accumulées dans la culture (musique, architecture, art, poésie, théâtre, danse, philosophie et religion) et est disponible à qui veut l'utiliser pour y trouver des exemples d'harmonie.

Malheureusement, un trop grand nombre l'ignorent, espérant donner sens à leur vie en recourant seulement à leurs propres moyens. C'est comme si on voulait refaire la culture matérielle à chaque génération, comme s'il fallait réinventer la roue, le feu, l'électricité, etc. Ignorer l'information chèrement acquise de nos devanciers ou vouloir découvrir des valeurs et des buts viables par soi-même est pure folie. C'est comme vouloir fabriquer un microscope électronique sans l'aide des outils et des connaissances de la physique. Les personnes qui ont élaboré un projet de vie cohérent et sensé se souviennent que leurs parents leur lisaient des histoires lorsqu'elles étaient jeunes. Racontés par des personnes aimantes et dignes de confiance, les contes, les récits bibliques, les actions héroïques et les événements importants de la famille fournissent les premiers ingrédients d'un ordonnancement porteur de sens que l'on peut tirer du passé. Par contre, les personnes qui ne se sont jamais donné de projets ou qui ont accepté aveuglément les idées ambiantes n'ont pas de tels souvenirs. Il est peu probable que les émissions télévisuelles courantes pour les jeunes – comme celles du samedi matin – fournissent les prémices d'un éventuel projet de vie.

Quels que soient l'origine ou le niveau d'instruction, il y a une foule de possibilités permettant de profiter de la sagesse du passé. Bien des gens qui ont trouvé un projet de vie complexe et plein de sens ont été influencés par un personnage historique qui leur a servi de modèle. D'autres se sont inspirés d'un livre, comme ce grand spécialiste en sciences sociales qui a découvert sa vocation en lisant Dickens (qui décrit un chaos social correspondant aux troubles qu'avaient connus ses parents). Un adolescent, élevé dans un dur orphelinat, a lu l'histoire d'Horacio Alger (jeune homme pauvre et solitaire qui avait fait son chemin grâce à un travail acharné) et s'est dit : « Pourquoi pas moi ? » Il est devenu un banquier connu pour sa philanthropie.

Occasionnellement, l'auteur de ce livre a organisé des séminaires pour hommes d'affaires sur le thème de la crise du mitan de la vie. Bien des dirigeants ayant réussi à progresser dans leur entreprise aux dépens de leur vie privée et de leur famille sentent la nécessité de faire le point. Je me fondais généralement sur les acquis de la psychologie du développement pour orienter les exposés et les discussions que les participants semblaient trouver utiles. Un jour, j'ai essayé quelque chose de nouveau et j'ai commencé le séminaire par un résumé de *La Divine Comédie* de Dante. Écrit il y a plus de sept cents ans, cet ouvrage fait la description d'une crise du milieu de la vie et de sa résolution. Cette œuvre gigantesque commence ainsi : « Au milieu du chemin de notre vie, je me retrouvai dans une forêt obscure, car la voie droite était perdue. » Ce qui arrive par la suite est un compte-rendu saisissant et encore pertinent des difficultés rencontrées au milieu de la vie. Perdu dans la forêt, Dante réalise qu'il est traqué par trois bêtes féroces : un lion, un lynx et une louve, représentant l'ambition, la luxure et la cupidité (comme pour le protagoniste contemporain du *Bûcher des vanités*[21]). Pour éviter d'être dévoré, Dante essaie d'escalader une montagne, mais les bêtes le serrent de plus près. Il implore l'assistance divine. Sa prière est exaucée avec l'apparition du spectre de Virgile, un poète qui a vécu plus de mille ans avant Dante et que ce dernier admire au plus haut point. Virgile le rassure : la bonne nouvelle est qu'il est possible de sortir de la forêt, la mauvaise nouvelle est qu'il faut passer par l'enfer. Dans leur voyage en enfer, ils rencontrent ceux qui souffrent de n'avoir jamais choisi un but et ceux, dont le sort est encore pire, qui avaient comme projet de vie d'augmenter l'entropie : les « pécheurs ». Et l'histoire continue pendant les milliers de vers de l'enfer, du purgatoire et du paradis.

J'étais plutôt inquiet de la réaction des hommes d'affaires face à cette ancienne parabole. Trouveraient-ils que c'était une perte de temps ? Au contraire, je n'ai jamais eu un échange aussi ouvert et aussi sérieux sur les difficultés du mitan de la vie qu'à la suite de la présentation de *La Divine Comédie*. Plusieurs participants me dirent en privé que c'était un point de départ stimulant. Le récit est une grande source d'inspiration car Dante a écrit un poème fondé sur une éthique religieuse profonde ; il est clair que la foi chrétienne de Dante n'est pas seulement acceptée, mais découverte. Le projet de vie qu'il créa s'inspire des meilleures intuitions du christianisme, combinées au meilleur de la philosophie grecque antique et de la sagesse de l'islam. De plus, l'enfer de Dante est peuplé de papes, de cardinaux et de clercs. Même son guide et mentor, Virgile, n'est pas un saint chrétien, mais un poète païen. Dante reconnaissait que tout système d'ordre spirituel qui se constitue en une immense structure (une Église organisée) commence à souffrir d'entropie[22]. Ainsi, pour tirer un sens d'un système de croyances, on doit comparer l'information contenue dans ce système avec notre expérience concrète et retenir seulement ce qui a une signification pour nous.

De nos jours, il est encore possible de rencontrer des gens dont la vie révèle un ordre intérieur fondé sur les intuitions spirituelles des grandes religions du passé. S'il faut déplorer l'amoralité de la Bourse, la corruption des fabricants d'armes et le manque de principes de certains politiciens, il y a de beaux exemples de bénévoles généreux (hommes d'affaires, artistes, etc.) qui consacrent du temps à accompagner des mourants dans les hôpitaux parce qu'ils considèrent que l'assistance aux personnes souffrantes fait partie d'une vie qui a du sens. De plus, beaucoup de gens continuent de trouver force et sérénité à partir d'un système de croyances *découvert* qui fournit des buts et des règles pour l'expérience optimale. Cependant, une majorité croissante ne trouve pas grand sens dans les grandes religions traditionnelles ; incapable de séparer la vérité des distorsions et outrances développées au cours des siècles, elle rejette tout. D'autres sont désespérés et adhèrent rigidement à ce qui se présente à eux, se laissant enrégimenter dans une secte ou s'adonnant à divers types de fondamentalisme ou d'extrémisme.

Y aura-t-il un nouveau système de buts et de moyens qui donnera un sens à la vie de nos enfants ? L'avenir est sombre de ce côté. Il faudrait une nouvelle foi qui tienne compte de la rationalité des choses que nous connaissons, éprouvons, espérons ou craignons ; il faudrait un système de croyances qui oriente l'énergie psychique vers des buts ayant du sens, un système qui fournisse des règles de vie propices à l'expérience optimale. Il est difficile d'imaginer un système de croyances qui ne serait pas fondé, au moins à un certain degré, sur l'apport de la science. Sans un tel fondement, la conscience demeurerait tiraillée entre la foi et la connaissance. Cependant, la science devra se transformer : outre les nombreuses disciplines qui décrivent des parcelles de la réalité, il faudra une science intégrative reliant les connaissances à l'humanité et à sa destinée.

Dans ce contexte, le concept d'évolution[23] pourrait se révéler utile. Les questions fondamentales (D'où venons-nous ? Où allons-nous ? Quelles sont les forces qui façonnent notre vie ? Qu'est-ce qui est bon ou mauvais ? Comment chacun est-il relié aux autres et au reste de l'univers ? Quelles sont les conséquences de nos actions ?) pourraient être discutées avec profit à partir de ce que nous savons à propos de l'évolution ou, mieux, de ce que nous en saurons dans l'avenir. Ce scénario fait surgir la critique selon laquelle la science s'intéresse à ce qui *est* ; les croyances, elles, ne se limitent pas à ce qui existe, mais considèrent aussi ce qui *devrait être*. La foi en l'évolution pourrait justement tenter une intégration féconde entre ce qui est et ce qui devrait être. Connaissant mieux qui il est et pourquoi il agit, l'individu peut identifier l'influence des pulsions et des contrôles sociaux – éléments qui contribuent à la formation de la conscience – et peut mieux diriger ses énergies vers ce qui devrait être.

La perspective de l'évolution pourrait indiquer un but valable. Au cours de millions d'années, la vie est apparue et est devenue de plus en plus complexe, aboutissant au système nerveux et à la conscience humaine. Cette complexité croissante englobe à la fois ce qui est et ce qui devrait être : cette complexité existe et, en même temps, elle est entre nos mains pour l'avenir. Dans le passé, l'humanité a fait une incroyable avancée en termes de *différencia-tion* de la conscience : l'être humain se conçoit comme individu séparé, différent, distinct des autres et cette différenciation a produit la science, la technologie et le contrôle de l'environnement. Cependant, la complexité exige aussi l'*intégration*, la nécessité pour les humains de se relier aux autres entités sans perdre leur identité. La foi la plus prometteuse devra se fonder sur l'idée que l'univers est un système gouverné par des lois communes et qu'il est insensé de vouloir lui imposer ses désirs personnels, mais qu'il faut plutôt composer avec ce système. La reconnaissance des limites de la volonté humaine et l'acceptation d'une coopération avec l'univers, au lieu d'essayer de le gouverner, donneront aux humains l'impression de revenir à la maison – au lieu de se croire chassés du paradis. Le problème du sens pourrait être résolu si le projet de vie de chacun se fondait dans le flot universel.

Notes

Tout au long du livre, le traducteur a fait des mises à jour en prenant la plume de l'auteur, en quelque sorte, et en s'inspirant des publications récentes de ce dernier. Dans les *notes* qui suivent, les initiatives du traducteur pour adapter le texte aux lecteurs francophones sont signalées par l'indication habituelle *NDT* (note du traducteur). Le « je » désigne toujours l'auteur.

CHAPITRE 1 – LA QUALITÉ DE L'EXPÉRIENCE VÉCUE

1. Aristote propose ses réflexions sur le bonheur dans son *Éthique à Nicomaque* (IVᵉ siècle avant J.-C.). En recherche contemporaine sur le bonheur, il faut citer l'ouvrage classique de Bradburn (1969) ainsi que celui de Campbell *et al.* (1976). Parmi les très nombreuses publications récentes, signalons Argyle (1987), Baker (2003), Eysenk (1990), Kahneman *et al.* (1999), Lykken (1999), Seligman (2002), Strack *et al.* (1990) ainsi que Veenhoven, de l'université Erasmus (Rotterdam), qui maintient à jour ce qui est probablement la plus grande banque de données au monde sur le bonheur : http ://www.eur.nl/fsw/research/happiness

En français, on se référera au numéro spécial sur le bonheur de la *Revue québécoise de psychologie* (septembre 1997) (*NDT*).

2. Diener et Diener (1996) ; Myers et Diener (1997) (*NDT*).

3. Frankl (1963).

4. Mes premiers travaux sur l'expérience optimale (ou expérience *flot*) ont été réalisés pour mon travail de doctorat (1965). La liste de mes publications se trouve dans les références en fin d'ouvrage.

5. L'expérience optimale correspond au vocable *FLOW* qui a donné son titre à l'ouvrage original.

6. La méthode de l'échantillonnage de l'expérience vécue (*Experience Sampling Method*, ESM) est utilisée maintenant depuis vingt-cinq ans. Voir Csikszentmihalyi et Larson (1987) pour la valeur scientifique de l'ESM. Elle est

également discutée par Kahneman (1999) ainsi que par Stone *et al.* (1999) (*NDT*).

7. J. H. Holmes (1879-1964), prêtre de l'Église unitarienne, défenseur des droits civils et philosophe à ses heures.

8. L'idée de chaos peut sembler étrange dans un livre sur l'expérience optimale, mais la valeur de la vie peut difficilement être comprise sans tenir compte des dangers qui la menacent. Ce n'est pas sans raison que la Bible raconte le péché originel et que Dante (1265-1321), dans sa *Divine Comédie*, fasse passer son personnage par l'Enfer avant qu'il puisse contempler la solution aux problèmes de la vie. Cette façon de faire a un sens psychologique évident.

9. Cette hiérarchie des besoins est empruntée à Maslow (1954).

10. Si l'adaptation humaine permet de s'ajuster aux épreuves, elle fait qu'on s'habitue également au bonheur. Aussi arrive-t-il fréquemment que l'individu se lance à la poursuite de plaisirs de plus en plus inaccessibles (et insensés) et soit rattrapé par la *spirale hédonique infernale*. La vie d'Elvis Presley illustre bien ce cas. Le biographe d'Elvis raconte toutes sortes d'histoires plus excessives les unes que les autres à propos de la vie pathétique et grotesque du roi du rock'n roll. Sa devise était *Take it to the max !*, ce qui l'a conduit aux pires excès (jeux dangereux, repas gargantuesques, dépenses farfelues, parties de débauche) et à une mort prématurée à quarante-deux ans. L'autopsie révéla que son corps ne contenait pas moins de douze drogues différentes, et cela en grande quantité. La codéine, par exemple, dépassait de dix fois le niveau considéré comme toxique (*NDT*).

11. L'acquisition de la maîtrise de soi est l'un des buts les plus anciens de la psychologie. On trouve une synthèse d'envergure des différentes traditions visant à la maîtrise de soi dans Klausner (1965). Cet auteur a regroupé les tentatives de contrôle en quatre catégories : 1) la performance (ou le comportement) ; 2) les processus physiologiques ; 3) les fonctions intellectuelles (ou la pensée) ; 4) les émotions.

12. Sur la culture en tant que défense contre le chaos, voir Nelson (dans l'ouvrage de Klausner, 1965). Une approche intégrative des effets de la culture est présentée par des auteurs classiques comme Ruth Benedict, Lazzlo, von Bertalanffy et Polyanyi. Csikszentmihalyi et Rochberg-Holton (1981) traitent, pour leur part, de la création d'un sens personnel dans un contexte culturel particulier.

13. L'ethnocentrisme est un élément de base de chaque culture, voir LeVine et Campbell (1972).

14. Cette anxiété ontologique ou existentielle a été traitée par les philosophes Kierkegaard, Heidegger, Sartre et Jaspers.

15. La question du sens de la vie sera reprise au chapitre 11 du présent livre.

16. À propos du *rêve américain*, il faut signaler deux articles fort intéressants de Kasser et Ryan (1993, 1996) (*NDT*).

17. Candide est le personnage principal du conte philosophique de Voltaire (1759).

18. La religion a servi de bouclier contre le chaos et aide encore un grand nombre de personnes à trouver un sens à leur vie et à être heureux (Myers,

2000 ; Myers et Diener, 1997). Une intéressante discussion sur les valeurs matérielles, altruistes et religieuses en relation avec le bonheur est présentée dans Csikszentmihalyi et Patton (1997) (*NDT*).

19. Les observations plutôt sombres des derniers paragraphes ne doivent pas faire oublier les progrès indéniables : longévité, contrôle des naissances, combat contre les maladies, arrivée de l'ordinateur personnel et... Viagra ! Ces constatations encourageantes font dire à Diener et Oishi (2000) que « la théorie selon laquelle les effets de l'amélioration des conditions matérielles sont annulés par une dégradation générale de la société reste à prouver » (p. 204). Néanmoins, ces auteurs sont d'accord pour affirmer qu'« un monde matériel prospère n'améliore pas nécessairement la satisfaction devant la vie » (p. 211) (*NDT*).

20. Sur la nécessité du report de la gratification, voir Freud dans son ouvrage *Malaise dans la civilisation* (1930), mais aussi la critique de Freud par Brown (1959). Sur la socialisation à l'adolescence, voir Csikszentmihalyi et Larson (1984).

21. Herbert Marcuse (1964) a expliqué comment les groupes sociaux dominants utilisaient la sexualité et la pornographie, par exemple, pour renforcer les contrôles sociaux.

22. L'idée que les gènes soient programmés en vue de leur propre avantage est discutée dans Csikszentmihalyi (1988, 1993).

23. La question des voies de la libération a été abordée sous plusieurs angles et a donné lieu à de multiples traditions. Signalons seulement quelques choix subjectifs : en philosophie (Sartre, 1943, Tillich, 1952), en sociologie (Marx, Durkheim, Sorokin et plus récemment Gouldner, 1968), en anthropologie (Ruth Benedict, Margaret Mead et plus récemment Geertz, 1973) et en psychologie (Allport, 1955 ; Angyal, 1941 ; Maslow, 1970 ; Rogers, 1951).

24. Parmi les œuvres de Freud, signalons *L'Interprétation des rêves* (1900), *Cinq Leçons sur la psychanalyse* (1910), *Pulsions et destin des pulsions* (1915), *Introduction à la psychanalyse* (1918), *Le Moi et le Ça* (1923) et, enfin, *Nouvelles Conférences d'introduction à la psychanalyse* (1933). On trouve ses œuvres complètes dans la « Bibliothèque de la Pléiade » aux éditions Gallimard (*NDT*).

25. La maîtrise de la conscience dont il est question dans ce livre inclut les quatre manifestations identifiées par Klausner (1965) (voir la note 11 du présent chapitre). Une des plus vieilles techniques de maîtrise de la conscience (et de tout l'être) est le yoga, dont nous reparlerons au chapitre 6. Les partisans de la médecine holistique croient que l'état mental exerce une influence déterminante sur la guérison et la santé physique en général (Cousins, 1979 ; Siegel, 1986). En psychologie, il faut signaler la technique du *focusing* développée par Gendlin (1981). Dans le présent volume, je ne propose aucune technique particulière, mais plutôt une analyse conceptuelle (avec exemples) de ce qu'impliquent la maîtrise de la conscience et l'expérience optimale, de sorte que le lecteur peut se forger la méthode qui lui convient le mieux.

26. Cette formalisation ou cette codification d'une doctrine est expliquée par

Weber (1922) : *The Social Psychology of World Religions*, et dans Berger et Luckmann (1967).

CHAPITRE 2 – LE FONCTIONNEMENT DE LA CONSCIENCE

1. Le concept de conscience est central dans les grandes religions et dans certains systèmes philosophiques (notamment ceux de Kant et de Hegel). Les premiers psychologues s'y sont intéressés : William James traite de la conscience d'une façon magistrale dans son ouvrage *Principles of Psychology* (1890, vol. 1, chap. 11), qui a inspiré ce chapitre. La notion a été abandonnée pendant quelques décennies parce que l'étude des états internes semblait manquer de validité scientifique. La définition donnée ici se rapproche de celle de Smith (1969).

2. À propos des contenus de la conscience (émotions, buts et cognitions) le lecteur peut se référer à Csikszentmihalyi (1997, p. 17-28) (*NDT*).

3. La phénoménologie présentée ici s'inspire de Husserl (1913), *Idées directrices pour une phénoménologie pure*, de Heidegger (1927), *Être et Temps*, de Sartre (1943), *L'Être et le Néant*, de Merleau-Ponty (1945), *Phénoménologie de la perception*, ainsi que de ceux qui ont traduit cette approche en sciences sociales : Fisher (1969), Gendlin (1962), Schutz (1962) et Wann (1964). Quant à la théorie de l'information, elle provient de Wiener (1948/1961).

4. La *Psychologie cognitive* de P. Lemaire (1999) est un bon ouvrage d'introduction. Le chapitre 2 traite de l'attention et de la mémoire de travail ; il contient même quelques pages sur l'allocation des ressources attentionnelles (*NDT*).

5. Cette élaboration des intentions et des buts à partir des besoins fondamentaux constitue l'essentiel de la théorie de la motivation de Nuttin (1985) et de la théorie de l'autodétermination de Decy et Ryan (2002) (*NDT*).

6. Pour la capacité de traiter l'information, voir Miller (1956) et von Uexkull (1957) ; sur les limites de l'attention, voir Eysenk (1982). On peut se référer aussi à l'ouvrage classique de Neisser (1967).

7. Sur la façon dont les gens utilisent leur temps, on se référera aux résultats récents basés sur l'ESM et présentés dans Csikszentmihalyi (1997, chap. 1). Sur l'usage de la télévision, voir Kubey et Csikszentmihalyi (1990).

8. Pour une belle synthèse à propos des processus qui se déroulent dans la conscience et sur l'attention en tant qu'énergie psychique, voir Hilgard (1980).

9. William James est le pionnier de la psychologie du soi. Il faut signaler G. H. Mead, Sullivan, Jung, Laing (1961), Rogers et Kinget (1965). Plus récemment, on peut signaler deux approches différentes : celle de Markus et Wurf (1987) et celle de Deci et Ryan (1991). Voir aussi Csikszentmihalyi et Csikszentmihalyi (1988). En français, voir *L'Écuyer* (1994) et le numéro spécial de la *Revue québécoise de psychologie* (1990) (*NDT*).

10. Pour l'étude des émotions négatives (colère, détresse, peur, honte, tristesse, etc.), voir Frijda (1986), Izard *et al.* (1984) et Tomkins (1962). Quant aux « humeurs dysphoniques » (anxiété et dépression) qui interfèrent avec la concen-

tration et le fonctionnement normal, voir Beck (1976), Hamilton (1981), Seligman *et al.* (1984).

11. La recherche de base et le modèle théorique de l'expérience optimale ont été exposés dans Csikszentmihalyi (1975), ensuite dans Csikszentmihalyi et Csikszentmihalyi (1988) et plus récemment dans Csikszentmihalyi (1997), de même que dans Moneta et Csikszentmihalyi (1996). Pour un texte en français, voir Csikszentmihalyi et Patton (1997). Le concept d'expérience optimale a été appliqué à l'anthropologie (Turner, 1974), à la sociologie (Mitchell, 1988), à l'évolution (Crook, 1980). Eckblad (1981), Amabile (1983) de même que Deci et Ryan (1985) l'ont appliqué à la psychologie de la motivation (motivation intrinsèque).

12. La notion de complexité est utilisée par les spécialistes de la biologie (par exemple, Dobzhansky, 1967), de la physique (Pagels, 1988), comme elle fut intégrée par le poète philosophe Teilhard de Chardin (1965). L'idée de complexité a été largement exploitée dans Csikszentmihalyi (1993) et traitée dans Csikszentmihalyi et Rathunde (1998).

CHAPITRE 3 – LES CARACTÉRISTIQUES DE L'EXPÉRIENCE OPTIMALE

1. Le chercheur allemand J. Brandstadter parle de *ténacité* en vue de changer les conditions externes et de *flexibilité* lorsqu'il s'agit de s'y adapter (voir Brandstadter et Renner, 1990). On pourra également consulter Brim (1992) (*NDT*).

2. Pour l'intéressante question de la relation entre l'argent et le bonheur, le lecteur se référera à Csikszentmihalyi (1999), Myers (2000) et, en français : Myers et Diener (1997) (*NDT*).

3. Résultats de l'enquête réalisée pour le compte du magazine *Forbes* par Diener, Horwitz et Emmons (1985) auprès des cent plus riches Américains.

4. La distinction entre plaisir et joie était déjà proposée par Aristote dans son *Éthique à Nicomaque* (voir Waterman, 1993). Il distinguait le plaisir (*hedonê*) et le bonheur (*eudaimonia*), qui consiste en l'actualisation de ses potentialités.

5. Il a été souvent question des buts dans les deux chapitres précédents ; ce thème est primordial dans le présent chapitre et reviendra dans les suivants. En effet, l'élaboration, la planification et la poursuite des buts personnels sont intimement liées à l'expérience optimale et au bonheur. Les références à ce sujet sont très nombreuses ; signalons, pour les années 1980 : Bouffard *et al.* (1987) ; Nuttin (1985) et Pervin (1989). Parmi les publications plus récentes, indiquons Cantor et Sanderson (1999), Dweck (1996), Emmons (1999), Ford (1992), Little (1999), Schmuck et Sheldon (2001), Zaleski (1994). Deux séries d'articles dans la *Revue québécoise de psychologie* méritent d'être soulignées : la première intitulée « Buts et perspective future » (dans les trois numéros de 1993) et la seconde sur les applications de l'approche des buts personnels (septembre 2000) (*NDT*).

6. Cette première phase de la recherche sur l'expérience optimale a donné lieu à l'ouvrage de 1975 : *Beyond Boredom and Anxiety*. Ensuite sont parus les ouvrages suivants : Csikszentmihalyi et Csikszentmihalyi (1998), Csikszentmi-

halyi (1990) dont s'inspire principalement la présente traduction et enfin Csikszentmihalyi (1997) (*NDT*).

7. L'expérience optimale n'est pas sans ressemblance avec les expériences d'*extase* étudiées par Laski (1962) et les «expériences sommet» décrites par Maslow (1971). Pour ce qui est de la comparaison entre le concept d'expérience optimale et celui d'expérience sommet, on se référera à Privette (1983).

8. Edmund Burke (1729-1797) était un parlementaire et un philosophe britannique.

9. Cette correspondance adéquate entre les exigences de l'activité et les aptitudes de l'individu constitue la caractéristique la plus fondamentale de l'expérience optimale. Pour être plus précis, il faudrait dire que les exigences de la tâche doivent se situer tout juste au-dessus des aptitudes actuelles de l'individu, sinon, il n'y aurait pas de défi. Cette proposition a été largement confirmée (voir Csikszentmihalyi et Nakamura, 1989; Massimini, Csikszentmihalyi et Carli, 1987; Moneta et Csikszentmihalyi, 1996).

10. Le lien entre la concentration et l'enchantement avait déjà été perçu, il y a fort longtemps, par Montaigne (1533-1592): «Je profite de la vie deux fois plus que les autres, parce que la mesure de l'enchantement dépend de la plus ou moins grande attention que vous y mettez.»

11. La création d'une œuvre est une «tâche ouverte» (selon l'expression de Nuttin), et c'est au cours du travail que l'artiste entrevoit son œuvre et non au début. Sur la créativité, voir Getzels et Csikszentmihalyi (1976) ainsi que Csikszentmihalyi (1996) (*NDT*).

12. Massimini, Csikszentmihalyi et Delle Fave (1988).

13. L'attraction du risque a été étudiée par Keyes (1985).

14. Un bon article est consacré au «jeu pathologique», Ladouceur, Sylvain et Boutin (2000) (*NDT*).

15. Les références relatives au soi ou à la conscience de soi sont innombrables. Contentons-nous de signaler deux ouvrages anciens qui ont eu une influence notable (James, 1890, chap. 10, et G. H. Mead, 1934, traduit en français en 1963) et un numéro double de la *Revue québécoise de psychologie* (1990) consacré à ce thème.

16. Rapporté par Sato (1988) (*NDT*).

17. Le danger de perte du soi est étudié depuis longtemps (par exemple, Freud, 1921, *Psychologie des foules et analyse du moi*). Dans le contexte de la théorie présentée ici, il faut mentionner que pour vivre une *intégration* aussi forte que celle exigée dans un groupe qu'on pourrait qualifier de totalitaire, il faudrait un soi se caractérisant par une très forte *différenciation*. Pour une discussion élaborée de ces deux concepts en regard de la complexité et de la croissance personnelle, voir Csikszentmihalyi (1993).

18. La description des conséquences de l'expérience optimale est explicitée dans Csikszentmihalyi (1993, p. 192 et s.). L'auteur y apporte également des exemples d'applications cliniques (*NDT*).

CHAPITRE 4 – LES ACTIVITÉS AUTOTÉLIQUES

1. Des développements intéressants sur la motivation intrinsèque ont été apportés par Deci et Ryan (1985, 1991), par Ryan et Deci (2000). Deci (1995) offre des applications nombreuses. En français, on trouvera La Guardia et Ryan (2000). Il est intéressant de noter que le lien entre l'enchantement, le bonheur et l'activité autotélique a été reconnu depuis longtemps, et par des penseurs de différentes cultures : le concept taoïste du *Yu* (la vie droite) proposé par Chuang Tzu, celui de vertu qui signifie, selon Aristote, une vie dirigée par la raison de même que l'attitude hindoue à l'endroit de la vie qui inspire la Bhagavad-Gita.

2. Pour le cas de la schizophrène devenue manucure, voir DeVries (1992). Pour le travail du professeur Massimini, voir Inghilleri (1995) et Csikszentmihalyi (1993, p. 196-197), qui rapporte un cas intéressant (*NDT*).

3. Sur l'expérience agréable de conduire un véhicule, voir Csikszentmihalyi et LeFevre (1989).

4. Sur l'influence de l'environnement, voir Gallagher (1993).

5. Egloff *et al.* (1995) ont trouvé que le moment de la journée et le jour de la semaine pouvaient expliquer jusqu'à 40 % de la variation de l'humeur. Quant au *blue monday*, il a été étudié par Larsen et Kasimatis (1990).

6. Pour en savoir plus sur l'expérience optimale associée à différentes activités, voici quelques références : l'écriture (Perry, 1996) ; l'informatique (Webster et Martocchio, 1993) ; l'enseignement (Coleman, 1994), la lecture (McQuillan et Conde, 1996) ; la gestion (Loubris *et al.*, 1995) ; les sports (Jackson, 1996) ; le jardinage (Reigberg, 1995), parmi tant d'autres.

7. Zarathoustra ne retournait-il pas régulièrement à la montagne ? (voir Nietzsche, *Ainsi parlait Zarathoustra*, 1885).

8. Roger Cailloix, *Les Jeux et les hommes*, Paris, Gallimard, 1958.

9. F. Monti (1969, *African Masks*, Londres, Paul Hamlyn) donne un bel exemple de l'utilisation des masques chez les populations d'Afrique de l'Ouest et explique comment ce déguisement rituel répond à une « aspiration profonde de l'être humain à s'échapper de lui-même en vue d'être enrichi par l'expérience de différentes existences ».

10. Wells (1988) a démontré que les femmes qui vivent plus fréquemment l'expérience optimale ont un concept de soi plus positif.

11. Concernant la relation entre l'expérience optimale et les rituels religieux, voir Csikszentmihalyi (1988). Pour une introduction à la relation entre le sacré et le profane dans les jeux au cours de l'histoire, voir Kelly (1982, p. 53-68).

12. Dans ce contexte, D. Gauchet (1985) écrit : « le déclin de la religion se paie en difficulté d'être soi ». Voir son ouvrage, *Le Désenchantement du monde*, Paris, Gallimard (*NDT*).

13. Cette idée du type d'activités valorisées en relation avec le type de culture est également proposée par Argyle (1987, p. 65).

14. Le grand sociologue Pareto a toujours été conscient des dangers contenus dans le relativisme culturel inhérent à sa discipline. Spiro (1987), pour sa part, explique comment il est passé d'une acceptation totale du relativisme culturel à

une adhésion plus critique selon laquelle il reconnaît des formes pathologiques dans certaines cultures. Des philosophes, comme Arendt (1961), ont souvent reproché aux spécialistes des sciences sociales de « démolir » des valeurs pourtant importantes pour la survie des cultures. Diener et Suh (2000) s'opposent également au relativisme culturel parce qu'ils considèrent que cette approche « n'est pas assez critique des gens terribles et des sociétés malades ».

15. La citation de Richard Kool date de 1986 et provient d'une lettre de ce dernier à l'auteur.

16. Depuis quelques années, de plus en plus de résultats sont publiés sur la comparaison du bien-être et du bonheur dans différents pays. Le lecteur pourra se référer aux travaux classiques d'Inglehart (1990) de même qu'aux publications de l'équipe de Diener (par exemple, Diner et Suh, 2000). En français, on lira avec profit l'article de Veenhoven (1997) dans la *Revue québécoise de psychologie* (*NDT*).

17. Ces résultats partiels sont fondés sur plusieurs études sur la gestion du temps (par exemple, Csikszentmihalyi et LeFevre, 1989). Pour des résultats plus récents en la matière, voir Csikszentmihalyi (1997, chap. 1).

18. Nous reviendrons sur ce paradoxe au chapitre 8.

CHAPITRE 5 – LA PERSONNALITÉ AUTOTÉLIQUE

1. Cette question de l'oppression et de l'exploitation est développée par Csikszentmihalyi (1993, chap. 4).

2. Le concept d'anomie a été proposé par le sociologue français Durkheim, celui d'aliénation a été bien décrit par Karl Marx dans ses premiers écrits (les écrits économiques et philosophiques).

3. L'idée que l'anomie et l'aliénation sont les contreparties sociales de l'anxiété et de l'ennui est empruntée au sociologue Richard Mitchell (1988).

4. L'hypothèse neurophysiologique relative à l'attention et à l'expérience optimale se fonde sur de nombreux résultats de l'équipe de Hamilton (par exemple, Hamilton, Haier et Buchsbaum, 1984). Sur la base neurophysiologique des émotions, les recherches de Davidson se sont imposées, en particulier son article de 1995. On trouve également quelques articles sur le sujet, dont l'ouvrage savant de Kahneman, Diener et Schwarz (1999).

5. Les résultats obtenus par Rathunde (1988) confortent et précisent des recherches classiques en la matière ; par exemple celles de Baumrind (1977) et Bowen (1978).

6. Sur la question des mauvais traitements à l'endroit des enfants, le lecteur intéressé trouvera un article de Lacharité (1999), et de Palacio-Quintin (1999) dans le numéro de juin 1999 de la *Revue québécoise de psychologie* consacré aux problèmes de l'enfant. Par ailleurs, un numéro spécial de cette même revue a été consacré aux abus sexuels à l'endroit des enfants (décembre 1997) (*NDT*).

7. Les conséquences psychiques des mauvais traitements sont indéniables, mais, ces dernières années, plusieurs psychologues et psychiatres nous ont sensibilisés à la *résilience*, c'est-à-dire à cette capacité de rebondissement qui

caractérise certaines personnes ayant vécu des traumatismes. Sur la résilience, voir Cyrulnik (1999, 2001), de même que le dossier de la *Revue québécoise de psychologie* (septembre 2001) (*NDT*).

8. Quelques considérations sur l'éthique en relation avec l'expérience optimale sont offertes dans Csikszentmihalyi (1997, chap. 9).

9. À part les biographies de Socrate, il est possible de le connaître par Platon, son principal disciple, en lisant quelques-uns des dialogues de ce dernier ; par exemple : *Le Banquet*, l'*Apologie de Socrate* et le *Phédon*, qui raconte la mort de Socrate.

10. Voir H. Gardner (1993).

11. Voir Deci (1995, p. 125), qui rapporte un cas semblable (*NDT*).

12. L'histoire de Suzie Valadez est présentée dans Colby et Damon (1992, p. 39-64).

CHAPITRE 6 – L'EXPÉRIENCE OPTIMALE PAR LE CORPS

1. J. B. Cabell (1879-1958) est un écrivain américain (*NDT*).

2. Il convient ici de questionner le concept freudien de *sublimation*. L'application de la pensée de Freud voudrait que l'action qui n'est pas dirigée vers la satisfaction des pulsions sexuelles soit une défense (qui vise à retenir l'expression d'un désir inacceptable) ou une sublimation (lorsqu'un but acceptable se substitue à un désir qui ne pourrait pas s'exprimer dans sa forme originelle). Au mieux, la sublimation est le substitut du plaisir non satisfait qu'elle cherche à déguiser. Par exemple, Bergler (1970) explique que les jeux comportant des risques déchargent l'individu de sa culpabilité à l'endroit de la sexualité et de l'agression. Selon la théorie du « complexe d'Icare » de Murray (1955), le sauteur essaie de s'échapper des liens du triangle œdipien d'une manière socialement acceptable. De la même façon, Jones (1931) et Fine (1956) considèrent que le jeu d'échecs est une tentative pour se débarrasser de l'angoisse de castration. Selon cette approche, tout ce que nous faisons vise à résorber une angoisse infantile active. En réduisant la motivation à la recherche du plaisir lié à la satisfaction de quelques pulsions fondamentales génétiquement programmées, on ne peut pas rendre compte de la majorité des comportements qui distinguent l'humain des autres espèces. Pour illustrer cela, examinons le rôle de l'enchantement ou du bonheur dans une perspective évolutive.

La vie est façonnée autant par le futur que par le passé. Par exemple, le premier animal marin qui aborda la terre ferme exploitait des potentialités inutilisées et découvrait les nouvelles possibilités de l'environnement terrestre. Les singes qui chassent les fourmis avec des bâtons ne suivent pas la destinée inscrite dans leurs gènes mais expérimentent de nouvelles possibilités qui conduiront à l'usage conscient des outils. L'histoire humaine pourrait être comprise comme l'action d'individus qui essaient de réaliser des rêves confus. Ce n'est pas une question de téléologie (cette croyance selon laquelle nos actions sont déterminées par une destinée ou par un « programme »), parce que nos buts ne sont pas prédéterminés par notre constitution ; ils sont découverts dans le processus plaisant consistant à développer de nouvelles aptitudes qui conviendront à de nouveaux environnements. Ainsi, la joie ou le bonheur semblent être le mécanisme que la sélection naturelle a choisi pour assurer notre évolution, notre progrès, notre démarche vers une complexité croissante. Tout comme le plaisir de manger nous fait manger et assurer notre survie individuelle, comme le plaisir de l'amour physique nous incite à l'activité sexuelle et assure, ainsi, la survie de l'espèce, de même le bonheur, la joie ou l'expérience optimale nous motivent à exercer des activités qui nous font dépasser le présent et nous dirigent vers le futur. L'enchantement associé à la réalisation de nouveaux buts est aussi authentique que le plaisir attaché à la satisfaction de besoins primaires.

Les idées présentées dans cette note ont été exposées par I. Csikszentmihalyi (1988) et M. Csikszentmihalyi (1988). Les implications du bonheur ou de l'expérience optimale à l'endroit de la psychologie évolutionniste ont été traitées par Crook (1980), par Lykken (1999) de même que par Massimini et Delle Fave (2000).

3. La recherche sur la relation entre bonheur et consommation d'énergie a été rapportée dans Graef, Giannino et Csikszentmihalyi (1981).

4. Le témoignage de Frédérique est tiré d'un article de Josée Blanchette (*Le Devoir*, 16 mars 2001, p. B1). La citation de France Schott-Bellman est tirée de son livre *Le Besoin de danser*, Odile Jacob, Paris, 2001 (*NDT*).

5. Michael W. Eysenk (1990) est un des rares auteurs à consacrer un chapitre entier aux « Plaisirs du sexe » dans un ouvrage sur le bonheur (*NDT*).

6. Dans un ouvrage captivant, Guillebaud (1998) aborde cette question de la performance sexuelle dans le chapitre 5 : « Une corvée de plaisir ? » (*NDT*).

7. Les différents aspects de la sexualité sont également développés par Sternberg (1988) et Nuttin (1985). Il faut également signaler le travail classique de Michel Foucault (1977) sur l'histoire de la sexualité et celui de Georges Bataille (1976) sur l'érotisme. On peut lire aussi les réflexions sur l'amour que s'échangent les participants dans *Le Banquet* de Platon, nouvelle édition présentée par Brisson, Flammarion, Paris, 1998 (*NDT*).

8. Une approche semblable relative à la sexualité est proposée par Nuttin (1985), qui insiste sur l'« indépendance grandissante de la motivation sexuelle » (par rapport aux facteurs physiologiques), au fur et à mesure que l'on s'élève dans l'échelle des espèces, qui souligne l'« aspect social » de la sexualité et qui ajoute : « La participation à l'intimité d'une personnalité, à ses sentiments et ses idées, donne au contact total avec une personne une dimension nouvelle » (p. 179, 180).

9. Excellente référence en français : J.-M. Déchanet (1956) : *La Voie du silence*, Desclée de Brouwer, Paris (*NDT*).

10. L'utilité des sens était reconnue par les scolastiques, comme saint Thomas d'Aquin qui s'inspirait d'Aristote. Le principe se formulait ainsi : *Nil in intellectu nisi prior fuerit sensu* (Rien n'arrive à l'intelligence si ce n'est par les sens).

11. En matière de psychologie de l'expérience esthétique, il faut se référer à

Arnheim (1971) et à Gombrich (1979). L'approche psychanalytique est présentée par Gedo (1986, 1987, 1988).

12. Sur l'importance de la musique dans la vie contemporaine et en particulier chez les adolescents : Csikszentmihalyi et Rochberg-Halton (1981).

13. Durkheim, dans *Les Formes élémentaires de la vie religieuse* (1912).

14. Les écrits de Castaneda (par exemple, 1971, 1974) ont été très remarqués et controversés, leur authenticité ayant été mise en doute (surtout pour ses derniers). On pourrait appliquer ici le vieux proverbe italien : *Se non è vero, è ben trovato* («Si ce n'est pas vrai, c'est fort bien trouvé»).

15. L'excellent comédien québécois Edgar Fruitier est un grand amateur de belle musique. Il racontait, lors d'une entrevue radiophonique, que, parfois, à la fin d'une pièce, il se trouve «en larmes», ce qui exprime une «intense émotion esthétique» (une véritable expérience optimale, dans les termes du présent livre) (*NDT*).

16. Platon exprime ses idées au sujet du rôle de la musique en éducation dans le troisième livre de *La République*. Voici ce qu'il fait dire à Socrate : «L'entraînement musical est un moyen plus puissant que n'importe quel autre parce que le rythme et l'harmonie s'infiltrent jusqu'à l'âme qu'ils influencent grandement, rendant gracieuse l'âme correctement éduquée.»

17. Sur la question de la performance en musique et de l'importance de l'autodétermination, Deci (1995) exprime des réflexions intéressantes et rapporte le cas d'une petite violoniste de six ans qui a pris plaisir à ses exercices lorsqu'on l'a laissée libre de les faire (p. 38-39) (*NDT*).

18. L'histoire de Lorin Hollander est fondée sur des entretiens du pianiste avec l'auteur en 1985. Il peut être intéressant de noter la ressemblance entre la vie de Hollander et celle de David Helfgott, jeune pianiste promis à un brillant avenir qui, poussé par un père trop exigeant, sombra dans la maladie mentale pendant plusieurs années. La vie de ce dernier a été portée à l'écran par Scott Hicks sous le titre *Shine* (en français, *Le Prodige*) (*NDT*).

19. Résultats rapportés par Graef, Csikszentmihalyi et Giannino (1983).

20. Xénophon apporte ces informations dans *La Cyropédie* (qui raconte la vie romancée de Cyrus). Xénophon a servi dans l'armée de Cyrus et raconte l'expédition dans *L'Anabase* (ou Expédition perse).

CHAPITRE 7 – L'EXPÉRIENCE OPTIMALE PAR L'ESPRIT

1. La lecture est particulièrement prisée par les groupes traditionnels en voie de modernisation (Massimini, Csikszentmihalyi et Delle Fave, 1988, p. 74-75).

2. Cette conclusion se fonde sur divers résultats : ceux obtenus au moyen de l'ESM auprès d'adolescents (Csikszentmihalyi et Larson, 1984, p. 300), d'adultes (Kubey et Csikszentmihalyi, 1990) et ceux provenant de la recherche sur la privation sensorielle. Par exemple, George Miller (1983, p. 111) écrit : «L'esprit survit en assimilant de l'information.»

3. Sur la rêverie diurne, voir Singer (1981). Sur l'imagerie mentale, voir les travaux de Shelley Taylor, par exemple Taylor, Pham, Rivkin et Armor (1998).

4. L'information relative aux énigmes provient de l'ouvrage fameux de Robert Graves (1960) *The White Goddess* (Vintage Books), qui a su faire sentir comment le travail de la mémoire et de la pensée pouvait être gratifiant. Voici l'exemple d'une énigme simple chantée par les ménestrels gallois :

Une forte créature
qui existait avant le Déluge
Sans chair ni os,
Sans veine ni sang,
Sans tête ni pied...
Dans les champs et dans la forêt...
Elle est aussi grande
Que la surface de la Terre,
Elle n'eut pas de naissance,
Et ne fut jamais vue...
« Le vent » est la solution de l'énigme.

5. Garrett (1941) et Suppies (1978) ont démontré que l'apprentissage de syllabes sans signification n'améliorait pas l'aptitude générale à se souvenir. Il est difficile de comprendre pourquoi les réformateurs et les éducateurs ont trouvé ces résultats pertinents et ont décidé ensuite d'arrêter la mémorisation de textes qui ont du sens.

6. La mémoire n'est pas entièrement sous le contrôle volontaire ; nous savons tous que, parfois, nous avons un matériel qui refuse de revenir à la conscience. Néanmoins, la personne qui s'applique et investit de l'énergie peut considérablement améliorer sa mémoire ; elle développera une foule de trucs mnémotechniques par elle-même ou avec l'aide des nombreux ouvrages publiés dans ce domaine.

7. Le mot exprimé, la *parole*, a un pouvoir immense. On peut lire avec intérêt ce beau paragraphe de Nuttin (1985, p. 87) : « *Il ne faut pas sous-estimer la force d'action de la parole.* Dans le contexte social, c'est par la parole, beaucoup plus que par l'activité manuelle, que s'exécutent les actions les plus influentes et les plus puissantes. L'homme "au pouvoir" agit par la parole et l'effet de son action en est multiplié à l'infini. C'est ainsi que le général gagne la bataille et que le chef réforme la société. *La parole est l'action de l'homme puissant.* C'est là peut-être l'origine du fait que dans certaines civilisations – la culture sémitique, par exemple – la parole prononcée est considérée comme plus puissante que l'action manuelle exécutée. Tout cela simplement pour souligner que le comportement verbal – et donc la pensée communiquée en général – est une des formes les plus puissantes d'action dans le monde social » (*NDT*).

8. Nuttin (1985, p. 68) exprime joliment la même idée : « Au cours des siècles, les hommes ont communiqué aux autres le contenu de leurs expériences et de leur pensée. Une partie en est conservée et vient enrichir continuellement la vie cognitive des générations suivantes. On réalise ce que cela signifie comme nouvelle extension de l'univers dans lequel l'homme se comporte. Le mot est

porteur et transmetteur du contenu symbolique qu'il exprime. Grâce à cette transmission, chaque individu participe en quelque sorte au monde "objectif" de tous les hommes. Essentiellement de même nature que le monde de la pensée, la communication et l'expression verbales précisent et parachèvent aussi le fonctionnement cognitif. La communication est si intrinsèquement liée au fonctionnement cognitif que la *cognition n'atteint sa maturité que par et dans la communication active et passive*» (*NDT*).

9. La doctrine du matérialisme historique est de Karl Marx (1818-1883), qui traita de celui-ci dans de nombreux ouvrages. Si les conditions matérielles ont influencé le monde des idées et ont fait naître des « idéologies », il ne faut pas oublier que bien des idées, des découvertes et des « produits culturels » en général sont nés du fait que les humains ont toujours aimé s'adonner aux jeux de l'esprit. Huizinga (1939-1970) explique que bien des institutions – comme la religion et l'armée – ont commencé sous forme de rituels et de jeux avant de devenir des choses aussi sérieuses. Le grand sociologue Max Weber signale que le capitalisme a débuté comme un jeu entre entrepreneurs pour ensuite devenir rigide comme une « cage de fer ».

10. Nous y reviendrons dans le chapitre 10.

11. Berger et Luckmann (1967).

12. L'humour est, certes, un exemple probant du plaisir de jouer avec les mots.

13. Koch (1970, 1977).

14. Les artistes sont souvent considérés comme « torturés ». Certains résultats démontrent que plusieurs écrivains et artistes modernes sont affectés d'une variété de symptômes de dépression et d'obsession (Berman, 1988). Des chercheurs ont décelé une association entre maniaco-dépression et créativité littéraire (par exemple, Richard *et al.*, 1988). Vasari remarquait déjà (1550) que les artistes italiens de son temps étaient « étranges et excentriques ». Il se peut fort bien que cette relation entre l'entropie psychique et la créativité artistique s'explique par les conditions culturelles et les rôles fâcheux des artistes plutôt que par quelque chose d'inhérent à l'art et à la créativité. Autrement dit, un artiste placé dans un contexte social donné doit souvent affronter l'insécurité et le ridicule, renoncer aux symboles communs (style de vie, par exemple), et doit, par conséquent, en payer le prix au plan psychique. Cependant, de tout temps, il y eut des artistes qu'on pourrait qualifier d'« équilibrés » ; il suffit de penser à J. S. Bach, à Goethe, à Dickens et à Verdi.

15. Les psychobiographies de Hitler, Gorki, Luther et Gandhi faites par Erikson (1950, 1958, 1969) ont servi de point de départ à une approche dite « narrative » qui est devenue importante en psychologie. Parmi les nombreux auteurs qui partagent ce point de vue, signalons Gergen et Gergen (1983) ainsi que McAdams (1993).

16. Sur ce point, voir Erikson, Erikson et Kivnick (1986).

17. Tiré de Csikszentmihalyi et Rochberg-Halton (1981), qui ont interviewé trois cents membres des trois générations d'un certain nombre de familles de la région de Chicago.

18. Kuhn (1972).

19. Il ne faut pas penser que ceux qui vivent l'expérience optimale connaî-tront nécessairement le succès. Cette idée irait contre le message central de ce livre. Il faut plutôt comprendre que l'expérience optimale connue dans l'activité scientifique – comme dans toute autre activité – augmente la qualité de vie, rend heureux et amène la personne à faire du bon travail (donc, éventuellement, à connaître le succès). Griessman (1987) a interrogé et fait remplir des question-naires à des personnes qui ont obtenu un succès dans différents domaines (par exemple, Francis Crick, généticien, codécouvreur de la double hélice, la comé-dienne et chanteuse Julie Andrews et l'homme d'affaires Ted Turner) et a noté que, de tous les ingrédients du succès, celui qui arrive de loin devant les autres est le plaisir du travail (9,8 sur une échelle de 10 points). Larson (1988) a éga-lement observé que les essais écrits des étudiants (de niveau secondaire) qui ont trouvé la tâche ennuyeuse sont évalués comme ennuyeux par des correcteurs experts tandis que ceux présentés par des étudiants qui ont trouvé la tâche plai-sante sont évalués comme agréables à lire (en tenant compte de l'intelligence, évidemment).

20. Sur l'impressionnante variété des objets auxquels s'intéressent les adultes pendant leur temps libre, voir Tough (1978).

21. Sur l'apprentissage incessant, voir Gross (1982) et le numéro spécial d'*American Psychologist*, octobre 1997 (vol. 52, n° 10) sous la direction de R. J. Sternberg (*NDT*).

CHAPITRE 8 – LE PARADOXE TRAVAIL-LOISIRS

1. Le dialogue entre chercheurs à propos de l'interprétation du travail pro-vient de Noelle-Newmann (1996). Pour ce qui est de l'histoire du travail, on se référera à Braudel (1979) (*NDT*).

2. Thomas Carlyle (1795-1881) : réformateur social et philosophe écossais (*NDT*).

3. Traduction de Watson (1964, p. 46). Le contraste entre l'expérience opti-male et le *yu* a été mis en évidence par Sun (1987).

4. Les problèmes associés à la retraite deviennent plus cruciaux avec le phé-nomène de la retraite anticipée (voir Robichaud, Maltais et Larouche, 2001) (*NDT*).

5. Les problèmes associés aux jeux de hasard sont de plus en plus inquié-tants. Sur le traitement lié au jeu pathologique, voir Ladouceur *et al.* (2000) (*NDT*).

6. Les résultats présentés proviennent d'une recherche longitudinale (portant sur cinq ans) auprès de quatre mille élèves de niveau secondaire (voir Bidwell *et al.*, 1997).

7. Des adolescents (provenant surtout de familles peu instruites) déclarent ne rien faire (« ni travail ni jeu ») pendant le tiers de leur journée ; grandissant ainsi, ils ont bien peu de chances de donner sens à leur avenir (sur cette question, voir Schmidt, 1997).

8. Delle Fave et Massimini (1988).

9. Il convient de rappeler au lecteur tous les exemples (disséminés dans ce livre) de loisirs qui produisent l'expérience optimale ; ainsi, nous n'avons pas cru nécessaire d'y insister plus longuement ici.

10. Les gens aimeraient travailler moins, mais l'absence de travail leur est encore plus pénible. En effet, les chômeurs sont moins nombreux à se dire heureux (Argyle, 1997). L'effet du chômage, même avec compensation, est parfois dramatique. Le grand chanteur et écrivain québécois Félix Leclerc s'exprimait ainsi dans une chanson : « La meilleure façon de tuer un homme, c'est de le payer à ne rien faire » (NDT).

11. L'importance de la liberté (ou de l'autodétermination) a été mise en évidence par Deci et Ryan (1985), par Deci (1995) ainsi que par LaGuardia et Ryan (2000) (NDT).

12. Sur l'épuisement professionnel, voir J. Languirand (1987) (NDT).

13. Le changement des conditions objectives peut et doit se faire de multiples façons. Dans l'optique du présent ouvrage, nous insistons sur les aspects subjectifs de la question. Cependant, nous reconnaissons qu'il ne faut pas négliger différentes formes de moyens de pression pour changer des situations parfois intolérables.

14. Sur le stress au travail, voir Aubert et Pagès (1989) ; Freudenberger (1987) (NDT).

CHAPITRE 9 – LA SOLITUDE ET LES RELATIONS AVEC AUTRUI

1. Sur l'importance de l'interaction humaine, voir Larson et Csikszentmihalyi (1978, 1980). Dans une perspective philosophique, Heidegger a analysé notre dépendance à l'endroit du *ils* (les autres) et Arendt (1961) a brillamment traité des sphères publique et privée. Une excellente synthèse de la littérature sur la relation entre interaction humaine et bonheur se trouve dans Myers (1993, chap. 8 et 9), un plus bref aperçu dans Myers et Diener (1997). Lewinsohn *et al.* (1982) ont donné des applications cliniques d'une psychothérapie fondée sur l'augmentation des activités plaisantes et des interactions.

2. Nous faisons allusion, ici, aux recherches déjà anciennes de l'équipe de l'université McGill dans les années 1950. Les observations ont montré qu'après un certain nombre d'heures d'isolement les sujets de l'expérience se plaignaient de ne pouvoir penser de façon cohérente, d'éprouver de la difficulté à résoudre des problèmes simples et même d'avoir des hallucinations (voir Héron : « The Pathology of Boredom », dans *Scientific American,* janvier 1957).

3. C'est la thèse de doctorat de Mayers (1978) qui nous a alertés à propos de cette fluctuation de l'humeur en regard des relations avec autrui.

4. La malléabilité des relations humaines est une idée proposée par les tenants de l'interactionnisme symbolique (par exemple, Goffman, 1969). Elle a également été introduite dans l'approche systémique en thérapie familiale (par exemple, Hoffman, 1981).

5. Les recherches menées par notre équipe depuis vingt-cinq ans auprès d'en-

viron deux cents artistes confirment la conclusion apportée ici que les drogues ne favorisent pas cette « expansion de la conscience » dont on a tant parlé (voir Csikszentmihalyi, Getzels et Kahn, 1984).

6. On a souvent évoqué le poème de Coleridge, *Kubla Khan*, supposément composé sous l'effet de l'opium. E. Schneider (1953, *Coleridge, Opium and Kubla Kahn*, University of Chicago Press) a sérieusement mis en doute cette histoire puisqu'il a trouvé plusieurs « brouillons » du poème. Il est possible que Coleridge lui-même ait contribué à la confection de cette fable qui attisait le romantisme prisé au XIXe siècle.

7. Dans un article publié en italien en 1986, Robinson a exposé les résultats suivants : après avoir divisé les lycéens de terminale en deux groupes (ceux qui s'impliquent en mathématiques et ceux qui ne s'impliquent pas), il a constaté que les premiers consacraient à peu près le même temps (par semaine) aux études (15 heures) qu'à socialiser avec les copains (14 heures) tandis que les secondes passaient 5 heures à étudier et 26 heures à socialiser. Des adolescents aussi dépendants de la compagnie de leurs pairs ont bien peu de chances de développer des aptitudes intellectuelles complexes. Voir aussi Nakamura (1988).

8. Les lecteurs francophones reliront avec plaisir le poème chanté de Georges Moustaki intitulé *Ma solitude* (*NDT*).

Pour avoir si souvent dormi avec ma solitude
Je m'en suis fait presque une amie
Une douce habitude
Elle ne me quitte pas d'un pas
Fidèle comme une ombre
Elle m'a suivi çà et là
Aux quatre coins du monde
Non, je ne suis jamais seul
Avec ma solitude
Quand elle est au creux de mon lit
Elle prend toute la place
Et nous passons de longues nuits
Tous les deux face à face
Je ne sais vraiment pas jusqu'où ira cette complice
Faudra-t-il que j'y prenne goût
Ou que je réagisse
Non, je ne suis jamais seul...
Par elle j'ai autant appris
Que j'ai versé de larmes
Si parfois je la répudie
Jamais elle ne désarme
Et si je préfère l'amour
D'une autre courtisane
Elle sera à mon dernier jour

Ma dernière compagne
Non, je ne suis jamais seul...

9. Lee Iococca a été P.-D.G. de la compagnie Chrysler (*NDT*).

10. Le rôle civilisateur de la famille a été brillamment démontré par Lévi-Strauss : *Les Structures élémentaires de la parenté* (1947). Parmi les principaux tenants de l'approche sociobiologique, signalons E. O. Wilson (1975). Sur l'attachement, l'auteur classique est Bowlby (1958-1980). (Signalons également Levy, 2000, *NDT*).

11. Un numéro spécial sur les abus sexuels à l'endroit des enfants a été publié par la *Revue québécoise de psychologie* (déc. 1997) (*NDT*).

12. Les réflexions sur la complexité familiale s'inspirent de Pagels (1988).

13. Un groupe de chercheurs de l'université du Québec, à Montréal, a présenté un modèle de bonheur du couple fondé sur la théorie de la motivation intrinsèque (voir Blais *et al.*, 1990) (*NDT*).

14. Schwartz (1987) a comparé six communautés du Centre-Ouest américain et a trouvé des différences marquées dans la vie des adolescents selon les possibilités qui leur sont offertes par ladite communauté.

15. Nos recherches ont révélé que la quantité du temps d'échange entre parents et adolescents est désespérément basse. Il est entendu que la qualité de l'échange est primordiale, mais ne faut-il pas une quantité minimale ? (Voir Csikszentmihalyi et Larson, 1984.)

16. L'importance du climat familial et des attitudes des parents à l'endroit des enfants a été démontrée par Grolnick, Ryan et Deci (1991). À propos de la famille et de la vie affective, voir Rathunde (1988, 1997) (*NDT*).

17. La distinction entre les fonctions instrumentales et expressives a été introduite par le sociologue Talcott Parsons. Plus récemment, Schwartz (1987) déplorait le fait que, dans la société actuelle, les adolescents aient peu de possibilités de comportements expressifs, qu'ils remplacent souvent par des comportements déviants.

18. Howard Gardner (1993) apporte des exemples de personnes créatrices qui ont exercé une influence considérable sur l'humanité : Freud, Einstein, Picasso, Stravinski, Gandhi et Martha Graham (*NDT*).

19. Il faut lire sur ce point le fameux essai, *L'Éthique protestante et l'esprit du capitalisme*, de Max Weber. Voir aussi Csikszentmihalyi et Rochbert-Halton (1981, chap. 9).

CHAPITRE 10 – LA VICTOIRE SUR LE CHAOS

1. L'amélioration des conditions de vie ne doit pas être négligée (Veenhoven, 1997) même si notre propos met ici l'accent sur les facteurs internes de la qualité de la vie. Pour une discussion plus élaborée à ce propos, voir les numéros d'octobre 1999 et d'octobre 2000 d'*American Psychologist* (*NDT*).

2. Franz Alexander est cité dans Siegel (1986, p. 1).

3. Cousins (1979).

4. Frederick et Loewenstein (1999, p. 318) considèrent que le fait de trouver un sens ou d'identifier les conséquences positives d'un événement pénible constitue une « doublure protectrice » pour la vie.

5. En plus des exemples rapportés dans cette partie, le lecteur intéressé pourra lire les autobiographies touchantes de quatre jeunes gens que Bruckner (2000) appelle les « suppliciers magnifiques » : Bauby (1997) atteint du *locked-in syndrome* (incapable de bouger, de parler et même de respirer sans assistance) ; Guibert (1988), atteint du SIDA ; West (1998), souffrant d'une kyrielle de calamités et Zorn (1979), atteint d'un cancer (*NDT*).

6. Cette partie s'inspire largement des travaux de l'équipe du professeur Massimini qui nous a transmis le texte intégral des interviews dont nous présentons ici des extraits.

7. Cette proportion varie beaucoup selon les études. Ainsi, Lehman *et al.* (1987) rapportent que les trois quarts de leurs sujets (ayant perdu leur conjoint ou un enfant lors d'un accident) furent incapables de trouver un sens à leur perte. En revanche, Taylor (1983) observe que plus de la moitié des femmes atteintes d'un cancer du sein (sur 78) ont réévalué leur vie d'une façon favorable et qu'« elles ont fait preuve d'une meilleure adaptation psychique » (p. 1163).

8. L'interview avec le Dr Voyer a été diffusée à l'émission *Enjeux* portant sur le bonheur (Radio-Canada, 26 novembre 1997) (*NDT*).

9. À propos de l'influence de la simulation et de la pensée sur l'amélioration d'aptitudes physiques ou de l'utilisation de la cognition dans l'entraînement sportif, il existe une abondante littérature ; voir, par exemple, Cratty (1984).

10. Soljenitsyne dans *L'Archipel du Goulag*.

11. Le pionnier dans le domaine de l'étude du stress est sans conteste le Dr Hans Selye (université de Montréal), qui a commencé à examiner la psychologie du stress en 1934. Il a publié de nombreux ouvrages sur les aspects physiques et psychiques du stress ; signalons Selye (1962, 1974). Il faut mentionner également l'ouvrage classique de Lazarus et Folkman (1984). Ajoutons Chalvin (1982), Fontana (1990) de même que l'excellent chapitre 13 de *L'Introduction à la psychologie* d'Atkinson *et al.* (1994) (*NDT*). Un progrès important a été réalisé dans le domaine quand Holmes et Rahe (1967) ont créé leur échelle visant à mesurer la gravité d'un certain nombre d'événements.

12. L'expérience du stress est médiatisée par les habiletés de *coping*. Parmi les ressources internes, Kobassa *et al.* (1982) ont proposé le concept de *hardiness*, qui décrit la capacité de certaines personnes à transformer les menaces en défis stimulants.

13. Parmi les nombreuses publications de Vaillant, signalons un article récent dans l'*American Psychologist* (Vaillant, 2000) (*NDT*).

14. Parmi les nombreuses publications en français sur la résilience, Boris Cyrulnik (1999, 2001) tient une place à part. Voir aussi le dossier de la *Revue québécoise de psychologie* (juin 2001) (*NDT*).

15. Sur le courage faisant l'objet d'admiration, voir la thèse de Lyons (1988).

16. Voir Prigogine (1994).

17. Voir l'étude longitudinale faite auprès des adolescents avec L'ESM (Freeman, Larson et Csikszentmihalyi, 1986).

18. Logan (1985, 1988).

19. Rapporté dans Robinson (1969, p. 6).

20. Sur l'adaptation de nos buts et de nos ambitions, l'ouvrage de Brim (1992) est fort intéressant (*NDT*).

21. Sur la ressemblance entre la découverte de nouveaux buts et le processus de création artistique, voir Csikszentmihalyi (1985), Csikszentmihalyi et Beattie (1979) et Csikszentmihalyi et Getzels (1989).

22. Sur cette importante question de la congruence des buts avec le soi, voir Sheldon et Kasser (1995) (*NDT*).

23. C'est sur une base théorique semblable (Lapierre *et al.*, 2001) qu'une équipe québécoise a mis au point une démarche appelée la «gestion des buts personnels» dont l'objectif est d'aider les participants à choisir, à planifier et à réaliser un but personnel spécifique en vue d'améliorer leur bien-être et de favoriser l'apprentissage de la démarche réalisée en groupe au cours de dix semaines. Le programme a été appliqué avec succès auprès de personnes très âgées (Bouffard *et al.*, 1996), de retraités (Dubé *et al.*, 2000) et d'étudiants (Bouffard *et al*, 2001) (*NDT*).

24. Sur la fermeté et la flexibilité, voir Brandlstädter et Renner (1990) (*NDT*).

25. Voir Logan (1985). Sur la façon de survivre dans des conditions insupportables, on lira Bettelheim (1943) et Frankl (1978), deux grands psychologues qui ont connu les camps de concentration.

CHAPITRE 11 – FOURNIR UN SENS À SA VIE

1. Sur le sens à donner à sa vie, on se référera à Frankl (1978), un classique dans le domaine. Plus récemment, soulignons Baumeister (1991), Wong et Fry (1998) ainsi qu'Emmons (1999), qui traite des buts ultimes dans un contexte proche du nôtre. En français, voir Hamel (1999) et Monbourquette (1999) (*NDT*).

2. Même si n'importe quel type de but peut donner sens à la vie, il n'est pas inutile de rappeler que certains favorisent le bien-être psychique, alors que d'autres conduisent au malheur, car «tous les buts n'ont pas été créés égaux», selon l'expression de Ryan *et al.* (1996) (*NDT*).

3. Sur l'intention ferme, la résolution ou l'engagement, on se référera à Lewin (1926), Gollwitzer (1993), Heckhausen (1991) et Dubé *et al.* (1997) (*NDT*).

4. Sur l'importance de la relation entre buts à court et à long terme, on se référera à Bandura (1993) et à Nuttin (1985) (*NDT*).

5. Arendt (1961).

6. On trouvera une belle illustration de cette quête de l'immortalité dans l'*Épopée de Gilgamesh* (voir la traduction de Bottéro [1992] chez Gallimard, Paris) (*NDT*).

7. L'œuvre de Sorokin (1937) compte quatre volumes, mais une version abrégée fut publiée en 1962.

8. Les théories du développement sont nombreuses et, malgré certaines

divergences, reprennent l'alternance signalée ici entre le soi et l'environnement social : Erikson (1950), Maslow (1954), Loevinger (1976), Kohlberg (1984) et Bee (1987). (En français, on consultera l'excellent ouvrage de Houde, 1999, [*NDT*].)

9. Siddharta, dit Bouddha (560-480 avant J.-C.).

10. Les termes d'Aristote *vita activa* et *vita contemplativa* ont été repris par saint Thomas d'Aquin dans son analyse de la vie heureuse ou vertueuse (compte-rendu dans Arendt, 1961).

11. Sur la façon selon laquelle les jésuites créent l'ordre dans leur conscience, voir I. Csikszentmihalyi (1988).

12. La fascinante question de l'émergence de la conscience restera sans doute toujours obscure. On peut lire néanmoins Calvin (1986).

13. Le concept de projet est développé dans Sartre (*L'Être et le Néant*).

14. Pour la littérature psychologique sur les buts personnels et les termes associés, une abondante documentation existe, par exemple : Pervin (1989), Little (1993), Emmons (1997, 1999). La *Revue québécoise de psychologie* a publié une série de neuf articles dans ses trois numéros de 1993 et un dossier en septembre 2000 (*NDT*).

15. Les notions de projets authentiques et inauthentiques nous renvoient à l'idée du « soi réel » de Masterson (1985) dont l'approche est brillamment présentée par Poirier (1997) (*NDT*).

16. L'analyse de la vie d'Eichmann a été faite par Arendt (1963).

17. L'autobiographie de Malcolm X (1977) est la description classique du développement d'un projet de vie.

18. La biographie de Gramsci a été faite par Fiore (1973).

19. Eleanor Roosevelt (1884-1962), militante active, auteur et représentant des États-Unis au Nations unies. Elle fut l'épouse du président des États-Unis Franklin D. Roosevelt.

20. Goertzel et Goertzel (1962) ont étudié la vie de trois cents personnes éminentes (dont Edison, Roosevelt et Einstein) pour ne trouver qu'une très faible relation entre les conditions de l'enfance et les réalisations ultérieures.

21. Wolfe, T. (1988), *Le Bûcher des vanités*, Sylvie Messinger, Paris (original en 1987).

22. Il faut se référer ici à l'ouvrage de Hegel écrit en 1798 (*L'Esprit du christianisme et son destin*), publié cent dix ans plus tard.

23. Les idées présentées dans ce paragraphe sont développées dans Csikszentmihalyi (1993). Il convient de signaler, à propos de l'évolution, les belles pages de Teilhard de Chardin (1955).

Table